清代蒙古汉籍史料汇编（第二辑）

清代绥远城将军、察哈尔都统传纪资料选辑

王静 / 主编

内蒙古人民出版社

图书在版编目（CIP）数据

清代蒙古汉籍史料汇编.第二辑,清代绥远城将军、察哈尔都统传纪资料选辑/王静主编. -- 呼和浩特：内蒙古人民出版社，2016.9
ISBN 978-7-204-14350-4

Ⅰ.①清… Ⅱ.①王… Ⅲ.①蒙古族—民族历史—中国—清代②地方政府—史料—中国—清代 Ⅳ.① K281.2 ② D691.2

中国版本图书馆CIP数据核字(2016)第243655号

清代蒙古汉籍史料汇编（第二辑）
清代绥远城将军、察哈尔都统传纪资料选辑

主　　编	王　静
策划编辑	王　静
责任编辑	李向东　马燕茹
封面设计	宋双成
出版发行	内蒙古人民出版社
地　　址	呼和浩特市新城区中山东路8号波士名人国际B座
网　　址	http://www.impph.com
印　　刷	内蒙古爱信达教育印务有限责任公司
开　　本	640mm×960mm 1/16
印　　张	16
字　　数	220千
版　　次	2019年1月第1版
印　　次	2019年1月第1次印刷
印　　数	1—3000册
书　　号	ISBN 978-7-204-14350-4
定　　价	38.00元

如发现印装质量问题，请与我社联系，联系电话：（0471）3946120　3946169

编委会名单

主　　编：王　静
编委会成员：樊志强　高建国　韩善美
　　　　　　李治国　马红杰　杨　阳
　　　　　　谢志龙

标点说明

清朝是中国最后一个封建王朝，因为清朝统治者本身是入主中原的少数民族，所以他们在治理辽阔的边疆民族地区时，能够施行更有效的政治策略，历史也证明了这些策略的有效性。今天，历史学者的一大任务，即是通过学习清朝的政治经验，为维护民族地区和谐安定的政治局面提供有益的借鉴。绥远城将军、察哈尔都统是清廷在边疆地区设立的重要职官，本书搜集整理各种古籍中担任这两个官职的历任官员资料，将繁体字转换为简体字，添加标点，分清段列。

清代绥远城将军衙署设于漠南蒙古土默特地区的绥远城，即今天的内蒙古自治区首府呼和浩特新城区。清前期，清廷面临来自西北卫拉特蒙古的挑战。呼和浩特作为北京城的重要屏障，地理位置异常重要。早在康熙三十一年（1692），康熙帝便准备在归化城设立驻防将军，驻兵防御。但当时的归化城城墙矮小、壕沟低浅，防御力不足，且营建新城的条件还不成熟。而相距不远的山西右卫拥有更坚固的城墙堡垒，因此清廷在右卫设立建威将军，移驻八旗兵丁。第一任建威将军是希福。四十五年后，乾隆二年（1737），清朝与准噶尔部议和，西北战局稳定，乾隆帝抓紧时机，在原来归化城附近兴建一座新城，命名为"绥远城"。同年，清朝将右卫建威将军驻地移到新建的绥远城。王常是为第一任绥远城将军，当时准确的名称是绥远城建威将军。乾隆二十六年（1761），清廷正式将该将军定名为"绥远城将军"。绥远城将军的称号由此一直持续到清末，甚至民国初年仍然保存。绥远城将军设立后，其管控范围不断扩大。设立之初，绥远城将军的权力主要在军事方面。他不仅对绥远城内的八旗兵有指挥权，土默特左右两旗、乌兰察布盟、伊克昭盟的蒙古军队，宣化、大同的绿营兵，右卫剩余的八旗兵，绥远城将军都有调动的权力，可以说是漠南蒙古权力最大的军事长官。

随着蒙古诸部的平定，绥远城将军的军事功能相对减弱，绥远城将军的权力开始向当地民政拓展。归化城土默特副都统逐渐沦落成其下属，权力日渐缩小。乾隆三十一年（1766），土默特蒙古争控地亩案，乾隆帝问询恰好来京觐见的归化城副都统积福，没想到积福竟然毫无所知，只是回答此案全由当时的绥远城将军嵩椿办理。①归化城土默特，乌、伊两盟的司法、税收等权力也日益向将军手中集中，甚至管理汉地移民的山西归绥道，也逐渐受到绥远城将军的影响。此外，绥远城将军还负责管理土默特地区的藏传佛教，可以说在政治、经济、军事、宗教全方位的权力都在拓展。清末，绥远城将军贻谷的权力达到顶峰，他身兼理藩院尚书衔、钦命督办蒙旗垦务大臣，甚至奏请撤掉了伊克昭盟盟长阿尔宾巴雅尔的职务，处死了准格尔旗协理台吉丹丕尔。绥远城将军权力的不断增加，也为民国初年设立绥远省奠定了基础。

绥远城将军位高权重，所以清朝中央对此也有所忌惮，一个有效的防范方法就是频繁的调任，使历任绥远城将军无法长期任职，进而难以培植自己的私人势力。在清代绥远城将军 174 年的历史中，就经历了 80 任将军，平均两年有余便换一任将军，清朝中央用心可见一斑。

察哈尔最初是蒙古诸部中地位最高的部落，大汗直属。林丹汗病逝后，察哈尔部降清。清朝对该部分为两部分管理：一部分

① 《国朝耆献类征初编》卷二九四。

由林丹汗的后裔按照札萨克旗体制管理，另一部分是清廷收集零散来投降的察哈尔部人员编为察哈尔八旗进行管理。后来林丹汗的孙子布尔尼叛清失败，察哈尔部不再设立札萨克，由清朝派遣总管进行管理。乾隆二十六年（1761），清朝设立察哈尔都统，治所设在张家口。起初察哈尔都统管理的主要是察哈尔蒙古，职权也侧重士兵管理、军马牧养等方面。随着内地汉人的不断移徙开荒种地，清朝在察哈尔地区逐渐设立了口北三厅，分别是张家口厅（今河北张家口市）、独石口厅（今河北沽源南）、多伦诺尔厅（今内蒙古多伦）。与绥远城将军相似，察哈尔都统向着军政一体的方向发展，最终在民国建立了察哈尔省。历经150年，清政府共任命了79人担任88任察哈尔都统。

本书传记主要节选自《清国史》《国朝耆献类征初编》《清史列传》。其中《清国史》是清朝国史馆官修人物传记的抄录，《国朝耆献类征初编》为清代人物传记汇编，虽为李桓私著，但在材料选取上以国史馆本传等官修传记为先，其次佐以私家记载。《清史列传》与《清国史》关系更紧密，皆以清朝国史馆史料为主要来源，侧重点有所差异。这三本书内容上可以互相补充印证，以资丰富史料来源。因为时间短促，加之笔者水平不足，本书仍存在诸多缺陷与不足，还望方家批评指正。

标点者：马红杰

目 录

上编 绥远城将军

补 熙 …………………………………… (3)
舒 明 …………………………………… (5)
蕴 著 …………………………………… (6)
嵩 椿 …………………………………… (7)
巴 禄 …………………………………… (8)
傅 良 …………………………………… (10)
常 青 …………………………………… (12)
伍弥泰 …………………………………… (21)
弘 晌 …………………………………… (25)
积 福 …………………………………… (27)
兴 肇 …………………………………… (29)
图桑阿 …………………………………… (33)
永 琨 …………………………………… (35)
恒 瑞 …………………………………… (36)
永 庆 …………………………………… (47)
春 宁 …………………………………… (49)
庆 怡 …………………………………… (51)
来 仪 …………………………………… (52)
松 筠 …………………………………… (54)

禄　成 …………………………………………（68）
德英阿 …………………………………………（70）
伊星阿 …………………………………………（72）
奕　颢 …………………………………………（74）
晋　昌 …………………………………………（76）
特依顺保 ………………………………………（81）
那彦宝 …………………………………………（85）
祥　康 …………………………………………（92）
彦　德 …………………………………………（95）
棍楚克策楞 ……………………………………（97）
嵩　溥 …………………………………………（99）
色克精额 ………………………………………（101）
禄　普 …………………………………………（103）
萨迎阿 …………………………………………（105）
铁　麟 …………………………………………（110）
英　隆 …………………………………………（114）
成　玉 …………………………………………（116）
托明阿 …………………………………………（118）
乐　斌 …………………………………………（121）
华山泰 …………………………………………（123）
庆　如 …………………………………………（125）
成　凯 …………………………………………（126）
德勒克多尔济 …………………………………（127）
裕　瑞 …………………………………………（130）
善　庆 …………………………………………（133）
庆　春 …………………………………………（135）
崇　善 …………………………………………（139）
钟　泰 …………………………………………（142）

下编　察哈尔都统

观　明	（147）
佛尔卿额	（149）
祥　保	（150）
伊冲阿	（151）
富　兰	（153）
瑚松额	（156）
和世泰	（162）
福克精阿	（166）
武忠额	（168）
廉　敬	（169）
苏苏勒通阿	（171）
凯音布	（172）
乐　善	（175）
赛尚阿	（176）
布彦泰	（185）
敬　穆	（192）
壁　昌	（193）
阿彦泰	（201）
裕　诚	（202）
双　德	（207）
恒　春	（208）
西凌阿	（211）
阿克敦布	（214）
文　盛	（216）
额勒和布	（217）
春　福	（220）

穆图善 …………………………………………………………（221）
景　丰 …………………………………………………………（227）
谦　禧 …………………………………………………………（228）
绍　祺 …………………………………………………………（231）
托伦布 …………………………………………………………（233）

上编

绥远城将军

补　熙

补熙，满洲镶黄旗人，姓佟佳氏，父一等公鄂伦岱，自有传。雍正元年，补熙由荫生补理藩院员外郎。二年，调兵部。四年，改刑部。七年，授镶白旗汉军副都统，九年，署天津总兵。十年，奏言："通州营校场顺治年间圈为旗地，操练无定所，难免妨农害稼，请将遗址还营。"又言："向修天津城，毁沿壕民房，今工竣，应仍构铺面地租充营费，并令兵丁筑室四隅，于十分内留给二分，令配军塔厦以居，一例免租。"均从之。寻署宣化镇总兵。

十一年，袭祖佟国纲骑都尉世职。奏："张家、独石及洗马林堡三口准种地民出入，余悉禁边民图近偷越，弁兵因贿放。嗣后凡报州县给口票，验无违禁物，俱准出入，无票解究。宣化、大同贮炮多，请拨张家、独石二处各六具，紫沟、龙门二处各四具，以资操演。诸汛视冲僻定兵多寡，以重巡守。"

十二年，疏言："逃兵有窃马带饷马者，律未载明，请敕部加重议罪，家口移县严追赔缴。直隶营制兵饷从补日始，惟宣化至下月初一日起支应划一。生息银给岳父母妻子外，同居兄弟概停给，以杜冒滥。"俱下部议行。九月，擢江南提督。十三年，疏陈营汛事宜："一、福山至吴淞、川沙俱属水师，中间刘河陆路营，势不联络，请拨崇明镇沙船四，交刘河营派千总外委轮班会哨；一、崇明、狼山二镇水师统领二月出巡前往，十月巡竣后，令吴淞、川沙、黄浦、刘河等营随崇镇会操，福山营随狼镇会操，俾知练习；一、柘林之漴缺汛、南汇之新塘汛、青村之青村港汛，俱沿海要地，应各增设千总驻巡，原设把总留营操练；一、海口载货小船、渔户网船，请照大船刻号，编船户姓名，无者不许出口。"从之。

乾隆元年，授漕运总督。奏："漕标左营副将、右营游击，夏秋间例出趱空运营中乏员训练，请增设中营副将，辖都司一、千总二、把总及外委千把总各四，左营改设游击，辖守备、千总各一，把总三、外委把总四。右营弁兵如左数，将原额新旧兵分拨，无容增饷。"又言："向例，漕船未满十年例损朽者，准雇民船一次，均给回空限单，旗丁因费多，听民船回空，自行揽载，至淮别雇应点，沿途催查兵役知船数不符，需索滋累，请交粮后，但给旗丁随身限单，到次缴验，所雇船免给。至白粮船未满五年限丁疲船朽者，即减运另选。"均得旨允行。时山东、河南截漕船应扣给钱粮，未定章程，敕部漕议。寻议奏："本折色月粮为安家赡食，三修银为修舱船只，应全支。半折色行粮计程支，运耗银米原以资运折耗，其银亦计程支，其米到截留州县收，逾半月限者，计月支。山东任城帮无瞻运屯田，其瞻运银全支。河南盘剥银，因临清剥浅设，已抵者全支，未抵按程支。"疏入，着为例。

二年六月，命会勘东省运河。九月，疏请定闸水以四尺为准，视旧例深五尺，省剥浅费。下部议行。十一月，丁母忧，回京。

三年，补镶白旗蒙古都统。五年二月，调正蓝旗满洲都统。七月，授绥远城建威将军。十月，疏称旗员不谙开垦事宜，请令雁平道协理。又同巡抚喀尔吉善奏，于归化城增设巡道，于满洲、蒙古内补授。俱从之。

六年，疏言："绥远城兵额多祇佐领、防御、骁骑校等各三十五员，不敷董率。请将右卫满洲正红、镶红、镶白、正蓝、镶蓝五旗拨佐领等各一，归绥远下五旗。"又言："托克托城内仓储数万，防守人寡，令归化城都统派兵轮守。"又言："杀虎口距绥远二百余里，应设二十六汛，内新店子、五松秃路、沙尔沁、大黑河设把总各一，二十家子为适中，地设都司并中军千总各一，管饷辖各汛，均于镇标，杀虎口协标内拨兵往驻。其宁武八角营都司，得胜路千总，新平、虎威、水谷、楼沟四把总，汛僻员冗，俱移拨新设各汛。再城东南系察哈尔四旗兵驻扎，余系土默特蒙古地，遇失事，即责该地官兵，无许推诿。"俱议行。

八年，暂兼管山西提督事。九年，奏请绥远民愿以米谷豆抵交垦户借项及应征草折银者，听交纳免加耗，俾积欠早完。从之。

十一年，疏请设汉满翻译官学于绥远城，选在京八旗挂误人员咨充教习，有成定年升转，公费照前蒙古学例给予。部议教习于右卫八旗举贡生监并罢闲散旗员内考补，余如所请。

十四年四月，疏言："右卫满洲上三旗及蒙古八旗官多兵少，裁佐领、防御、骁骑校各一，裁员俟绥远、右卫二城缺坐补。兵均派各旗辖领催，俟缺出汰除。汉军上四旗官少兵多，每旗应增佐领、防御、骁骑校各一，各拨原领催二，在新佐领下，兵亦均派辖增缺，令汉军现任官暂兼，俟满洲蒙古裁缺后将汉军人员拣发，不至多糜俸饷。"部议准行。八月，病，命太医院官往视。十月，谕来京调养。

十八年，卒，赐祭葬，谥温僖。长子嗣睿袭世职。

——《国朝耆献类征初编》卷二八五

舒　明

舒明，乌梁海济勒莫特氏，蒙古正黄旗人。自二等侍卫累迁都察院左副都御史、正黄旗护军统领。命赴北路军，为诸部降人董理游牧。旋授吏部侍郎。诇知降人讷默库戕台站侍卫，谋以所部叛，驰奏。敕参赞大臣阿兰泰往捕治，阿兰泰请益兵，上责其纷扰。讷默库就擒，上以舒明筹策得宜，而阿兰泰推诿迟误，夺阿兰泰三等男爵畀舒明。

舒明在边，诸部降人至者，为之拊循。噶勒杂特宰桑根敦降，上授佐领，使与丹毕游牧同处。都尔伯特台吉伯什阿噶什、乌巴什降，上授伯什阿噶什亲王、乌巴什贝子，游牧额尔齐斯，舒明为陈请留屯哈达青吉勒。达什达瓦部降，编为三旗，移阿尔台；其续至者，使处扎哈沁旧游牧地。策凌乌巴什、巴图博罗特及达玛林等部众贫甚，疏请赈，上为发米六百石。上闻和托辉特青滚杂卜将叛，命舒明诇之。舒明言叛已著，命会将军成衮札布等捕治。授参赞大臣，成衮札布令将科布多兵二百以往。上命侍卫巴宁阿勒泰将三百人为舒明佐。旋命偕成衮札布驻乌里雅苏台。授理藩部侍郎。再迁绥远城将军，兼领归化城都统。二十七年，卒。

——《清史稿》卷三一六

蕴著

四次袭蕴著，显懿亲王富绶孙，辅国将军、追封和硕显亲王拜察礼第三子。康熙四十七年十二月，封三等奉国将军。雍正三年八月，授宗人府副理事官。四年五月，授理事官。乾隆七年六月，授内阁侍读学士。十年二月，迁通政使。十月，迁盛京工部侍郎，十一月，调盛京户部侍郎。十二年五月，调兵部右侍郎，寻任镶黄旗满洲副都统。九月，授漕运总督。十四年四月，以受商人程志仁等馈遗，又称奉旨严查盐政吉庆私产，狡诈乖张，拟绞监候，嗣恩释。二十年十一月，授镶白旗汉军副都统。二十一年八月，调右卫副都统。二十三年八月，授凉州将军。二十七年正月，调绥远城将军。二十八年三月，摄归化城副都统事。三十年十二月，授工部尚书。三十一年正月，预议政，寻充经筵讲官，二月管会同四译馆。三十二年三月，因工部派办沟渠工程不公，降二级调用。三十七年四月，袭封和硕显亲王，五月授镶蓝旗满洲都统。三十八年闰三月，管理镶蓝旗觉罗学。四十三年正月，命复肃武亲王始封之号，仍为肃亲王。四月薨，年八十，谥曰勤。

——《清国史》宗室王公传卷三

嵩 椿

宗室嵩椿，镶蓝旗人。乾隆六年，袭其高祖多罗贝勒芬古所遗奉恩辅国公爵。十二年，授散秩大臣。十三年，擢正红旗汉军副都统，寻调正蓝旗护军统领。十四年，迁镶黄旗汉军都统。十五年四月，调蒙古都统，命管理圆明园八旗官兵事务。十月，授宗人府右宗人。十一月，调镶黄旗汉军都统。二十二年，授荆州将军。二十五年，调西安将军。二十六年，调察哈尔都统。

二十七年，仍授西安将军。二十八年二月，奏："西安有满洲汉军都统各一员，满洲副都统管兵七千余名，汉军副都统管兵二千余名，数目悬殊，请改满洲副都统为左翼副都统，改汉军副都统为右翼满洲副都统。"谕曰："西安副都统二员分为左右翼固是，但必欲将汉军改为满洲，所奏非是。满洲、蒙古、汉军俱系朕之臣子，何必过示区别。嗣后满洲、蒙古、汉军人一体补放。见在西安副都统维山作为左翼副都统，将此永著为例。"六月，奏："凉州拟驻马兵一千三百名，步兵二百名，并派协领二员分左右翼。八旗设防御八，骁骑校八，笔帖式二，归副都统管辖。庄浪拟驻马兵四百名，步兵一百名，设城守尉一，即以庄浪副都统改用。设防御骁骑校各四，笔帖式一，归凉州都统管辖，各员俱于西安驻防官内移改。其兵分作三起，每年移驻一起。至西安兵移居后为数无多，应酌减协领、佐领等官。"从之。

二十九年九月，与副都统成德以拣选不公互相参劾。上命伊犁将军阿桂、陕西巡抚明德会鞫，并询出嵩椿有差官接取家眷事。疏入，褫将军职，仍留公爵。三十年，授绥远城将军。三十一年，有土默特蒙古伊什策楞争控地亩之案，适归化城副都统积福来京陛见，上问以伊什策楞控案嵩椿如何办理？集福称并未闻知。谕曰："此系土默特蒙古事体，将军自当与归化城副都统一同商办，今嵩椿一人专主，并不令副都统与闻，甚属非是。嗣后各省将军、副都统必须和衷共济，将军不可蔑视副都统，副都统亦不可任意与将军争执。将此通谕知之。"十二月，奏："归化城距绥远甚近，请将归化城副都统移驻绥远，同将军管理满洲、蒙古二城及土默特官兵。"上以归化城、土默特官兵甚众，必须大员专管。绥远城满兵一千五百名，将军一人足敷管理，不若将绥远城副都统裁去，于右卫、归化城两处各设副都统一员，寻常事件申详将军，大事公商办理。寻以绥远城相沿有轿役人等钱粮，未经遵例裁革，革任回京。

三十三年，补正白旗蒙古都统。三十五年，仍授宗人府右宗人。三十六年，授内大臣。三十七年，授江宁将军。四十六年，复调绥远城将军。时有旨禁民间私存鸟枪。嵩椿奏："土默特等兵丁见有私枪，请一并销毁。"上以禁民私存鸟枪，并非蒙古、满洲亦不许存。况归化城尤非他省可比，而土默特、蒙古等俱以打牲为业，鸟枪禁止而于打牲有碍，嵩椿所办错谬，申饬之。

四十九年，调宁夏将军。五十一年，仍调绥远城将军。五十三年，复调西安将军。五十四年，因病解任回京。六十年，卒。赐谥勤僖。

长子景燨，袭爵，别有传。景燨卒，孙禄义袭，次孙禄普，三等侍卫。

——《国朝耆献类征初编》卷二九四

巴　禄

巴禄，蒙古镶黄旗人，定北将军、一等诚勇公班第之子，初授三等侍卫，洊擢头等侍卫。乾隆十九年，授察哈尔总管，命赴西路军营。

二十年五月，管理博罗塔拉台站。七月，偕喀尔喀贝勒品级车木楚克扎布等，率西路第二队凯旋兵还。十月，袭一等诚勇公，授镶红旗蒙古都统，仍赴军营。二十一年三月，由珠勒都斯会将军策楞，定伊犁。五月，随将军达勒党阿进兵哈萨克。六月，侦叛党阿巴噶斯、哈丹匿博罗和里雅山中，驰获之。谕曰："巴禄一闻阿巴噶斯等藏匿地方信息，即能率兵往拿，俾无漏网，甚属奋勉可嘉，著赏给荷包、鼻烟壶以示奖励。"

二十二年四月，谕曰："现在都统巴禄、副都统哈宁阿俱赴行在，面聆指示，著仍回军营授为参赞大臣，协同定边右副将军雅尔哈善办事。"

二十三年正月，管理巴里坤台站。三月，随定边将军兆惠由博罗布尔噶苏进伊犁，剿捕昂吉岱等贼。四月，袭擒喀喇沁宰桑恩克图等于库陇癸山，寻又擒叛贼鄂哲特，上以贼酋哈萨克锡喇布库察罕未就擒训饬将军参赞等。六月，偕定边右副将军车布登扎布等协缉土尔扈特逃贼舍楞至古尔班察尔，谍其入俄罗斯乃还。谕曰："从前达礼善、敏珠尔多尔济等追剿阿巴噶斯、哈丹等游牧，日久未见奏报，巴禄著在额琳哈毕尔噶等处侦达礼善等所在，协力剿除余贼，毋徒以搜捕吗哈沁为事。"八月，奏达礼善等至库尔河源阻水却回。谕速往会剿。十一月，兆惠剿回酋霍集占于叶尔羌，巴禄奉命赴援。

二十四年正月，至巴尔楚克，副将军富德已败贼于呼尔璊。谕移兵往援和阗，寻命驻和阗办事。五月，恳随大军进剿，允之。六月，以兵三千余由巴尔楚克策应兆惠、富德两军。八月，同富德等追击霍集占于伊西洱库尔淖尔，大败之。师旋，叙功，授云骑尉世职。

二十五年，迁正蓝旗蒙古都统。上以西域既定，颁赏论功，特诏图诸功臣形于紫光阁。抡其功尤著者五十人，亲制题赞。次则斩将搴旗，建绩致命，有一事可见者，亦图其形，令儒臣各制赞，又五十入巴禄居首。赞曰："准部回城，咸慑将种，恸父殒贼，杀贼逾勇。两世济美，同上凌烟。古称定远，其何有焉。"

二十六年，兼公中佐领。二十七年，授凉州将军。二十八年，驻防凉州、庄浪，满洲蒙古兵移驻伊犁。巴禄请查应移兵内老疾孤寡之户，酌留五百驻凉州，每兵额马裁二匹省供支。改协领为城守尉，归宁夏将军辖，庶移驻兵悉精锐而帑项亦不致靡糜费。诏如所请。

三十一年十月，迁正白旗汉军都统。十二月，授绥远城将军。三十三年，迁察哈尔都统。三十五年，卒。

——《清国史》大臣画一传档正编卷一四一

傅 良

傅良，富察氏，满洲镶黄旗人。父马齐，官大学士，自有传。雍正三年，袭骑都尉世职。乾隆十四年，承袭二等伯爵，合前所袭之骑都尉，晋一等伯兼一云骑尉。十五年正月，授散秩大臣。七月，诏加伯号曰敦惠。

十六年，授銮仪使。十八年，授镶白旗满洲副都统。二十五年，授伯都讷副都统。二十六年，以伯都讷旗民杂处，命盗要犯向分四门堆房看守，易致脱逃，咨请设立监狱，择骁骑校之勤慎者管理。经吉林将军恒禄奏入。从之。二十七年，奏称："兵丁借支库银，内有因老病革退，曾经出兵打仗得有功牌及受伤者，应免其完缴。其虽经出兵，并未打仗，或将其子孙及侄挑补本缺，仍令交还库项。"经部议驳。上以吉林所办或与京城不同，令将军恒禄查奏，寻奏称："吉林官兵年老残疾告退者，如有子孙食粮，所借库银扣本免利。若无子孙食粮，本利俱免。虽与京城之例稍有不同，然未论及出兵与否。若照傅良所奏，得有功牌者始准宽免，是未出兵者尚有宽免之条，而出兵未得功牌者，转不得宽免。"部驳甚是。二十八年正月，调吉林副都统。四月，擢归化城都统。寻因缺裁。命以副都统衔仍留吉林副都统任。七月，授镶蓝旗汉军副都统。十一月，奏请拣发汉军参领等官升补绿营。谕曰："拣发满洲、蒙古人员补用绿营，原以骑射娴熟，俾为汉人表率，若将汉军人员骑射生疏者遣往徒贻讥诮。岂能训导人耶？乃管旗大臣等不思造就人才，惟欲沽名市惠以汉军参领等官奏请升补绿营殊属不合。著将主议之傅良罚伯俸三年，以为沽名市惠者为戒。"

三十三年四月，授绥远城将军。九月，奏称："驻防笔帖式调补武职者例须六年满后，本翼骁骑校缺出四缺得一，而候补笔帖式于本翼骁骑校出缺，即与领催前锋等拣选补授殊属不均，请嗣后随印笔帖式届三年时，勤慎能事者遇本翼骁骑校缺出一体拣选，其寻常供职者仍俟六年照例办理。"下军机大臣议行。

三十四年，调吉林将军。三十五年三月，奏称："拿获偷挖私葠各犯，请分别正法、发遣。其挖葠公费，请著落前任赔补。"经部以应正法者既未取据供词，应发遣者又未将姓名开列，议驳。命将人犯解京交刑部讯究。寻谕曰："傅良奏拿获偷挖私葠一案，业经刑部议驳。其挖葠所需公费，应用与否，亦不分析声叙。概以著落前任赔补，含混具奏，殊属不晓事体。傅良著来京候旨。"四月，授镶蓝旗汉军都统。

三十七年，署正红旗蒙古都统。三十八年，授宁夏将军。四十年二月，奏称："宁夏驻防兵马二千二百名，每名马二匹，不谙喂养，马多倒毙。请照西安、凉州例，每名马一匹，以备操演。其余变价存库，遇有紧急用马，既可立时采买，而所余马乾银两，又可分给众兵，藉资养赡。"下军机大臣议行。三月，调西安将军，兼领侍卫内大臣。七月，奏："八旗马厂地内，酌将余地四百八十顷，交地方官招民垦种，升科以作兵丁红白赏恤之需。"从之。四十一年，奏称："西安八旗兵丁红白事件向以养马节省草料银两充用，今将马厂地亩一半招垦收租，足敷赏恤。请停止扣收节省草料银两。"又奏："赏给西安兵丁孤寡养赡，请于本处养育兵丁一百二十缺内通融二十缺，再动支每年地租余银一千八百两，兵饷余平银七百两，每月每人给银一两。"均下军机大臣议行。四十二年，卒，遗疏入，赐祭葬，予谥恭勤。子善明，承袭伯爵，官散秩大臣。

——《国朝耆献类征初编》卷二八九

常 青

常青，佟佳氏，满洲正蓝旗人，江西巡抚安图子。乾隆六年，由宁良郡王府亲军充三等护卫。十年，迁头等护卫。十四年，擢长史。十八年，授德州城守尉。二十一年，授镶红旗蒙古副都统，调盛京熊岳副都统。二十四年，调西安副都统。二十六年，调察哈尔副都统，以审办护军朋楚克扎布毙妻案迟延未结，部议降二级留任。

三十一年，调归化城副都统。三十四年正月，将隐匿盗马贼犯之骁骑校三济题补佐领，部议降二级调用。得旨，改为革职留任。寻以失察，库银被窃，部议革任，谕宽免，仍注册。十二月，授正蓝旗满洲副都统。三十五年，调察哈尔都统。三十九年，误拿王启云为山东逆犯王伦党，奉旨严饬。四十七年，授杭州将军。四十九年，调福州将军。

五十一年六月，署闽浙总督。七月，奏查究泉州府知府郑一桂供前督臣富勒浑调任两广过泉，曾备金叶交富勒浑家人殷士俊馈送。谕曰："郑一桂馈送富勒浑金叶时，富勒浑已离闽浙总督之任，乃犹如此逢迎馈送，则其在任时，必有通同交结纳贿营私，不止郑一桂一人馈送之事，不可不彻底查办，以成信谳。"此时，常青见署总督，当以雅德为戒。属员有无似此馈送款迹，即据实严查复奏，毋得少涉瞻徇，致有不实不尽。闰七月，奏查出富勒浑家人李世荣需索站规。谕钦差大学士公阿桂归案办理。八月，奏："诸罗县捐贡杨光勋与弟监生杨功宽因争家产启衅，纠党立会，欲图械斗泄忿，经知县董启埏会营访拿，复率众持械夺回，就获匪犯张烈。见据台湾道永福拿获首犯杨光勋等，并余犯五十三名，饬皋司李永祺前往会办。"谕曰："台地远隔重洋，非内地可比。此等匪犯尤属不可轻纵，必须按名拿获，速正刑诛，勿使蔓延疏脱，方为妥善。"十月，实授闽浙总督。十二月，奏："龙溪、南靖二县界之狮头山，有匪徒陈荐纠党潜匿，不时出山抢劫。经漳州镇道督兵役搜捕，尽获之。"解省严究置法，得旨褒嘉。

是月，彰化县匪徒林爽文滋事，常青奏："据署淡防厅程峻等禀报，彰化城陷，知县俞峻死之。臣飞咨水师提臣黄仕简，领兵由鹿耳门进，派副将丁雄朝等带兵听海坛镇总兵郝壮猷调遣，由闽安出口，至淡水进。都司马元勋领陆路提标兵赴鹿仔港堵御。臣往驻泉州，会陆路提臣任承恩居中调度。委金门镇总兵罗英笈赴厦门弹压。"谕曰："台湾地隔重洋，民刁俗悍，屡次滋事。今有彰化县贼匪林爽文等纠众骚扰，杀害官长，攻陷城池，尤为罪大恶极，不可不痛加歼戮，以示惩创。"贼匪幺磨乌合，黄仕简到彼督率该镇道尽力堵剿，无难立就扑灭。但恐余党四散窜逸，或偷越内渡，常青、任承恩现驻蚶江一带，著严饬沿海口岸地方文武员弁，实力巡防，最为紧要。常青、徐嗣曾等总须不动声色，妥协办理。若因外洋遇有此等案件，该督抚纷纷调遣，跡涉张皇，致内地民人心生疑骇殊有关系。该督抚务宜处以镇定也。又奏："据侦探守备林云登禀贼匪已到竹堑地方，北路一带悉被占踞。郡城急须保护，现在任承恩统兵由鹿耳门进。"谕曰："此等奸民纠众滋事，一经黄仕简到彼，自必望风溃散。任承恩本不应前往，今既已渡台，亦不须拘泥回任。常青仍只须驻扎蚶江、厦门一带，调度策应，此时总以静镇为要。"

五十二年正月，奏："贼陷诸罗，经台湾镇总兵柴大纪堵剿。林爽文系漳州人，匪徒率隶漳籍，难保无内外勾连情事。臣惟预设机宜，倍加严重，并与漳州毗连之广东、潮州等境，移会两广督臣防范。一面督催渡台官兵协力进剿。"谕曰："常青此次所奏派兵剿捕各事宜，较前稍有主见，略知镇定。但折内称'逆首林爽文系漳州人，其附从之人率皆籍隶漳属，其中难保无内外勾连情事'等语。此等匪徒纠众滋事，无论何处人民，从贼者即系伙党，自应按名骈戮。若漳、泉民人乡勇果能应募拒贼，出力堵御防守，即系良民，自应加以奖赏，不应预存歧视，稍露形迹，转致漳民心生惶惑，恐别滋事端。"

又奏："鹿耳门为台地咽喉，须厚集兵力，庶可近护郡城，远赴攻剿。见添派督抚二、标兵千，檄原任闽安协副将徐鼎士带领。又调福宁镇各营兵千，檄游击延山，带领由鹿耳门进，交黄仕简调度。"上以其过于张惶，饬之。寻谕曰："台湾奸民林爽文等纠众滋事一案，该督常青于剿捕逆匪一切调度堵御机宜，办理尚属镇静。见在水陆两提督业经渡台会剿，该匪自无难立时扑灭。惟是海疆重地将来善后事宜均须妥协筹办。常青系初任总督，恐未能料理裕如。李侍尧著调补闽浙总督，常青著调补湖广总督，俟李侍尧到闽接印后，常青即来京请训，再行赴任。"

常青奏："台湾守备陈邦光带领义民，由鹿仔港抵漳，贼出抵御，邦光击败之。擒伪帅杨振国等，歼贼百余，随入城护卫受困兵民同回鹿仔港固守，并将杨振国解泉听审。"报闻，旋奏讯明杨振国等情节，解京审办。谕曰："所获匪犯，朕意本欲令其解京。今该督于获犯审明后，即请解京审办，并镇静办理各事宜，皆与朕意适合。不意常青竟能如此，实属可嘉。此时该督惟应督率弁兵，悉心调度，以期迅速蒇事。朕必加恩嘉奖，更不必以调任萦心，稍存疑畏，转致剿捕无益。"

时黄仕简、任承恩先后渡台，分南北两路进剿。常青督饬内地各海口严查，以防窜逸。谕曰："常青于办理善后事宜，自不如李侍尧之谙练，而督率搜捕则常青为优，著李侍尧抵闽后即驻扎蚶江，常青即亲自渡台，督同黄仕简统领官弁将窜入山内贼党尽数搜捕，务尽根株，仍不得因追捕贼匪，或致扰动生番，方为妥善。"又谕曰："常青已调任湖广总督，今以钦差前往督办。一切题升调补，若专候本省总督李侍尧办理，则所统将弁等见常青不能专主，或心中以为即奋勉出力，亦不能即邀拔擢，未免稍生懈怠。著传谕常青，见在台湾将弁被贼戕害多有悬缺未补者，常青到彼即应于剿贼弁兵内核其实在出力者，官则酌予升擢，兵则拔补千把，一面具奏，一面知会李侍尧，俾有事权，以便策励将士。"

是日，柴大纪等奏请添兵，谕曰："常青到台湾后，务须察看情形。如果必须增添兵力，即一面具奏，一面咨会李侍尧，于附近各营再拨二三千名，速渡台湾，俾资策应。"时侍尧奏调粤兵四千，一由厦门赴鹿耳门，一由蚶江赴鹿仔港。谕曰："常青处所有之兵，尚未免单薄。著传谕李侍尧，如粤兵尚未分路配渡，即檄令全赴鹿耳门，直抵台湾府城，俾常青处兵力壮盛，足资调遣。如业经分路配渡前进，著常青于粤兵将抵鹿仔港者，亦即调来合为一处，常青亲带勇往将弁径赴大里杙贼巢，鼓励弁兵，务将首恶林爽文一鼓擒获。其余贼众，不难扑灭净尽。"

四月抵台，劾黄仕简、任承恩迁延观望，拥兵自卫。郝壮猷守凤山，贼至弃城走。请分别治罪。谕逮任承恩，撤回黄仕简，置郝壮猷于法，授常青为将军。旋奏贼攻府城，率兵勇击退。谕曰："贼匪竟敢攻犯府城，常青亲率官兵乡勇，临阵多有斩获。此时粤东兵丁陆续到彼，常青得此，自可鼓其精锐，迅速进攻。所有该道府请发银十万两，米十万石，即著李侍尧速行照数运往，以备接济。并著常青就近先行酌量，如有多余兵糈，或米或谷，赏给贫民，务使不致逃散，方为妥协。"

又奏："府城外之桶盘栈、草店尾、柴头港三处，地最冲要，侦知贼匪将犯府城，预派游击蔡攀龙等带兵扎营，贼连次进扑，率兵勇出城歼戮无算。贼目庄锡舍悔罪投诚。"谕曰："此次贼匪有攻犯府城之信，常青预先设法防堵于桶盘栈等冲要地方，预派游击蔡攀龙等各带兵分扎营盘，相机堵剿，筹划调度，俱合机宜。逮贼匪分路攻犯府城，常青率官兵乡勇迎捕截杀，斩获甚多。常青年逾七旬，尚能如此勇往督战，朕心深为嘉奖。伊系年老之人，宣力海疆，无亲子在旁侍奉，殊堪系念，著伊子刑部笔帖式喜明，赏给三等侍卫，驰驿前往台湾省视。并将赏给常青之玉扳指等件即著伊子带往，以示优眷。常青感激朕恩，益思奋勉勇往，迅能剿除贼匪，永靖海疆，朕必格外加恩。"五月，奏："林爽文潜回大里栈，臣应直攻北路，但南路贼匪庄大田等众不下万余，若遽统兵北向，不惟凤山等处被扰，亦恐乘虚来犯郡城，须剿尽南路，然后乘胜北趋。"上韪之。谕部优叙，部议加三级。六月，奏："剿贼南潭，歼六百余，投诚之庄锡舍擒伪军师番妇金娘，请解京审办，留锡舍军营效用"。命赏给锡舍守备。

又奏："各路征兵云集，见派副将丁朝雄等守府城，统兵往凤山南路搜剿。"谕曰："据常青等奏统领官兵起程进剿一折，据称先往凤山南路一带贼人分踞之处，堵截围拿。但折内又称'庄大田等恃众鸱张，仍敢于离城二三十里之外大穆降等处聚众'等语。贼匪敢于附近府城各处聚众占据，倘窥伺大兵已出，乘虚滋扰，虽常青等派有副将丁朝雄等带领官兵足资堵御，究不免有后顾之虞。常青先应将城外贼匪搜捕围拿，海贼首庄大田设法擒获，肃清肘腋，方可乘锐前驱。"

寻奏："进剿凤山，出城未十里，有贼三路兜围，官兵击退之。又连夜纠集抗拒，现在贼势蔓延。前调官兵不敷进剿，请厚集兵力，命大员前来督办。"上以派大员前往，迹涉张皇，谕添兵会剿。又谕曰："常青本由都统将军甫经简授总督，更事未多。今自到台湾后，一切调度尚能妥协，已出人意料之外。但伊究竟年逾七旬，精神未能周到，昨奏请派一大员到台湾督办，其意未必非自揣难以胜任，欲朕另简大臣前往督办军务，不可不预为筹及。命陕甘总督福康安前往督师。"

谕曰："常青现在台湾督办军务，其湖广总督之任虽经舒常署理，而常青系正任，自有应得廉俸等项。但闽省既不支给，而湖广又不便专差赍送，该将军在台湾一切用度何所仰给？著李侍尧将常青应得湖广总督分例廉俸，即在闽省库内按数给支。"常青奏："贼党犯府城，经丁朝雄等击退，又扑桶盘栈，官兵齐赴接应，歼贼数十，乘胜追捕，杀伤甚众。庄大田在南潭，遣伙匪千余，焚劫茑松等处，官兵驰剿，又枪毙二百余。现在大营距府城未远，势将犄角，无后顾之虞。"得旨嘉奖，赏双眼花翎，命直趋南潭会剿。

七月，奏："贼冒雨扑大营，复攻桶盘栈，官兵御之，歼百余。"谕曰："常青等奏到情形，是伊等尚扎营驻守。因贼匪仅一百余人，不及十分之一，未能乘机进剿。此次添调各兵，计粤省先行调兵二千，及李侍尧挑备兵二千，此时均可前抵台湾。此外添调兵丁尚须时日，常青等断无坐待株守之理。前曾谕令该将军等统领侍卫章京将备，径往南潭，擒拿贼首庄大田。设余贼奔救，即可聚而歼戮。该将军是否即行派拨直趋南潭，若察看情形，可以如此办理，业已前往，固属甚善。但贼匪出没无定，甚为狡狯，若因常青等统兵前往南潭，贼匪即纠合伙党绕截后路，亦不可不虑。该将军等务须加意防范，或派奋勉将弁断后，使我兵首尾相应，不致被其抄袭方好。"

常青奏，盐水港、笨港均有贼抢占，以绝粮饷，诸罗势甚危急，添派总兵魏大斌等率师堵御，仍照料郡城南北两面，以及鹿耳门要口。谕曰："贼人狡计，系因大兵俱在府城，诸罗一带兵势单弱，故作窥伺府城，以牵缀官兵，使常青等不能远离该处营盘，而其意实欲断我粮道，攻逼诸罗。常青此时竟宜先往北路，或于总兵、副将内择其奋勇可恃者，酌拨一员，令其固守营盘。而常青等竟拣选精说亲自带领，直趋北路，前至诸罗，会同柴大纪，并力擒渠捣穴。或再分派劲旅，将盐水港屯占贼匪悉力歼除，打通粮道，此为上策。"常青奏："贼扰盐水等处，当派魏大斌等带兵应援，讵南路。贼匪闻郡城北面有警，纠众七八千围大营三面，又犯桶盘栈，官兵分路奋击，败之。"谕曰："南路贼匪将官兵牵缀，狡黠显然。是常青等在府城结营，株守无益，竟当遵照前旨，直趋北路，会合攻剿为是。"

时魏大斌剿贼失利，派游击田蓝玉赴援，上以零星派拨，无济于事，饬之。旋谕曰："本日询问常青赍折差弁饶成龙，据称'将军扎营在小南门外十里之桶盘栈地方，自五月二十四日以后与贼人打仗数次,因贼人四路抵御,未能前进。贼目庄大田所踞南潭距桶盘栈营盘只有五里'等语。常青等自驻扎台湾已经数月,其通盘栈营盘相距南潭不过五里,该将军等早应统领大兵将贼目庄大田先行剿除,乃惟知结营自守,似此肘腋之间,任其逼处,竟不思乘势攻剿,实不可解。前以为南潭虽离大营尚远,故屡次谕令该将军等酌留官兵固守营盘,亲统大军舍南趋北,与柴大纪、蓝元枚会同进剿。此时如尚未启行,该将军等即行带领官兵,速将五里外南潭屯聚之庄大田痛加剿洗,以清肘腋。"

八月,命福康安为将军,谕曰:"朕特命福康安前往更换常青,并非因常青办理军务大有贻误,实因常青年逾七旬,军旅之事本非素练,恐日久因循不能办理完结。是以特命福康安前往接办,以期迅速蒇功。福康安未到之前,常青接奉此旨不必心怀疑惧,转致遇事茫无主见,遇有可进之机,仍当督率将弁相机进剿,倘此时能将逆首林爽文擒获,固属甚善,即逆首尚在稽诛,而贼目庄大田若能擒获,官兵已操胜势,即著该将军由六百里驰奏。"

寻奏:"南潭贼攻大营,派侍卫乌什哈达等击败之。因雨后路滑收兵。旋又督兵由少冈、嵌脚、北势三路进剿南潭,沿路斫伐密箐,贼不能藏伏,悉出抵御,枪毙者甚众。三路军合剿,直至南潭,毁草寮数百间,贼窜。因天晚,山径逼仄,不便深入。"上以庄大田既在南潭,即应奋力追获,乃屡以遇雨收兵,传旨严饬。又奏:"军中染患暑湿,庄大田探知消息,仍复屯聚。若舍南趋北,恐附郡城贼伙窃发,安业各庄不无惶惑。"上以贼人探知军中染患,系常青机事不密之咎,又不统兵北向,不免蹈黄仕简复辙,申饬之。

常青奏督率总兵梁朝桂等剿贼南势庄,多斩获。并奏据新授陆路提督柴大纪咨报,诸罗围急,粮饷铅药俱罄,即派副将蔡攀龙等领兵救援。谕曰:"常青若能先将南路贼匪悉力歼除,贼目庄大田拿获,固可稍赎前愆。否则速统大兵乘其新到锐气,直趋北路，前抵诸罗，亦尚可补过，即属常青之福。若惟知株守郡城，坐视柴大纪被贼围困，致有疏虞，则是常青罪上加罪，恐不能当此重戾也。"

九月，奏："大兵赴援诸罗，行至三坎店，有贼抵拒，击败之。旋据留守郡城之总兵梁朝桂报贼从南潭、中洲一带来犯郡城。臣折回夹击，贼稍却，旋又四路拦截，道梗，不能北向。"谕曰："常青将南路屯占贼匪剿杀，以清后路。"十月，贼犯大营东南，率梁朝桂等迎击，转战至大河溪边，歼贼二百余。谕曰："常青在府城驻守，虽未能前进，但一切调度尚俱妥协。又闻知诸罗、盐水港两处被贼滋扰，先后派兵接应。且伊在府城亦经屡次与贼打仗，是常青虽属年老，尚能料理军务。且福康安到鹿仔港后由北路统兵进剿，其南路及府城一带亦须有大员驻扎督办，应令留驻府城，督率剿捕。"

十一月，奏："附近府城贼庄渐次剿尽，近日南路民人随营效力者众，拟广招义勇数千，廓清南路，以便往救诸罗。"上以常青带兵南路，不如先救柴大纪为是。谕与福康安会合进攻。又奏："同江宁将军永庆等三路进攻，在竹篙厝等处歼贼甚众，山猪毛社义民尤遒，捷获炮一，生擒贼目张招。"得旨嘉奖。又奏："总兵普吉保已攻开月眉庄等处，离诸罗五里，饬令与柴大纪并力固守，俟福康安到鹿仔港，协同扫穴擒渠，并分饬弁兵严防海口，毋使贼抢船远遁。又多备札，谕令熟识番情之诸罗生员刘宗荣等密往大武陇后山，结番社通事土目，防贼窜匿。"上嘉其所办妥协。时福康安统兵渡台，授常青福州将军，留办善后事宜。

十二月，奏："派侍卫雅尔疆阿等剿贼小南门、大北门外，并堵御府城沿山要隘，又令永庆等稽查海口，并饬台湾道永福晓谕远近庄民，概许输诚复业，即令踪迹庄大田，共相擒献。谕饬防海口，截庄大田窜逸为要。"

五十三年正月，奏："庄大田藏匿南子坑，该处系凤山县属，见派丁朝雄相机前进，开通凤山道路，设法擒拿。"上责其敷衍陈奏，传旨严饬。又谕曰："前因常青初至郡城调度一切尚为妥协，且伊年老尚能亲自带兵打仗，是以赏戴双眼花翎，以示奖励。今半载以来株守郡城，毫未出力，念其尚无大过，业经补用福州将军，伊自当照将军职分戴用单眼花翎。"时福康安劾柴大纪贪劣状，谕曰："常青在闽年久，擢用总督，亦有年余。柴大纪平日馈法侵渔，废弛营务，常青岂无所闻？乃竟无一字奏及，殊属昧良辜恩，有心徇隐。常青著革职，交与福康安一并严审，据实具奏。"

是月，爽文就擒，福康安移师南路，擒获庄大田，台湾平。谕："常青现已革职，所有善后事宜毋庸交办。五月，福康安奏柴大纪贪黩不法，讯之，常青自认徇隐不讳，请交部治罪。"谕曰："常青于柴大纪贪黩不法一案徇隐不奏，前曾降旨将伊革职，交福康安审讯，经福康安奏请交部治罪，固属咎由自取。但念常青由将军简用总督，在任未久，即值台湾逆匪滋事，非富勒浑、雅德历任年久，因循贻误、讳饬袒庇者可比。其到台湾后，于柴大纪种种劣迹，固易访查，但彼时正值办理军务，其不即查参，亦属可原。且伊年逾七旬，带兵驻守郡城，保护无虞，功过尚可相抵。常青著加恩免其交部治罪。俟到京后，候朕酌量加恩，另降谕旨。"

七月，命署镶红旗蒙古都统。五十四年正月，授礼部尚书。五月，上幸避暑山庄，命留京办事，兼署吏部尚书。七月，授镶蓝旗汉军都统。八月，赐紫禁城骑马。十二月，充经筵讲官。五十八年，卒。谕曰："常青现在病故，所有伊名下应交未完官项，著加恩免其赔缴，以示轸恤。"赐祭葬，谥恭简。

子喜明，官至乌里雅苏台将军。

——《国朝耆献类征初编》卷八六

伍弥泰

伍弥泰，蒙古正黄旗人，姓伍弥，其先巴赖都尔莽奈居察哈尔部落。太宗时来归，隶正黄旗，授头等男爵。崇德六年，随征锦州，阵亡，赠三等子。生哈岱，任内大臣，累叙战功，晋一等子，谥勤壮。生阿南达，官副都统，谥恪敏。生阿喇纳，官吐鲁番副将军，赠三等伯，谥僖恪，入祀贤良祠，俱自有传。阿喇纳生伍弥泰，雍正二年十二月，由荫生袭三等伯。

三年三月，授公中佐领。九年九月，擢散秩大臣。乾隆四年十一月，授正红旗蒙古副都统。十一年六月，授镶白旗蒙古副都统。十五年，赐伯号，曰诚毅。二十年三月，授凉州将军，仍兼散秩大臣。十二月，奉旨："伍弥泰著仍带将军职衔，前往西藏办事。"二十四年六月，代回，授正蓝旗蒙古都统。九月，授江宁将军。二十七年四月，奉旨："伍弥泰不胜将军之任，著仍在散秩大臣上行走。"七月，奉旨协办伊犁事务。十一月，谕曰："阿桂、明瑞奏哈萨克等贪得无厌，仍越境游牧，理应加以惩创。但自明瑞外领队之伊勒图、鄂津、伍弥泰等俱未为谙练军务，今授爱隆阿、伊勒图为参赞大臣，五岱为领队大臣，计伊等前抵伊犁，已届领兵驱逐之期。明瑞与爱隆阿、五岱分路前往，酌派伊勒图、鄂津、伍弥泰随行学习。"

二十八年正月，奉旨往乌鲁木齐办事。八月，奏修筑精河屯堡告竣，请旨颁赐嘉名。寻赐名曰"绥来堡"。十一月，奏："三屯种地兵丁每兵粮地二十亩，现在收获米面十四石至十五石不等，应否将办理屯田官员及兵丁等加恩。"谕曰："著照所请，官员等交部议叙，兵丁赏一月盐菜银两。"又奏："玛纳斯精河桥梁见届农隙，应派兵乘时修造。"报闻。二十九年八月，谕曰："伍弥泰、李景嵩仍留乌鲁木齐，同五福办理屯田贸易事务，奏事时伍弥泰列名在前。"十月，谕曰："乌鲁木齐遣犯甚多，著伍弥泰加意约束，若少有疏懈，致脱逃滋事，惟伍弥泰是问。"

三十一年九月，代回。命署镶黄旗蒙古都统，旋兼署正白旗汉军都统。三十五年八月，授内大臣。十月，奉旨驰驿前往西宁办事。三十六年九月，奏："洞库尔番人行囊被郭洛克贼人抢掠，除率兵追获外，尚有未获物件，续派兵夺还鸟枪、腰刀、马匹。"疏入，谕曰："伍弥泰此奏甚属糊涂，洞库尔行囊既被郭洛克贼人抢夺，即当痛加诛戮。但杀贼一名，抢回什物尚有未获牛只等物，显系隐匿未报。青海之人本怯懦无用，伍弥泰前此并未查明，又如此怠忽从事，甚属糊涂无用。著严行申饬。"三十八年正月，谕曰："伍弥泰叩贺新年折于正月初三日始到，伊等岂不知至京程途？自应计算日期，于正月初一日到京方是。乃迟至初三日方到，甚不晓事。伍弥泰著申饬。"十一月，谕曰："莽鹄赉驻藏六年有余，遣伍弥泰往换，伍弥泰驻扎西宁办事已满三年，照例遣人更换，兹乏往藏更换莽鹄赉之人，派伊犁往换。该处再驻三年，满六年，即行更换。伍弥泰抵藏后，凡奏事行文书衔著伍弥泰列前。伍弥泰奉接此旨，不必前来请训。"

四十一年七月，召还，擢理藩院尚书，兼议政大臣。九月，授镶白旗汉军都统。十月，授绥远城将军。十二月，调西安将军。四十三年，大学士公阿桂等议奏伊犁将军伊勒图请将屯田只身兵三千陆续撤回，改为眷兵一折，奉旨著伍弥泰妥议具奏。

十一月，奏请令陕甘督臣于两省绿营内裁拨眷兵三千，分三年陆续往伊犁驻扎。四十五年九月，奉旨照料班禅额尔德尼进京，赐紫禁城骑马。十一月，回西安将军任。四十六年三月，谕曰："据勒尔谨奏'兰州撒拉尔回匪苏四十三等抢据河州城，勒尔谨因兵力尚少，见在屯兵狄州道，俟各路营兵调齐，即行进剿'等语。见已传谕西安提督马彪，带兵二千名迅速前往。并谕西安将军伍弥泰、宁夏将军莽鹄赉，各选集兵一千名顶备，倘须调用，即令前往，协同剿捕。"伍弥泰等旋奏："臣等于三月二十五六等日陆续带兵前往。"谕曰："据伍弥泰、毕沅等奏，提督马彪已于二十五日驰驿前往，并选兵一千，分起迅赴河州。又伍弥泰见挑西安满兵一千，预备亲自带兵接应，所办与昨降谕旨相合，甚属可嘉。"

时大学士公阿桂、尚书和珅先后奉命督师，上以阿桂、和珅未到之先，西安至兰州一带需人调度。谕曰："伍弥泰带兵前进，计此际已抵甘省，所有一切调度应办军需粮饷各事宜，即著伍弥泰悉心经理，并著传谕尚安，就近即速驰赴，随同伍弥泰办事，仍将如何经理之处一面迅速覆奏，一面通知阿桂、和珅。"寻偕马彪等奏，初二日抵兰州，会同勒尔谨商酌追剿事宜。谕曰："前此因未见勒尔谨奏报，恐有阻隔。而和珅又未能刻即到彼，是以传谕伍弥泰，令其筹办一切，原因彼时无人料理起见。今勒尔谨既到兰州，而和珅亦趱程前进，所有调度官兵及军需粮饷各事宜，自应仍令勒尔谨经理，一俟阿桂、和珅到彼，即会同商办。伍弥泰仍止专司带兵剿贼，俾事权归一，办理方有章程。"又偕勒尔谨、马彪等奏："官兵于四月初八日分路，一由黄河南岸冲贼营，一由贼之东南山梁进，现在贼不过千余，各路官兵云集，无难克期荡平。所有派出京兵四千，请停止。"上从之。

寻奏西宁文报由平番抵省城北，河桥虽经贼毁，渡船不至阻碍，逆回据华林山紧要隘口，俱派兵严防，军饷尽敷应用。奏入，谕曰："本日，据伍弥泰奏新疆文报各折，于见在剿贼事宜并无一语提及，勒尔谨则并未出名赍奏，殊不可解。此时官兵已逾一万，贼匪仅止千余，何难一举歼净。自初八日后在彼坐待何事？况兵贵神速，岂宜如此观望不前，竟欲待和珅到彼，再行商办乎？看来伍弥泰止知带兵前往兰州，其实毫无主见，不免意存怯懦，著传旨严行申饬。"寻命阿桂兼程前进。五月初二日，随阿桂在龙尾山架炮击贼，旋齐集华林山梁，尽据贼卡。六月十五日，阿桂督大军直逼华林寺，仍令伍弥泰驻龙尾山，以壮声势。首逆就戮，逆回平。

先是马彪等遣投出新教回民海潮宗，往贼营晓谕被羁，因降贼。至是，阿桂奏："马彪遣该犯前往时，伍弥泰正在总办，并未据奏，请议处。"谕曰："阿桂奏此次官兵杀死逆党阿浑五人，内查出海潮宗一犯系四月中旬伍弥泰、仁和、马彪遣赴贼营，晓示被留住，即称阿浑与首逆同坐议事。伍弥泰等身任将军、提督，俱有奏事之责，既经遣人赴贼晓谕，又复被留未回，何以并未陈奏，甚属错谬。伍弥泰、仁和、马彪俱著交部议处。"部议革职，诏宽免。

四十八年五月，命补授吏部尚书、协办大学士事务。七月，充尚书房总谙达，寻授镶白旗蒙古都统。十二月，充经筵讲官。四十九年正月，上巡幸江浙，命留京办事。七月，授东阁大学士。九月，谕曰："朕年来寡寐，每日夙兴，原可于养心殿视事，诸臣自家入朝趋直，住居稍远者，其起身必当更早。大学士稽璜、蔡新、伍弥泰俱著加恩令其于日出后进朝，如遇风雪冱寒之日，即不入直亦可。其三品以上，七旬之臣准此，以示朕优眷老臣之意。"

五十年正月，入千叟宴。五十一年春，赐诗曰："少长余一岁，看如长我年。依然可纶赞，何必说车悬。步履昨称蹇，精神今复痊。愿留二三老，作伴庙堂前。"闰七月，卒。谕曰："大学士、伯伍弥泰老成端谨，奉职中外，扬历多年。简任纶扉，兼司旗务，实心宣力，倚毗方殷。兹闻直宿禁城，陡患痰疾，舆回私宅。即闻溘逝，殊深悼惜！著加赠太子太保，派散秩大臣一员，带同侍卫十员，前往奠醊，仍赏给银一千两，俾治丧事。其任内降级罚俸处分均予开复，所有应得恤典，著该部察例具奏。"寻赐祭葬如例，谥文端。

子伍弥乌逊，袭三等诚毅伯，兼佐领，任兵部侍郎，镶黄旗满洲副都统，塔尔巴哈台参赞大臣。嘉庆元年，缘事革任，其世职弟景文袭。三年卒，仍伍弥乌逊袭。

——《国朝耆献类征初编》卷二二

弘 晌

宗室弘晌，镶蓝旗人。乾隆二年，由散秩大臣授三等侍卫，寻升二等侍卫。十三年，擢镶蓝旗汉军副都统，兼镶白旗护军统领。二十九年，奏称："郑家庄官兵移驻福州，俟兵丁全数起程，请将房屋交内务府递交昌平州收管，其兵丁原领器械，城守尉、佐领关防图记分交户、工二部查核。下军机大臣议行。"三十年，调镶黄旗蒙古副都统。三十一年，派往库车办事。三十三年，调镶蓝旗蒙古副都统。三十四年，以库车见无差务，请裁绿营都司守备及印务处办事章京各一员，添派驿站处笔帖式二员。奏入，从之。

三十五年正月，授福州将军。福州八旗满兵一千五百六十名，每名拴官马三匹，向将二匹扣价于需马时售买，实拴马一千五百六十匹，以备操演，设立官圈喂养，所余二匹草豆银两仍给兵丁，以资生计，并将所裁马匹变价，以为建造棚厂之用。又奏："无依闲散丁口请于官房租银内酌给养赡，俟挑补步甲时再行停止。"十月，奏："驻防官兵到闽未久，一切驰奏不密查税口等项须资熟手，请将裁归补伍之千把总内挑选四员，马步兵十二名，仍交管束差遣。"均如所请行。三十八年六月，调盛京将军。十月，袭奉恩将军。寻加宗人府左宗人衔。

三十九年三月，奏言："白西虎山煤窑开挖年久，未能丰裕，请于迤南之鹞子峪，复州所属之五虎嘴招募旗人开采，照例征税。"又奏："盛京工程需用铜铁，俱动正项采买。见查存贮枪炮及炮子有因潮湿锈污不堪用者，请将此项销化备用，以省工费。"均得旨允行。

四十一年六月，朝鲜国人于高桥地方被窃，奏请著落锦州府地方官员赔补。谕曰："弘晌系专管地方之员，当时既未赔补，即属不知事体。今又欲著落属员，更属非是。此项银两，即著弘晌等照数赔补。"旋以凤凰，岫岩二城事务奏令岫岩通判管理，兴京一城事务归兴京通判专办。上是之。

四十三年三月，奏："大凌河马厂西北丈得泽田一万亩有奇，请移驻闲散宗室一百余户，分为四屯，给屋一千八百间，地四百四十三顷，每屯驻宗室章京一员，闲散三十户。建屋木料由辽阳、宁远等处运买，每户给瓦屋三间，余盖平棚，垦田一犁三牛，兵为耕种，一切需用由盛京户部支领。又每屯添设贴写及传事马甲各四名，另给荡田一顷，余地招垦。"奏入，报闻。十二月，锦州协领福神保借差科派，经锦州副都统德福劾奏，命兵部尚书福隆安驰赴查办，先将弘晌革任，查明有无染指授意情事。寻奏："弘晌因锦州、盖州、牛庄三处协领缺分较好，令其量为帮帖存贮，所设差局酌拨公用，实未授意敛钱，亦并不入己。但以宗室大臣见小滋弊，请交宗人府会同刑部治罪，福神保等发往乌鲁木齐效力赎罪。"谕曰："弘晌如果与所属通同作弊，借差敛钱入己，即当从重惩治。今讯明实无染指，亦未授意敛派，不至革职治罪。但身为将军，于办理差务令属员帮费，而于锦州科派之事又漫无觉察，实属糊涂。弘晌著加恩以散秩大臣效力赎罪。"

四十四年四月，授绥远城将军。九月，奏请将伊应追摊派银一万余两，又应交赏银五千两，分限十年交纳。谕曰："弘晌去年办差摊赔银两究属因公，并未入己，著加恩免其交纳。但伊系将军，因办差摊派自应将缘由具奏，乃经朕询问数次，并不据实奏闻。赏伊银两本应办公，伊既已摊派，岂可领朕赏银？所有应交银五千两，著赏限五年交纳。"

四十六年，卒。谕曰："弘晌历任多年，今闻溘逝，深堪轸惜！应得恤典，著各衙门察例具奏。"寻赐祭葬如例，谥勤肃。

子永铎袭爵，官至盛京将军，别有传。

——《国朝耆献类征初编》卷二八九

积　福

积福，克勒特氏，蒙古镶黄旗人。乾隆五年，由亲军授蓝翎侍卫。七年，升三等侍卫。十三年，命在乾清门行走。二十年三月，升二等侍卫。六月，升头等侍卫。二十一年，擢御前侍卫。二十二年，授正红旗蒙古副都统。

二十三年正月，命带领侍卫扎拉丰阿等往西宁办理青海事务。谕曰："去岁进剿额鲁特，余党分路逃窜。近据阿里衮奏称，'沙喇斯玛呼斯贼人俱逃向爱什玛山之东南，察其踪迹应在呼尔塔克山、罗布诺尔等处藏匿。'罗布诺尔与噶斯相近，可通青海，或贼人逃往彼处，亦未可定。特派积福等，与副都统德尔索、青海郡王索诺木丹津、贝子那木扎勒车凌等会同办理。积福等至西宁，德尔索即同往青海，令索诺木丹津派兵一千听候调遣，仍派熟识路径兵丁交扎拉丰阿等，带往噶斯一路跟寻贼人踪迹。"二月，奏称："前至乌兰和硕，值索诺木丹津巡卡未回。因与那木扎勒车凌商议，即饬传派兵丁一千名齐集札噶苏台。"谕曰："前谕酌量派兵，不过预备贼人阑入，并非即应起行。今当春令牲只疲瘦之际，将兵马指定处所，齐集一处，不得觅厂牧放，势必愈加疲瘦，且亦苦累蒙古人等。此皆积福等未悉朕旨，办理错谬所致。积福奉到此旨，毋庸传集兵丁，即令在各游牧预备，量给扎拉丰阿等兵丁前往侦探。如无贼人踪迹，此兵即可不用。"三月，奏称："奉到谕旨，即传谕索诺木丹津，令其散遣。据称若尽行撤回，恐仓卒难于调发，酌将近地者散遣，远道者仍在乌兰等处驻札，水草甚佳，并无劳苦。"上嘉允之。十一月，奏称："孟固勒津部勒乌尔津策塔尔扎乌土，百户吹塔尔等，交纳马匹银两至青海之伊玛图地方，为郭罗克贼匪劫夺，已咨四川总督查办。台吉纳木锡哩等四札萨克因避郭罗克贼匪，弃其旧游牧内徙。"得旨："郭罗克贼匪行劫，积福既咨行川省开泰，自必查办。至纳木锡哩等四札萨克，应各居旧游牧，何得遽行内徙？著积福晓谕青海札萨克等，令其退居旧游牧，于郭罗克经过要路设卡防守，遇贼擒剿，俾知儆惕。"又奏："青海今岁雨泽透足，水草丰美，牲畜肥壮。命晓谕众札萨克挑马二十匹，按数给价，解赴肃州。"二十四年，命为驻藏办事大臣。二十六年，召回京。

二十七年正月，奏："卫藏北沿边一带，西自阿哩起，东至喀喇乌苏安，设十三台站。"乾隆二十三年，将军伯伍弥泰奏裁，经军机大臣等议，以见值进兵叶尔羌、喀什噶尔防逆匪窜越，令照旧设，俟应撤时再奏。今大功告蒇，外夷安静，实与内地无异。复据噶隆公班第达等呈称准噶尔、叶尔羌等俱蒙圣化，安享太平，卫藏台站可无庸设，但撤后各处边界仍令稽查。今酌议嗣后噜托克、齐木纳克、藏腾格哩诺尔等处交本处第巴头目等，每年派人巡查穆什、哲尔根琫、噶哩玛尔、阿哈雅克等处，每年于栋科尔达木之蒙古官各派一员巡查，将原设台站裁撤。得旨嘉奖。

二十八年，调镶蓝旗满洲副都统，寻调正红旗满洲副都统。二十九年，授归化城副都统。三十一年七月奏称："喜峰口监督兼理归化城牲只、税务，未免鞭长莫及。请由理藩院派章京一员驻归化城办理，又疏言归化城旗民杂处，事务繁多，若统归绥远城将军办理，转多掣肘。请颁给副都统印，办事较为简易。"均如所请行。八月，调察哈尔副都统。

十月，谕曰："土默特蒙古伊犁策楞争控施舍庙宇地亩一案，朕因积福始由副都统来京，命军机大臣询问，据称伊犁策楞如何在将军前呈控，及将军如何办理之处，俱未闻知。将军行交达部亦未由归化城转行等语。看来各省将军竟有蔑视副都统之意，各省驻防设立将军、副都统，原为诸事以将军承办，副都统协办，副都统如不循分，与将军争执、妄为，将军即当奏参。将军如蔑视副都统，诸事自行专主，副都统亦应据实陈奏。嗣后各省将军、副都统等必须和衷共济，凡请安奏事，俱令副都统列名，将军固不可蔑视副都统，副都统亦不可任意与将军争执。"

三十三年，调热河副都统。寻命为科布多参赞大臣。三十六年正月，召来京授镶红旗满洲副都统，兼署镶蓝旗护军统领。二月，乌梁海副都统。莫尼扎布总管塔思哈互相构讼，命偕领侍卫内大臣巴图济尔噶勒往讯，寻还京，署正红旗护军统领。七月，奏称："汗哈屯等处有鄂罗斯之乌梁海潜赴耕种，恐易滋事，请将三年稽查一次，改为每年稽查一次。"上允之。九月，调镶黄旗满洲副都统。寻署理藩院侍郎。三十七年四月，授镶黄旗蒙古都统。六月，署理藩院侍郎。三十八年，署领侍卫内大臣。三十九年，命往办理策伯克多尔济游牧事。

四十年，召来京。四十三年，调镶红旗蒙古都统。四十九年，授察哈尔都统。九月，授绥远城将军。五十一年，调宁夏将军。五十二年，入觐，以年力衰迈留京。寻授正白旗蒙古都统。五十四年二月，原品休致。闰五月卒。

——《国朝耆献类征初编》卷二九二

兴 肇

宗室兴肇，镶蓝旗人。乾隆三十年，封二等辅国将军，赏戴花翎，乾清门行走。三十一年，充十五善射。三十三年，率健锐营兵赴云南军营。

三十四年，围攻西棘受伤，上嘉其奋勉，授正白旗护军统领。三十五年，副将军阿桂征缅甸撤兵太骤，兴肇随同画押，革去护军统领。三十七年十月，袭奉恩辅国公，授正蓝旗护军统领，旋充领队大臣，赴金川带兵。十一月，兼宗人府右宗人。三十九年，授荆州将军，仍留军营。

四十年十一月，大军进取碾占，兴肇在巴扎木带兵接应，擒获甚众。十二月，定边右副将军明亮等攻克乃当，兴肇占据山顶，及官兵直抵独松，复在后策应。均下部优叙。四十一年正月，协办大学士阿桂檄撤荆州满兵，赴将军任。二月，金川平，奏捷，图像紫光阁，御制赞曰："忆当国初，创业开基。宗室王公，宣力率师。承平袭庆，安享荣华。董军建勋，斯为可嘉。"五十二年，调西安将军。五十三年，调安远城将军。五十七年，以所管旗兵药神保等偷盗银两审拟轻纵，部议革职，上从之。命退出乾清门，仍留公爵，罚俸五年。旋授散秩大臣。五十八年，复授荆州将军。

六十年五月，率满兵二千赴湖南协剿苗匪，因行走迅速，赏大小荷包。七月，谕曰："兴肇带兵二千名、自当沿途侦访贼踪就近剿杀，以期廓清后路，再赴镇筸，会同攻捕，方为无负任使。乃途次并未打仗，及到镇筸又复漫无调度，仅将带往之兵分驻城外，殊不可解。前因带兵迅速尚复加之奖赏，今不料其糊涂至此，著交部严加议处。"寻议革职，诏改为革职留任。十月，随贝子、大学士福康安等连克马脑寨、猪草寨、杀苗坪、竹子寨等处。复分路进攻高多寨，生擒首逆吴半生，下部议叙。是月，攻克大坡脑、得胜山等处木城、石卡三十余座，复赏荷包。十一月，获贼目吴八月于卧盘寨。十二月，由镙木营山坡乘雪未融，奋勇截杀，毙贼无算。复攻克禽头坡一带要隘，迭邀优赏。

嘉庆元年正月，偕镶蓝旗蒙古都统额勒登保进攻吉吉寨，夺据山梁。乾州属之大陇峒、赶子坪、河洛坪各寨长及斗角岩、尾坡九十九峒苗匪俱先后乞降。三月，特赐蟒袍。是月，由高吉坨乘胜追至巴金湾，将苗寨全行烧毁，于两义溪炮击藏伏苗匪，进至平逆坳，夺获贼卡三处。六月，随总督和琳分路进剿，生擒石老秦等十六名。八月，首逆石柳邓据平陇，兴肇等由强虎哨进攻，夺获麻里湾等贼卡十余处。九月，连克黄土坡、苍茅坪、木城石卡六处。复从牛心地、象心地至山家坳，将平陇贼巢并力攻击，毙贼三百余名，复赐蟒袍。十二月，由平陇后山右隆等处进兵，生擒苗匪一百余名。下部优叙。

二年二月，命偕总兵王文雄率湖南撤回各兵迅抵襄阳，与湖北巡抚惠龄等合剿教匪。三月，侦知贼首姚之富等由泌阳、邓州分股窜逸，即偕文雄击之于裕州古石滩，兴肇伏兵山坳，追剿三十余里。上嘉其调度有方，赏青玉扳指并大小荷包。七月，由白洋坪率领马队毙贼百余名，生擒贼匪十七名。八月，由石窑灰小道绕至江岸，杀贼无算。复追至襄阳小河口，星夜围剿，贼众披靡。时贼将渡茨河镇，兴肇随明亮等自枫树垭追剿，歼贼甚众，九月，复由吴家湾截击，毙贼千余人，贼窜入湖北竹溪县之水坪，欲与小河口贼聚。兴肇等由椒岭岗协击，贼西逸。十月，贼匪自鸡心岭折回，复随明亮率各路官兵隐伏峡口，连剿四昼夜，毙贼五千余，赏玉扳指荷包。十一月，追贼于周家坝、上高川，毙贼千余名，生擒二百名。贼首姚之富等入汉中，复与贼党齐王氏、李全、张汉潮等股匪会合于唐家坝，兴肇等分带马兵由凉垭子、铁岭关追剿三十余里。

三年正月，齐王氏等由西乡渡江，窜至石泉，上以兴肇疏于防范，严饬之。二月，贼党李全由怀阳东趋鳌屋，攻北城垣，兴肇等四面兜围，歼贼八百余名，生擒三百余名，复败之于姚村。三月，追至尹家卫，歼贼无算。五月，击张汉潮于南漳，歼贼六千余名，生擒九百余名，搜获大小炮位及兵器五百余件。六月，击之于司马岗，时贼匪自楚窜陕，复由陕入川，上切责之。七月，剿贼于袁家庙，斩级六百。又于平坝、开县等处毙贼千余。八月，复败贼于西河口。时张逆由太平窜至石泉县境，奏入。谕曰："张汉潮一股屡经剿杀，势已溃散。乃明亮等任其窜至石泉焚掠，所办何事？明亮、兴肇均皆革去花翎，带罪自赎。"十月，追剿张汉潮于火石岭，十一月，复击之于石塘坝，获器械无算，张逆由固城八里关窜至五郎，兴肇等于两河追杀六十余里，贼由火焰沟前窜，复倍道抄击，俘斩五百余名。

四年三月，击败张逆于马伏城。五月，贼窜入豫境，兴肇等分路进剿，贼越南岭窜。六月，至金竹沟焚掠，兴肇等擒斩百余人。七月，复败之于红河寺。八月，贼走采玉窑、旧县关一带，兴肇等追杀五十余里，斩获甚众。九月，贼由老林乘夜偷渡前审。谕曰："明亮奏称张汉潮又从深林密箐中偷渡前审，实出情理之外，不知伊等是何肺肠。其上次所奏三面合围之语，想亦未必确实，今将伊等前折抄寄那彦成、松筠阅看，著即切实详查。如果前次奏报尽属虚言，竟将明亮、恒瑞、兴肇三人奏明革职拿问，治以欺妄之罪。"寻在张家坪歼毙张汉潮，下部议叙。十月，又谕曰："兴肇与明亮种种欺饰之处扶同入奏，著革职拿问，交松筠严审定拟。"寻拟发往伊犁，奉诏改发乌鲁木齐效力赎罪，以其子成宽袭公爵。十二月，丁母忧，命回京。

五年，特予三等侍卫，为和阗办事大臣。七月，迁二等侍卫。十月，调塔尔巴哈台参赞大臣。十年二月，审办哈萨克拜毡烧毁房一案，未能彻底根究，所拟佐领穆特布罪复失之轻纵，部议降三级调用，诏改为革职留任。九月，因前在军营收受备赏银。谕曰："前因湖北省清查军需银款，内有地方官呈送兴肇备赏银三千四百两，谕令贮缴。前据兴肇具折陈辩，只自认赔而不认收受，朕恐外省查办或有舛误，谕令吴熊光详细确查。经该督将呈送收数月日并经手之员，逐一查明具奏。当令宗人府军机大臣传问供认收受属实，前奏实属无耻巧辨，著交宗人府酌议惩处。"寻议以不准用四品顶戴，亦不准食宗室钱粮。上从之。十二年，仍授二等侍卫，在大门上行走。十三年六月，擢镶红旗汉军副都统。十一月，授杭州将军。十四年，调荆州将军。

十五年，调察哈尔都统。十六年，因民人在牧厂内偷挖黄芪拒伤官兵，未经奏办，部议降三级调用，上改为降二级，授头等侍卫。十七年正月，迁正红旗蒙古副都统。十二月，授密云副都统，旋授江宁将军。十九年，授正蓝旗汉军都统。二十二年，上以兴肇年老，命以二品顶戴休致。二十五年，卒。

子成宽自有传。

——《国朝耆献类征初编》卷三一零

图桑阿

图桑阿，满洲正白旗人，姓董鄂氏。一等公费扬古孙，一等侯图巴子。乾隆十年，袭一等昭武侯兼云骑尉。十四年，授蓝翎侍卫。十六年，擢三等侍卫。二十八年，擢二等侍卫。二十九年，袭世管佐领。三十二年三月，授京口副都统。四月，调江宁左翼副都统。三十三年，以失察披甲容留民人私铸，降二级留任。

三十四年五月，谕："江宁兵数无多，原设副都统二员内裁汰一员，图桑阿著来京另候补用。"是月，仍授京口副都统。三十八年，奏："请武职参将以下照文职回籍丁忧。"谕曰："父母之丧，解任丁忧，原系人子各尽孝道，亦应视事之当然。酌办文职例应丁忧，亦有经督抚奏请在任守制者。武职自参将以下职分较微，得项无几。遇有丧事回籍，服满引见，未免徒劳往返。定例各员本籍丁忧，与在任丁忧均属一体。在任丁忧即为不孝，回籍丁忧即为孝乎？图桑阿舞文沽名，著严行申饬。"

四十年，以办理入川兵丁妥速加一级。四十六年三月，调凉州副都统。四月，授正蓝旗汉军副都统。八月，仍授凉州副都统。四十七年，以凉州庄浪地方紧要，请添驻防兵。允之。四十九年五月，甘肃石峰堡逆回滋事，图桑阿击贼于马营街，进剿至伏羌云雾山等处。七月，大学士公阿桂率兵平石峰堡，图桑阿于防守处巡逻截杀。十二月，以叙平石峰堡功，给一等功牌一。

五十二年七月，以秋审庄浪马甲六十一殴死达兴阿失人，降三级从宽留任。十二月，擢广州将军，旋调荆州将军。五十三年六月，荆江泛涨，府城被水冲淹，图桑阿与布政司陈淮募船分救满汉城人口。七月，奏请借银修坍塌兵房，分年扣还。谕："全行赏给，命阿桂会同图桑阿详查被灾者，安插抚恤。"十一月，以奏补协领言过繁琐，代官兵谢恩，折内未将被水后兵民曾否得所情形备细陈奏,降二级留任。

五十五年,调宁夏将军。五十七年,调绥远城将军。五十九年,调西安将军。谕:"西安地方綦重,诸事务当谨慎留心办理。"六十年闰二月,以调任后会同山西巡抚蒋兆奎奏请新平口外入官庄头赎身为民。上以其受庄头怂惠,命革职从宽留任,罚世职半俸。九月,授正白旗汉军副都统,旋调乌里雅苏台将军。

嘉庆二年五月,以参赞大臣额勒春及子玉敏妄为无耻,图桑阿未据实参奏,摘去翎顶,命丰绅殷德并鞫之。闰六月,革将军职及侯爵世职,发往伊犁效力赎罪。八月,赏给三等侍卫,带黑龙江兵往川楚军营。十一月,贼于宁羌被官兵击退,由黄官岭向长寨一带偷渡汉江,适图桑阿偕乌尔图那逊带兵至,即驰入江心堵杀。十二月,赏玉喜字扳指、大小荷包,并还侯爵世职。是月,贼从元坝子窜出,将扑广元,图桑阿随明亮抄袭之。

三年正月,剿至金水铺北面山梁,抵三河口,贼死拒。图桑阿抄上右路梅子坡截杀之,进至三官庙,搜剿树林崖峒内贼。二月,击贼于判官岭。三月,剿至宽坪,贼向莲花池一带窜走,图桑阿率步队冲杀,又击贼于高塘。四月,贼于新街江边东窜,由大道迎击之。五月,贼由胡家坝走铁锁关,伏兵两面山梁击之,并剿甘境窜出后股贼于黄瓜岭。七月,明亮等分五路兵击贼于清池子山,图桑阿由竹鸡沟上右山梁前进,凭高用木石击贼。跳崖撞石毙者甚众。八月,击贼于西河口。九月,贼屯白林湾一带,由西河口迎击之。十月,击贼于罗坪峡口。十二月,以足疾不能乘马留养军营。四年四月,命回京调治。八月,上念其前在江中歼贼功,授乌鲁木齐提督。六年九月,卒。

长子松龄,见任头等侍卫,袭一等昭武侯,兼一云骑尉;次松福,见任黏竿处头等侍卫;次松青,见任二等侍卫,次松文,见任鸿胪寺鸣赞。

——《国朝耆献类征初编》卷二九七

永 琨

　　宗室永琨，和硕和恭亲王弘昼子。乾隆四十年，封不入八分辅国公，在散秩大臣上行走。四十六年，授正白旗蒙古副都统。五十三年二月，在乾清门行走。七月，调镶蓝旗满洲副都统。五十六年十一月，授正红旗蒙古都统。五十七年十二月，授荆州将军。五十八年，调宁夏将军。五十九年，调绥远城将军。六十年，调乌里雅苏台将军。九月，调黑龙江将军。

　　嘉庆元年，以获段文经匪党郑见贵，交部议叙。二年五月，复调乌里雅苏台将军。八月，兼镶白旗汉军都统。九月，奏："乌里雅苏台所出兵部办事章京员缺最系紧要，且常办蒙古人等事，非有才能之员、熟习蒙古语者断不可行，请仍遵旧例，将四处衙门办事章京均作为京缺，三年更换一次，令军机大臣于各部司员内拣选引见、补授。"上是之。又谕曰："永琨奏各游牧官兵情愿每年应得钱粮作为一次关领，并将驿站钱粮之例亦改为一体等语。众蒙古住处遥远，每年应得钱粮作为一次关领，可省伊等往返之劳。施恩准将各牧驿钱粮作为一次关给，以示朕怜恤众蒙古奴才之至意。"十月，科布多参赞大臣富俊禁止商民与杜尔伯特交易。永琨奏："蒙古人等住处远近不等，有力者，尚可至远处买卖，贫不能远行者，反无以为生计。请遵前旨，严加约束，仍准往各部落地方生理，但不准私过卡伦。"下军机议行。

　　四年二月，授内大臣。三月，以腿疾奉旨来京，办都统事务。五月，以妄用八百里驿递，谕曰："永琨从前在京都统任内及外任将军时，俱属声名平常，朕未临御以前即所深知，故将永琨放为都统，令其回京，特念永琨彼偶有卑鄙之事，殊难办理，是以施恩曲全。今据永琨奏盗窃驼马二折，乃冒昧由八百里递报，骚扰驿马。经理藩院参奏，俱经交部议处矣。永琨殊属糊涂，不晓事体，倘仍留都统，又别生事端，转不足朕保全永琨至意。今著不必俟部议,即革去统领,赏给四品奉国将军,遣往东陵,交绵亿令其奋勉当差。永琨到京后宗人府传旨,即令起程。"八月,赏给二等奉国将军,仍在陵寝守护。

五年三月,命回京,授正白旗汉军都统。十一月,派管理圆明园八旗事务。七年,卒。谕曰:"永琨系朕叔父和硕和恭亲王之子,本为近派宗室。今闻溘逝,朕心殊为悼惜!著派散秩大臣绵勤,携带《陀罗经》被赏赐,仍带侍卫十员,赐奠茶酒。永琨从前原系不入八分公爵,嗣因获罪革去。今既病故,著加恩开复不入八分公爵,应得恤典,俱照不入八分公爵办理。"

子绵仲,三等镇国将军,兼二等侍卫,故。

孙奕顺,袭三等辅国将军。

——《国史列传》卷四三

恒 瑞

宗室恒瑞,满洲正白旗人。由闲散宗室于乾隆二十七年授三等侍卫。二十八年,升二等侍卫。四十年,升头等侍卫。四十一年,以副都统衔赴藏办事。四十六年,署镶白旗汉军副都统。四十八年,授热河副都统。

五十一年,擢福州将军。会奸民林爽文、庄大田等纠众攻陷凤山县,台湾告警,福建督臣常青奏请添兵。

五十三年二月,上命恒瑞挑选驻防满兵一千名往剿,随以常青为将军,授恒瑞为参赞。四月,师抵厦门。五月,至台湾,同常青至凤山南路剿贼。出城不十里遇贼万余,进击两次,颇有斩获。因贼势众多,请增调劲旅。命以广东、杭州驻防满兵三千名,闽省兵二千名,粤省兵四千名及两广总督孙士毅挑备兵二千名益之。旋奉谕曰:"常青年逾七十,精神不能周到,恒瑞又系年轻,未曾更事之人,殊不可恃。因命陕甘总督福康安驰驿至热河,预备差遣。"

六月，恒瑞奏称："贼匪连次来犯，官兵迎击辄奔逸。臣等料其诡计欲诱官兵深入，即绕出后路。而盐水港等处之贼自北趋郡，必更肆无忌惮。又据总兵柴大纪已派往盐水港游击杨廷麟告急请援，已派总兵魏大斌等前往，并令确探笨港有无失事。查凤山之东港在鹿耳门左，已为贼占。诸罗之笨港在鹿耳门右，又为贼扰，则见在鹿耳门一口尤为紧要。至盐水港在诸罗之南，府城之北，距府城仅五六十里，今贼众攻盐水港，固意在诸罗，实即觊觎府城。臣等时时兼顾，势难轻进。"谕曰："贼人狡计故作窥伺府城，实欲断我粮道，攻逼诸罗。若诸罗有失，则台湾府城势更孤悬，该将军等竟宜先往北路，会同柴大纪并力擒渠，或分兵盐水港打通粮道。此为上策。"

七月，魏大斌至鹿仔港遇贼，被围，把总麦逢春、武成烈、刘联升等阵亡。上以常青、恒瑞调度失宜。又参将瑚图灵等自山猪毛翻山进攻南潭，并不亲往应援，坐失事机，饬之。旋奏贼犯郡城，击却之。督兵进剿至南潭，歼贼数百人。因天晚路窄收兵。谕曰："常青、恒瑞等屡次俱称遇雨，路窄收兵，而于庄大田是否尚在南潭尚未提及，实属糊涂，著传旨严行申饬。"

八月，奏言："军中偶染暑湿病者十有二三，贼匪闻知屡次来犯，经臣等败退，见在各里庄归业者千余人，或以官军南向隐有所恃。若遽舍南趋北，恐贼乘间窃发，而附近各庄不无惶惑。"又奏："魏大斌等沿途遇贼打仗，适参将潘韬、李隆领兵迎接，力战始抵诸罗。见在仍被围困，臣等当派副将贵林、蔡攀龙等由水路往援。"谕曰："常青、恒瑞以一人统兵前往北路，一人驻守，并非令一兵不留在府城营盘也，有何可虑？并不那移尺寸之地。柴大纪被围日久，魏大斌又在围城之中，此时尚不亲往救援，岂徒以株守为事耶？"先是，上以常青、恒瑞俱未经军旅，恒瑞身系宗室，或存富贵习气，未能和协。令督臣李侍尧据实覆奏，并询以伊二人能否办理此事。侍尧奏称："恒瑞深知以国事为重，与常青亦并无意见，惟不能亲援诸罗，未免为贼所缀。可否于武臣中如海兰察者令其前来会办，即可及早蒇功。"时已命福康安为将军，代常青，并授海兰察为参赞大臣，驰往台湾，恒瑞仍令参赞军务。是月，贵林等兵至正英庄，遇贼阵亡。蔡攀龙力战抵诸罗，伤亡大半。恒瑞率兵往援，被贼拦截收军，改由海路前进，抵盐水港，逗留不前。

十月，奉旨解任来京。嗣以抚谕附近民人造册投诚，上阅其奏尚属奋勉，命与常青仍带兵协剿。恒瑞又奏贼占据情形，上以恒瑞恇怯，着福康安确切查参。是月，恒瑞率侍卫乌什哈达、梁朝贵等败贼新店，收复鹿仔港。

十一月，福康安等率师抵鹿仔港，恒瑞同海兰察屡败贼于兴化店、斗六门、大里杙等处，擒斩贼目刘怀清、林茂、林素等，林爽文遁去。十二月，进取集集铺，至生番隘口。谕曰："官军屡战得胜，已成破竹之势，恒瑞因人成事，并非自能奋勇前进。又福康安派镇将等攻剿，独不派柴大纪、蔡攀龙二人，而于恒瑞拥兵不救之罪不但不加参劾，且屡次声叙战功，豫为地步，以示公正，传旨严饬。著恒瑞来京。"福康安旋奏："恒瑞前在盐水港不能直达诸罗，咎无可辞。但打仗俱亲身前往，每日招抚村庄，巡查营卡，并未在营坐守。及臣等自诸罗进兵，恒瑞屡次向前杀贼，海兰察等皆所亲见。臣固不敢徇私袒庇，亦不敢因系亲谊故为避嫌，应请留于军营效力赎罪。"

谕内阁曰："恒瑞观望迁移，及张大贼势，妄言惑听。本应军前正法，朕以彼时官兵剿贼尚未得手，虑骇听闻，降旨令其回京。乃福康安曲为庇护，又屡于折内声叙恒瑞带兵打仗。试思伊为满洲大臣，众皆打仗，独伊不打仗，逃往何处乎？又前因保宁补放伊犁将军，川省无熟悉番情之人，故将鄂辉调回成都，而以常青仍为福州将军。福康安具奏时尚未知保宁调伊犁之信，何以欲将鄂辉仍留成都，不过因恒瑞本系福州将军，希冀仍留原任之意，岂能逃朕洞鉴乎？著传旨申饬。恒瑞仍遵前旨革职来京，交部治罪。是福康安爱之，实所以害之也。"

五十二年，恒瑞同海兰察等擒获林爽文于老衢崎。二月，同总兵穆克登阿等追擒庄大田及其母庄黄氏等四十余名，奏入，得旨从优议叙。三月，谕曰："福康安前抵鹿仔港未及三月即擒获首逆，南北二路全境荡平，恒瑞从前妄请多兵，几至惑众误事，不可不治罪。此奏出自他人必当按律正法，姑援议亲之条从轻，革职发往伊犁，效力赎罪。"十月，谕曰："恒瑞在台湾获罪究为公事起见，尚可宽宥，著加恩赏给副都统职衔，作为伊犁参赞大臣，帮同保宁办事。"五十四年，授正黄旗汉军都统、定边左副将军。五十五年正月，调镶黄旗汉军都统。八月，调正白旗汉军都统。六十年八月，补授绥远城将军。九月，调补西安将军。

嘉庆元年正月，湖北教匪滋事，奉旨令恒瑞带兵三千名会同湖广总督毕沅、湖北巡抚惠龄往剿。二月，恒瑞奏乌鲁木齐都统永保入京陛见，道出西安，请暂留驻以资弹压。得旨："永保曾经军旅，著同恒瑞带兵剿贼。"三月，恒瑞与兴汉镇总兵文图等破贼于竹山，复其城，获贼首武明山、翁叔原等。上嘉其功，交部议叙。永保至军营，合兵由房县进剿鬼谷子、黑虎沟，贼匪奔三里坪，留文图率兵围守，恒瑞同永保由屺峪、五虎垭进至七里湾，适总兵彭之年领兵至，贼惊走，渡二郎沟，窜入保康东北之白云寺大山。官兵由黄连垭进攻。四月，抵黑龙沟，又至东山、长岭、贼奔喇叭洞。上以三里坪贼经文图剿净，而恒瑞等日久无功，饬之。恒瑞仍遵旨赴襄阳，同河南巡抚景安等剿贼，留文图剿喇叭洞。

五月，文图剿喇叭洞贼尽，以兵赴巴东。恒瑞所留西安官兵亦撤至襄阳，遂同头等侍卫明亮领兵由樊城进攻吕堰，与景安等会合进剿，屡败贼于岳家沟、刘家集，毙贼二千余人。奏入，上以贼首姚之富、刘之协并未拿获一人，不值加恩。恒瑞等务宜倍加奋勉，勿使逸入枣阳、随州等处。是时，贼屯聚蒋家垱、曲家湾一带，官兵进至王家冈，离枣阳三十余里与贼寨逼近，恒瑞同明亮等设伏纵击，大败之。六月，进攻蒋家垱、曲家湾、歼毙无算,枣阳围解。旋移营董家冈,贼伪呼投降,潜抄官兵后路。恒瑞等急,以后兵为前队,翻身迎击。适总兵德龄兵至,击退之。贼匪窜回枣阳正东丫儿山,与张家垱贼连营十余里,官兵并力穷追一昼夜,破贼营十余处,斩三千余人,生擒百余人。得旨奖叙,赏金盒、大小荷包。

七月,自随州、梓山进剿至龙门山,屡克之,枣阳、随州、宜城境内贼平。蒙恩优奖。八月,自青狮岭赴钟祥,与永保夹击邓家冈贼,追至黑沙河大破之,余匪复奔双沟,连夜追击,焚其砖堡。九月,贼匪分为两路,一由枣阳东窜唐县,一由白河西窜吕堰。恒瑞同明亮等领兵西蹑,贼退踞叶家店,进兵围之。毙贼数百,生擒首逆姚之富之母郝氏,孙姚福金等,移兵渡白河、唐河,剿办枣阳东窜之贼。十月,以贼匪直奔仓台未能剿截,与永保同奉严饬。贼匪旋奔唐县潭镇一带,恒瑞移营仓台,永保、景安逼贼至唐河,即往策应,贼向东南窜走。十一月,官兵四路并进,破贼屯十余处。恒瑞身受枪矛伤,特赏金盒、大小荷包。十二月,进击姚之富至彭家冈,歼擒三百余名。

二年正月,惠龄等自槐树冈破贼,恒瑞闻炮声引兵邀击,杀贼二千余名,追至七里冈。时永保以玩贼革职解京,并以恒瑞参赞失宜,降旨令惠龄、景安查奏。寻覆奏:"恒瑞不辞劳瘁,颇属勇往,因与永保隔营,不能每事商议,见在带兵需人,请同庆成、舒亮留营自效。"谕曰:"恒瑞、庆成、舒亮因贻误在前,各知悔惧、奋勉出力,若能迅速蒇功,不但可赎前愆,并当酌量施恩。"随赏给镶玉如意一柄。是后同惠龄等屡败贼于赵家冈、胜厂等处,追至刘家集,与庆成协擒贼首刘起荣,解京伏法。有旨奖励。

二月,惠龄、舒亮由长冈岭袭贼于小阜街,恒瑞、庆成以马队绕截贼前,毙贼五百余人,蹑至曾家店,败之于郑家河,又破之于新城,生擒贼目李潮等及骑马小儿一名,询知为姚之富之孙,戮之。三月,追贼至泰山寺,贼闻风遁,及之于洛阳店,杀贼百余人，进逼温峡口。其夜二更，令军士衔枚疾走，四更抵贼所，奋击，杀四百余人，生擒贼目刘顺等五十九名。次日，进击龙凤沟，用连环大炮轰击，贼众惊乱。忽一贼手执大旗招贴，贼众复聚。恒瑞从隔岸发矢，中其左眼，随策马先渡，官兵争赴擒之，搜得数珠铜佛，自供称韦成系姚之富伪都总师，并擒姚爽等二十七名，皆伏法。奏至，赏戴花翎。贼匪旋翻山窜入豫境，又分为三股，分窜商南、山阳一带。

四月，恒瑞驰赴山阳剿办第三股贼匪。进至周家河，贼退走山梁，官兵仰攻，追逼山岭数重，擒斩七百余人。忽闻贼首王廷诏、李全等犯山阳县城，乃回兵磨沟口，遇贼于十里铺，击退之。周家河贼亦为荆州将军兴肇截杀西逸。恒瑞由商州进剿，适陕西巡抚秦承恩追剿西牛槽贼东窜，迎击于双路河口，擒斩六百余人。五月，追贼至黄龙铺，适惠龄等亦至，追击至猪坪，共斩首三十余。是月，姚之富、王廷诏、李全三股贼匪仍合为一处，由紫阳县白马石抢渡汉江。恒瑞等坐迟缓纵贼，奉严旨革去花翎。

六月，恒瑞等缘汉江尾贼至西乡，遇雨六昼夜，贼遂分路窜入川省，恒瑞等由城口进次平官渡，贼奔开县，与徐添德、王三槐合伙，扰及云阳、万县。闰六月，大兵至大凉山下，贼千余人踞山颠。恒瑞同明亮等分兵五路，登山克之。又歼陈家山贼方正潮等，赏玉玺字牌、大小荷包。贼匪复逼云阳，大兵至，歼六七百人，余贼奔夔州、香坪、桂坝一带。追及于双河口，千总安庆、张奇首先杀入贼队，恒瑞等乘之，毙贼五百余，生擒唐之英等八十余名。

七月，进剿大宁贼匪于田家坝、西牛槽坝、枫木岭等地方，连败之，擒斩共二千余名，获器械无算。贼窜太平县之白杨庙。八月，追至金竹坪，贼乘夜奔亭子庙，将掠官坝塘，恒瑞等设伏以待。贼至，歼九百余人，生擒十一人。时当阳逸贼窜入白河县，都统丰伸布等阵亡。奉谕赴兴安应援。九月，抵兴安，同庆成迎击贼众于张家滩，旋由牛蹄岭绕出贼前，进至狗脊关、马鞍铺、蒋家坪，夺获贼营九处，马驴器物无算。

十月，赴西乡，行次沙潭坎与土都司韩光泽破贼于神仙沟，追至七里沟、韩家坝，复大破之。贼北趋汉中，又破之于白庙崖、高峰沟。凡三日杀贼三千余人，生擒王廷基等五百八十一名，赏玉玺字牌、大小荷包。

十一月，追破贼于毛垭子，进抵褒城，遇贼黄沙铺，击歼之。是时贼首姚之富、李全、齐王氏等合股西奔，连营二十余里，将渡汉江北窜。恒瑞同庆成设伏新街子，乘贼半渡，击之，擒龚玉等六十余名。进至桑树湾，遇贼高均德。恒瑞令带领撒拉尔官兵之都司马钟麒假乡勇旗号以诱贼，而身率兵自山梁下压，庆成等分头策应，贼众披靡，歼一千九百余人，生擒八百九十余人，蒙恩赏。同庆成遵旨由宁羌州赴援保宁。十二月，抵回龙场，贼首王廷诏等犯郡城，击毙其众七八百人。旋同总兵观成等赴援营山贼，分股迎拒，短兵接战，都司钟琪、王名望等战殁，总兵富尔赛自城杀出，贼溃，围始解。

三年正月，贼目罗其清纠合土贼黄道、李乡约自营山将寇顺庆，恒瑞同庆成进攻简家坝、黄连垭、芙蓉寺等处，皆有斩获。因贼势滋蔓，欲俟四川总督勒保、陕甘总督宜绵拨兵会剿。谕曰："恒瑞、庆成节次剿贼，名虽八百人，其实妇女幼孩居半。且勒保、宜绵等正在会击王三槐、徐添德，岂能分兵前来。此时贼匪既在老林，若能设法擒渠，尚属伊等之功。倘防堵不严，复有勾结，唯伊二人是问。"

二月，贼奔蓬州，恒瑞同观祥邀击之，贼分队扑仪陇县城，恒瑞督兵追杀至萧家梁，贼向东南大山窜逸。旋以逗留奉旨申饬。四月，贼从孙家梁冲突十余次，经官兵截回。进攻鲤鱼嘴，罗其清掘沟断道，恒瑞同观祥绕出山沟，夺贼卡三座，杀五百余人，贼匪潜勾冉文俦，滋扰仪陇运道。总兵朱射斗等由马鞍场，副将关联升等由清风寺，分路进剿。恒瑞分兵断磨盘井。次日，贼溃，歼戮无算。五月，惠龄、朱射斗等进攻李华寺，冉文俦败走。恒瑞以兵继之，歼何家寨贼二百余人。旋闻陕匪龙绍周等由巴州窜至，欲与罗冉二贼合，官军由双路场迎击，又破之于杨家寨。

六月，都统德楞泰追贼高均德至石人河，飞咨、恒瑞等迎击，共歼千余人。恒瑞仍同惠龄赴老林场剿龙冉二贼，连扑贼卡二座，进逼山梁，枪炮齐发，擒赵连等七十余人，牛马五十余头。进次黄泥坪，与德楞泰会进，逼至大神山，高冉等贼连挈二万余人，绵亘五十里，扎木山腰，为死守计。惠龄等进攻打石坡，恒瑞等进攻喻家垭，德楞泰由中路向大神山，皆有斩获。贼连夜扑德楞泰、恒瑞营盘，击却之。乘雪雨昏黑进击，杀贼千余人。

七月，贼扎筏将渡渠河，德楞泰引兵进击，恒瑞同惠龄分兵攻香安坪、土门垭，贼忽从三板桥金家场鼓噪而来，援兵击败之。旋分三路进攻，恒瑞一路杀贼三百余人，其东西二面为惠龄、德楞泰所破，合兵攻马鞍山，射死戴翎贼目冉文富，进攻龙凤坪，贼奔观音岩，分踞箕山南北，潜抄我军后路。大兵回击，伏兵自后掩杀贼二千余人，生擒何世官等一百余人。随闻贼首徐添德、樊人杰为将军富成所追，窜至观紫场，与高均德合。恒瑞同惠龄、德楞泰督兵截剿，连战壁山庙、土门铺、观音寺，转战至风洞铺，凡四昼夜，杀贼四千余人，擒获千余人。

贼穷蹙，窜郭家沟，仍依罗其清屯聚。徐添德逸去。八月，从插旗山追击徐添德，逼入古战坪，擒斩千余人，遂克凤凰寺巢，贼奔箕山。九月，攻克白崖寨、骆寺桥，又克黄泥坪、陈家坪、小蓬寺等处，进逼柏树山、仰山垭，距箕山十余里。惠龄、德楞泰直前，攻破卡栅，恒瑞从右山杀入，合兵纵击，尽破箕山后二十余里贼卡。凡四昼夜，杀贼数千人。贼目罗其清、李全、王廷诏奔大鹏山。十月，恒瑞同惠龄、德楞泰进围大鹏山。十一月，克之。恒瑞前赴陕西与宜绵、秦承恩会剿贼目张汉潮。十二月，惠龄、德楞泰生擒罗其清于巴州，余匪李全、樊人杰窜西乡。恒瑞以不即迎击，屡奉旨严饬。

四年正月，命恒瑞署理陕甘总督印务，寻以兵赴大巴山，获贼龙日哩，又赴宁羌迎击蓝白号贼张应祥、包正洪、萧掌柜等。

二月，贼由七盘关窜至黄坝驿，官兵进抵大安驿，贼转窜广元，遁入略阳。恒瑞进攻柳树垭，而宁羌又报贼目鲜大川将至。恒瑞回兵驻大安驿，贼窜南江，将近南郑边卡，乃驰回青石关御之。

三月，奏请派员驻扎汉中，督办军储。从之。

四月，蓝白两号贼窜秦州，恒瑞由太渠出菜子岭，派员分路堵剿。贼窜两当，纵击杀三百余人。适张汉潮、阮学胜大队贼匪自留坝厅至杜家坪，急引兵迎击，贼窜唐藏一带。明亮等自山凤县蹑追。上以明亮、恒瑞在二逆之间腹背受敌，恐兵力不敷，谕令于宁夏或阿拉善回兵内酌量添调。

五月，卸督篆即领兵剿白号贼，驰抵白马关。其地与川西龙安接壤，随分派将弁从花长沟、杏红沟并进，冒雨掩击，歼三百余人。湖北义民首易、万里等设伏暗门口，复杀贼百余人，投出难民二百余人。上嘉其能保障川西边界，敕部议叙。白号贼寻北窜西和、礼县，而蓝号贼又从米仓山南窜，将入川境。恒瑞札令甘肃布政使广厚、总兵吉兰泰北面截剿白号，而兼程由贾家店、黑马关抄击蓝号，上以恒瑞能不就易避难，谕奖之。

六月，进击蓝号贼于老柏树，歼九百余人，赏戴花翎。蓝号贼旋窜入川北南江县，恒瑞自凤县赴明亮所会剿张汉潮。

七月，蓝号贼折回陕境，恒瑞赴南路截剿，杀数百人。贼匪五六百人复窜川北，恒瑞仍回兵赴石泉，顺流抵迎风坝，至城固洋县，贼从马垭道越老林窜去。

九月，追贼清水沟，擒十余人，贼乘雾冒雨过三渡水逸去。

十月，引兵断龙王沟，明亮、兴肇兵亦至，阵斩张汉潮，擒贼目李潮。时明亮、兴肇已有旨罢职讯问，又以恒瑞前次舍蓝号垂尽之贼竟回陕省，显系趋避，且有得受馈送之事。谕工部尚书那彦成切实查参。寻奏张逆窜三渡水系由大山陡岩下窜，非三人堵截之路。恒瑞弃蓝贼回陕乃因陕甘总督松筠知会，有咨文可据。惟永保、庆成前在楚省得受馈送，恒瑞亦有染指。到陕后有无此等情弊，已移咨松筠查办。奏入，上以不追蓝号贼系接松筠知会，尚非恒瑞之咎，松筠调度失宜，奉旨申饬。

十一月，自五郎追击张逆余党李得士等，进抵大建沟，遂入老林，径趋秦岭，与那彦成合兵会剿冉学胜、高遇春、刘掌柜等，贼奔涝峪，移兵两岔河遏之。十二月，蹑贼盩屋、鄠县，多斩获。

五年正月，追至山阳东沟，擒斩千余人。寻闻川匪二万余由略阳寇两当、徽县，恒瑞自褒城入栈迎剿，贼众北窜，渡渭河，至陇州、清水、秦安县境，恒瑞同那彦成等蹑追至汪家山，分路奋击，大败贼众，擒斩三千余人，又救出难民千余。上嘉之。

二月，同总兵凝德等分路由秦安剿贼，凝德遇贼阵亡，参将以下死者五人。恒瑞自伏羌赴援，那彦成适至，合兵击败贼众，又败之于龙泉沟、深都堡。时总兵多尔衮、扎普等剿贼洵阳之岔河战没。上以甘肃窜匪有六路，官兵剿杀不少，恒瑞一人只以那彦成系恒瑞之婿，不肯暂离，实系公中之私。特谕恒瑞驰赴镇安五郎等处剿贼。

三月，引兵由秦州回抵唐藏，杨开甲、高均德等方扰南星等处，又有贼数千犯草凉添驿，恒瑞留总兵观祥防守，领兵由兰州赴山商一带剿贼。谕曰："恒瑞系西安将军，既知凤县镇安有贼，自应择要进击，乃置之不顾，惟知赶赴山商，伊从前尚有款迹在朕处存记，未曾宣露，原系责令自赎之意。倘因循观望，必当重治其罪。现在恒瑞自已早抵商州，著将该处事宜专交国霖办理，即带兵自东而西，立功自赎，不得再有玩延。"

四月，奏："臣于途次探闻冉文胜等二三万人分窜洵阳，又有刘添成、庞国胜等勾结多日，臣不敢拘泥前奏，已改道由大山岔、野坪赶赴镇安,率同柯藩等从茅坪青铜关前进,不使阑入楚豫。"上以恒瑞并未与贼打仗敷衍入奏,饬之。恒瑞等兵抵两河关,贼复西窜,追至大中溪、抵红崖、石嘴败之,共斩三百余人。经略大臣额勒登保同那彦成赴五郎、镇安一带分路并进,恒瑞率总兵刘之仁等抄击至竹凹山,毙贼四百余人,生擒周遇顺等一百三十余人。讯之。贼目伍金柱等纠党二三万人将窜商洛,恒瑞即由山阳,高坝店抄截。适额勒登保同提督杨遇春等击败贼众,杨开甲、张添伦、辛聪等从米粮川窜逸。恒瑞驰抵漫川关,令副将李天林等进击,遇贼伏被围。恒瑞率游击李朝龙等亲往援之,贼退走。追至黄莺铺,斩贼目罗贵等五百余人,贼分为四五股逃窜。我兵掩杀二十余里,至麓子关,前后擒斩六百余人。贼西奔大小坝、庙川,上嘉恒瑞亲身督战,赏给云骑尉世职。

六月,同总兵德忠以兵三千人驻守太渠、唐藏一带。八月,贼伍金柱、高二、马五等出略阳,窜出沔阳,径奔西乡。提督王文雄战没,适恒瑞同副都统纶布春等往击。九月,自红椿坝追至大川石,贼奔滩口,为杨遇春所败,斩伍金柱,余匪奔双河沟口,与徐添德合,突扑我军营盘,击却之。追至金河口,贼已躐浅渡河,毙其众百余人。贼连夜从渔渡坝翻山遁入川境。

十一月,谕曰:"恒瑞见在何处剿贼,总未据实提及。从前恒瑞奏报亦多粉饰。或恒瑞染患疾病,不能带兵,著额勒登保查奏。"十二月,覆奏:"恒瑞久历戎行,节年办贼,尚属认真。见在西乡钟家沟堵截,亦甚严密。惟年近六旬,本年四、五月闻患病,时发时止,精力难以支持,应请令回至西安,藉资弹压。"得旨报可。六年,卒于任。

子乌勒兴阿,盛京城守尉;次纲阿塔,三等侍卫兼五品荫生。

——《国朝耆献类征初编》卷二八八

永 庆

永庆，正白旗满洲人，佟佳氏。由闲散于乾隆七年授三等侍卫。九年，袭世管佐领。十一年，补护军参领。十三年，晋袭三等伯。十四年，授散秩大臣。二十二年，署正白旗蒙古副都统。二十三年，因从征准噶尔有功，蒙恩赏云骑尉。二十四年，兼本身承袭，作为二等伯。二十七年，授镶白旗汉军副都统。三十年，调镶蓝旗蒙古副都统。

三十九年，任乌鲁木齐副都统。四十一年，奏筹办兵粮以资食用，略曰：查乌鲁木齐提标移驻眷兵科则，定为每年支领四个月本色粮石。缘食用不敷，仍将提库所存通融银三万两，每年于秋收时发给各营采买市食粮一万余石，添济兵食，于散饷时，按季扣还，此历年所办之章程也。去年秋，仰沐天恩，缘该兵等盐菜银两既经裁汰，生计不无竭蹶。谕令照安西旧例，每石折银二两二钱，令其自购食用，俾得通融，衣履有资。

此皆我皇上轸念民艰，恩施格外。但既不领本色粮石，而一岁食用之粮，自必倍于往昔。查各处粮价每至秋成，籴买易贱。值青黄不接，价必倍增。若按季领银，听其自行买食，势必随价低昂，仍与兵丁生计无益。而提库所存银两，又不敷其买办，自应预为调剂，以仰副圣恩加惠屯兵至意。伏查官兵一岁饷银、粮折例于年前秋季，差委赴甘肃道库全领，运回交迪化州库存贮。按季领出，文武监放。此时粮价平贱，请将一岁应支粮价银两，酌定众兵家属一年应用粮石银若干两，核算提出即选派委员发给，及时采买存贮营仓。按月放给，务足食用。至采买赢余银两，同正饷一并交贮州库，仍按季领出，给散各兵。俾伊等日食足，而衣履之资皆能从容不迫矣。得旨，如所请行。四十二年，来京，在散秩大臣上行走，补正蓝旗汉军副都统。寻补正红旗蒙古副都统，复调镶红旗蒙古副都统。四十四年，任乍浦副都统。

五十二年，擢江宁将军。因台湾贼匪林爽文纠众滋事，六月，命永庆带领杭州乍浦驻防满兵前往剿办。九月，有贼数千从南潭、茑松等处前来。永庆偕广东副都统博清额等率兵奋击，贼遁。

五十三年六月，奏言："派往之杭州乍浦驻防满兵回至福建地方，内有瑚田灵阿等五名欲雇轿乘坐，恐中途抬夫脱逃，不能行走，遂私自坐船。至青龙滩地方，遭风打坏船只，淹毙人口。"谕曰："满、汉兵丁遇有征调剿捕之事，于车辆可通处所，尚可准其更替合坐，以省足力。若遇山路崎岖，车辆不能前进，只应将军装、行李一切雇人抬送，本人即当步行，正可藉此习劳。其或一水之便，船只可通，亦必须所调之兵普行下船，方可准其乘坐。若中途私约数人，各自下船，已属非是，何得复思雇轿乘坐？如兵丁可以乘轿坐兜，则所调一千，即须预备抬夫二千名。况驻防兵丁出征，向俱带有跟役等，亦用轿兜，所属抬夫又当再加一倍。且满兵既可用轿兜，则绿营屯练各兵，又安能禁其不一体乘用！兵贵习劳，以不能登涉之兵，尚望其冲险长驱破贼，有是理乎？此次台湾剿捕贼匪，檄调各省之兵不下五万，岂不竟需雇夫十万，以为应付过兵之用，有是理乎？从前西北两路、大小金川用兵时，从未闻有此事。此必该省地方官违例应付，以为将来开销地步亦未必如数预备，不过以备有轿夫一项，事后即可借此多为冒销之计耳。永庆著交部严加议处。"寻议革职。谕曰："永庆平日既不能管束兵丁，任其懈弛，及凯旋领兵撤回，又任令私图安逸，违例乘船，其咎较重。永庆著暂行从宽留任，仍注册，著罚将军养廉一年，以示惩儆。"六十年十二月，入觐，谕曰："永庆年老无子，著留京署镶白旗汉军副都统。"

嘉庆元年，任正蓝旗蒙古都统。三年，授绥远城将军。六年五月，谕曰："永庆年老，著回京授镶白旗蒙古都统，命紫金城骑马。"七年，调镶白旗汉军都统，擢礼部尚书。八年，以奏孝淑皇后奉安事仪折内率依旧稿、措语不经，奉旨革去礼部尚书，仍带革职留任。九年，授内大臣。十年七月，卒。赐恤如例，予谥敬僖。十一年十月,以前在绥远城将军任内受赃事觉,命夺其谥。

子丰升额,袭世管佐领兼二等昭毅伯。

——《国朝耆献类征初编》卷三〇〇

春 宁

春宁,满洲正黄旗人,赫舍哩氏,都统衔扎拉丰阿之子,扎拉丰阿自有传。春宁由闲散于乾隆二十九年补蓝翎侍卫。三十二年,承袭父扎拉丰阿一等男爵,命在乾清门行走,补三等侍卫。三十四年二月,擢御前侍卫。三月,命在奏事处领班行走。十月,升正白旗汉军副都统。三十六年,补放善骑射。三十七年,授奉宸苑卿。十月,补放十五善射。

三十八年,升正红旗护军统领,命往金川定边将军温福、副将军阿桂军营查看打仗情形。嗣以贼番断官兵后路,谕令会同总督富勒浑前往救援,随交阿桂酌令带兵行走,复与富勒浑查办木果木军营溃逃兵丁。九月,授管理火器营大臣。

三十九年七月,刑部侍郎高朴奏太监高云从泄漏记载一案,谕曰:"奏事处向派有御前侍卫一员管理,原以查察各项弊窦。今春宁在奏事处于此等情事不能稽察,所管何事?春宁不必管奏事处之事,仍交御前大臣等议罪。"寻议罚俸三年。九月,山东逆匪王伦滋事。随大学士舒赫德带吉林索伦官兵往剿,在塔湾截击,毙贼甚众。奏入,谕曰:"此次往剿山东逆匪王伦,护军统领春宁奋勉出力,其从前罚俸三年之案,著宽免。"四十年,授公中佐领。四十一年五月,调正黄旗护军统领。七月,授伊犁领队大臣。四十五年,调补塔尔巴哈台领队大臣。四十八年五月,来京。九月,谕曰:"春宁进班坐更,任意喧哗,殊无法纪,著革职监禁。念伊父劳绩,将所袭男爵,著伊子福勒洪阿承袭。"

四十九年五月,甘肃回匪滋事,经大学士公阿桂奏:"春宁向于行阵勇往,见在监禁,悬恩释放,随往军营效力。"得旨:

"春宁著赏给蓝翎侍卫，随往打仗效力赎罪。"七月，官兵攻围石峰堡贼巢，随同福康安占得西南、东北两处山角，分兵进击。复于石峰堡四围埋伏，贼匪扑出，奋力剿杀。谕曰："据阿桂、福康安奏'春宁在甘肃军营竭力奋勉'等语。春宁年幼无知，尚无不法之事。是以赏给蓝翎侍卫，发往甘肃效力。今既能竭力奋勉，著加恩补授二等侍卫。"

五十二年八月，随同将军福康安征剿台湾逆匪林爽文。十一月，赴援嘉义县，带兵堵剿，打通仑仔顶庄等处，越过溪河。得旨优奖。十二月，官兵进剿斗六门，同参赞海兰察攻克中林，杀贼甚众，收复斗六门，赏给费扬阿巴图鲁名号。五十三年三月，擢头等侍卫。台湾平，图后三十功臣像于紫光阁，春宁与焉，命词臣为之赞。五月，命在乾清门行走。

五十四年三月，授上驷院卿。五月，补正蓝旗蒙古副都统。五十八年，授伊犁领队大臣。

嘉庆四年五月，来京，授管理圆明园八旗包衣、三旗官兵事务大臣。六月，补镶红旗满洲副都统、正红旗护军统领。七月，命在四川军营随同明亮剿办邪匪。经署四川总督魁伦奏派，驻守广元。十一月，带金川屯兵随经略额勒登保进剿徐添德股匪。由巴平口石窝场，进兵三清碉一带，歼获八十余人。复由马板滩过河抄截，抢上何家院半山督兵力击，腿被矛伤，跌下坡坎，损及胯骨。奏入，谕曰："春宁等俱因奋勇剿贼受伤，而春宁受伤尤重，阅之泪下。其右腿被刺伤马致跌，即与临阵受伤者无异。著照例赏给，并授为御前侍卫。"五年，因伤重，命回旗调理。八月，调补镶黄旗护军统领。十一月，授公中佐领。六年，授武备院卿。八月，擢镶蓝旗蒙古都统，管理圆明园事务大臣。九月，授绥远城将军。十二年，卒于任。奉旨赏给一品恤典，赐谥号壮勇。子福勒洪阿，见袭一等男爵兼二等侍卫、叶尔羌办事大臣。

——《国朝耆献类征初编》卷三一〇

庆 怡

宗室庆怡,正蓝旗人。乾隆四十九年,封三等辅国将军。五十二年,袭奉恩辅国公爵,任散秩大臣。

五十七年,迁归化城副都统。嘉庆七年二月,调镶黄旗蒙古副都统,兼管健锐营事务。十二月,擢广东广州将军。十年三月,以疾回京调治,仍任散秩大臣。十二月,上幸瀛台,庆怡旷班,命革去散秩大臣。十一年四月,补正红旗汉军都统。五月,署镶白旗蒙古都统。九月,兼管内外火器营事务,旋任宗人府右宗人。十二年六月,命偕鸿胪寺卿文孚驰赴归化城,审办土默特骁骑校旺当及披甲人巴彦色楞,呈控绥远城将军春宁及参领棍楚克受贿营私各款。惟棍楚克赌博宿娼属实,余坐诬,拟罪如律。

七月,署归化城副都统。九月,兼署绥远城将军。寻以前任绥远城将军春宁、山西巡抚成宁奏请将绥远厅属之浑津、黑河等处地亩改征折色,其不敷支放兵粮米石,请将大青山马厂余地招垦补额。上命庆怡等就近详细履勘。旋奏言:"查浑津、黑河共庄头十三户,浑津十户,黑河三户,每户原认种地六十顷。"

嘉庆四年,浑津庄头呈报地亩碱坏,经前任将军永庆奏准豁免余地一百八十余顷,其余五百九十余顷各庄头仍旧交粮分种。九年间,庄头等复以该处地亩生碱,呈请改征折色。经将军春宁等具奏,屡经部议,现在逐细履勘,约略牵合计算有碱者不过十分之一二。若因此一二分碱地并将无碱之地改征折色,不惟见在不敷支放兵粮,抑且腴碱混淆不足以昭平允。应请按地认真核计,其实系生碱不堪种艺之区,即与开除。其并无碱性之区,仍令照旧交粮,毋许妄生觊觎。如此办理则所短兵米无几,易于筹补。即将马厂开种补额,亦属招垦无多,不致有碍游牧。至大青山八旗马厂地面辽阔,恐招垦以后无业游民趋利若鹜,甚至引类呼朋,逐渐偷开,招之易而驱之难。请将从前奏准开垦六千余顷,并此次奏开若干顷外,查明未开草地顷数,各按四至界址堆立鄂博,或挖壕堑严禁偷开,并造册送部备案,庶兵糈足敷支用,而马厂尚留有余俾资牧放。下部议行。八月,调察哈尔八旗都统。

十五年十二月,擢湖北荆州将军。十六年七月,缘拉旺多尔济牧厂内有民人聚众刨挖黄芪,拒伤官弁之事。命察哈尔副都统兴肇查办。旋经覆奏。谕曰:"本日据兴肇等将该处历年刨挖黄芪各案犯缘由声叙覆奏。此项民人先于嘉庆十五年间在海奴克达、木诺尔、乌纳格特等处聚集刨挖黄芪,并经该处总管呈报,有将护军衣达木扎布恩克胳膊打折之案,其事系在前任都统庆怡任内。上年庆怡来言,朕询问该处情形,据奏地方安静,总未将此事陈奏。且托称不晓蒙古言语,巧辞规避。及将伊调任荆州将军,伊以为可卸责后任,即欣然赴任,置身事外,是其居心巧诈。地方重案置于不办,因循贻误,著交部严加议处。"寻议革职。上念其所得处分系都统任内之事,命革去将军,仍留本身承袭公爵。十月,回京。十八年正月,卒。子景纶袭。

——《国朝耆献类征初编》卷三六〇

来 仪

宗室来仪,正蓝旗人。乾隆二十九年,授三等侍卫。四十六年,荐升护军参领。

嘉庆六年,擢齐齐哈尔副都统,八年,调山海关副都统。三月,命查出关民人户口确数,旋奏:"三月间有携眷出关者十四户。"谕:"关隘重地,稽查出入自有定例,除因公差委者,由部院各衙门给发口票验放外,其余人岂有任听成群出入之理。著传谕来仪,即将由何处给票验放之处,查明具奏。"七月,同策拔克奏称:"向例出关民人俱由临榆县领票,管关员弁验票放行。迩奉谕旨携眷民人不准出关,均已纷纷回籍。惟六月初七日贸易民人到关者约有百余人，此项商民由本籍起身时俱未经奉旨，似应稍加体恤，仍令临榆县给票放行。"上是之。九年，调锦州副都统。十年，调镶黄旗蒙古副都统。

十二年，授绥远城将军。十三年，同山西巡抚成宁奏："遵旨勘明绥远厅浑津、黑河生齵庄田应豁米石，及大青山后牧厂余地招民开垦，试种升科。"经户部议准，得旨允行。十五年，奏称："归化城沙拉穆楞牧厂复被民人私垦，现在种地民人为数较多，居住已非一载，若一律驱逐，毁其庐舍，未免穷无所归。请照乾隆二十五年升科之例，免其驱逐，将所征银两，量为变通，为该处喇嘛、蒙古等香火养赡之资。"奏入，谕以向来游牧地方民人私垦地亩，往往以阅日既久，碍难驱逐，日后勿许再添为词，竟成故套。若不实力查办，或致驱而复集，数年后仍不过如此，声请则查禁仍属具文，着该将军副都统转饬所属分往各村，详加查点，毋任再添一户，再垦一亩。并著会议章程，定以限制。

来仪等寻奏："现在私垦民人免其驱逐，拟照保甲之法编列牌头、甲长、保正，责令互相首报。"谕曰："编查保甲行之内地，藉以稽查贼盗。而地方官视为具文，尚属有名无实。该处游牧之所，蒙古地方向未设立保甲，今该将军等因查禁私垦民人仿照办理，亦属筹办之一法。惟是此等民人原应于关隘交界处豫为严禁，毋令滥行偷越。若专责成保甲稽查，恐日久奉行不力，仍属空言。该将军等既有此奏，即著妥为经理，仍一面严饬地方官及守口弁兵遵照旧例，遇有出口民人如系只身验票放行，其移眷之户概行禁止。"

十六年闰三月，上以来仪两耳重听，命来京署理正白旗汉军都统。五月，补镶白旗蒙古都统。十七年，以原品休致。二十一年，卒。

——《国史列传》卷二七

松　筠

　　松筠，玛拉特氏，蒙古正蓝旗人。乾隆三十七年，由翻译生员考补理藩院笔帖式。四十一年，充军机章京。四十二年，升主事。四十三年，升员外郎。四十四年，充三座塔理事司员。四十五年，调户部银库员外郎。旧例，蒙古司员不与银库之选。松筠经军机大臣保奏，蒙古司员之掌银库，自松筠始也。四十八年，京察一等，超擢内阁学士兼礼部侍郎衔，授镶黄旗蒙古副都统，赏戴花翎。四十九年，调正红旗满洲副都统，赏穿黄马褂，命赴吉林查办参务。

　　五十年，命往库伦查办鄂罗斯事务。五十一年三月，库伦有官马逸入鄂罗斯卡座，鄂罗斯人获而献还。松筠传示各卡，嗣后有鄂罗斯马误入官卡者，亦如之。事闻，有旨嘉奖。闰七月，授户部右侍郎，仍留库伦办事。五十五年，有术勒千卡伦巡兵为鄂罗斯打牲人所害，松筠檄缉各犯，先行治罪，然后具奏。上切责之，革退侍郎、副都统，拔去花翎，以四品顶戴留库伦效力赎罪。五十六年，授工部左侍郎、正白旗满洲副都统。五十七年四月，调户部右侍郎，复赏戴花翎。七月，充蒙古翻译考试官。十月，转左侍郎。

　　五十八年二月，充崇文门副监督，寻授御前侍卫、内务府大臣、军机大臣。七月，充国史馆副总裁。时英吉利入贡，请于天津、宁波海口贸易，并求给附近珠山小海岛、附近广东省城地方各一处，居商存货。上既严谕指驳，复虑其沿途生事，特命松筠护行。凡所要求严词拒绝，途中安谧。有旨嘉其得体。九月，松筠奏遵旨令该英人在船顺道观览，俾知民物康阜，景象恬熙。惟有随时随事加意斟酌体会，务令知感知畏，勉期妥办得中。奉谕："命汝去，可谓得人，勉之！望汝回来面奏耳。"五十九年正月，署吉林将军。六月，命查办湖北荆州税务，道出河南卫辉，值霪雨，卫河水骤长数丈，淹浸民居。松筠躬率牧令开仓赈恤，疏入，上以松筠奉差经过，并不置身事外，实心可嘉，赏给大小荷包，下部优叙。七月，升工部尚书，授镶白旗汉军都统。

寻充驻藏办事大臣。嘉庆四年正月，召还京，调户部尚书。二月，授陕甘总督，加太子少保衔。初，松筠驻藏时，达赖喇嘛、济咙呼图克图等报称，西南边界有廓尔喀之兵，松筠访知廓尔喀系向定结边外等部，带兵索欠，并无他故，恐唐古忒番民疑惧，特于喀达、定结、帕克哩等处亲往拊循，并借川省藩库银五千两，筹议抚恤穷番，修建鄂博、寨卡各事宜。至是，请扣陕甘总督廉俸解归四川。时川、陕、楚三省教匪滋事，黄号逆匪张汉潮与蓝、白两号之党，由楚入陕，又窜甘肃。五月，松筠抵陕后，疏陈贼匪情形，因言："前奉恩旨，招谕胁从，虽已胜黄晓谕，恐贼队中尚未尽知。现遣妥人潜入贼队，谕令被胁良民能捕献首逆，则当宥罪施恩，即临阵投降，亦令给资回籍。又复遍谕村镇，与其避贼而焚掠一空，莫若团集而势操全胜。抵御杀贼者，定加奖赏；擒获渠魁者，奏予职官。"疏入，谕曰："松筠甫入陕境，所办已得要领。留心军务，忠悃可嘉！"时有千总向明山带同乡勇五十二人巡缉，被秦州乡勇萧复有等疑其为贼，尽遮杀之。松筠奏言："此案若问以拟抵，恐各路乡勇心怀畏怯，遇有真贼不敢堵截，但向明山无辜被戕，情殊可矜，请照阵亡例议恤。萧复有等照过失律拟绞收赎。"从之。

陕西自嘉庆元年军兴以来，共拨饷银一千一百万两。至是续拨银一百五十万两，上命松筠驻扎汉中督办粮饷。松筠请移西安军需局于汉中，清查旧款，另立新规，查明各路官兵数目，酌定每日支用银数，由粮员按旬开折呈局，每月汇奏咨部，庶案牍易清，饬查不难得实。得旨："所办甚是！松筠平日廉洁自持，故能正己率属，总理粮运，必能胜任矣。"又奏高河梁、金家山阵亡义首张奎、樊雄秀请以把总、外委议恤；其阵亡乡勇一并造册咨部。上是之，并谕嗣后各路乡勇打仗阵亡，俱著照松筠所奏一体议恤。先是，有旨命访查领兵各员优劣，据实密陈。九月，松筠密疏："副都统明亮久历戎行，素称知兵，所言似合机宜，其实罔有成效。西安将军恒瑞前在湖北战功为最，后剿蓝、白两号贼匪，亦著劳绩，惟年近六旬，精力大减。固原提督庆成身先士卒，然中无主见，领队则可，出谋发虑，非其所长。署陕西巡抚永保无谋无勇，惟知利己，过则归人。惟额勒登保英勇出群，其次则德楞泰亦称奋勇。"上嘉其评论得当。

初，明亮奏参永保驻扎大山岔拥兵不进，商州之役，永保、庆成迁延不进，以致张逆脱逃。上命松筠查访，寻奏查永保、庆成迁延避贼属实，命褫永保、庆成职，饬交审讯。嗣永保偕荆州将军兴肇奏言驻扎大山岔系听明亮指挥，并讦明亮数月来从未接仗，屡次诳报军功。上并褫明亮、兴肇职，交松筠归案审办。时明亮已剿毙张汉潮，松筠请将明亮暂缓究讯，又请留撒拉尔回兵，派庆成带领协同剿贼。谕曰："此等回兵，从前为保护桑梓，是以急公趋事；若离家较远，强以从戎，傥稍违约束，别生事端，转致碍难办理。现在各路之兵已极壮盛，张汉潮已就殄灭，零星余匪，岂必藉回兵剿办耶？况松筠派令庆成带领，以获罪听审之人，擅令领队，岂不为其所轻？至另片奏明亮已将张汉潮歼毙，审办自当暂缓，尤不成话！前旨以明亮如已将张逆擒获，尚可宽其一线。原指定案后，朕核其功罪量为宽贷，并非令松筠不加审讯也。如明亮并未札令永保在大山岔久驻，其龙驹寨、牧关、乐庄皆曾打仗杀贼，则有功无过，朕即全复其官，亦无不可。若有心倾陷永保，胜仗全属子虚，则其罪甚重，即念其有歼毙张逆微劳，量从末减，亦应恩出自上，非臣子所可妄干。松筠意在置之不问，是与令庆成带兵均为擅权矣。著严行申饬，仍遵旨秉公查讯。"

十一月，审结明亮等拟罪如律。时工部尚书那彦成奏参恒瑞前弃蓝号垂尽之贼，折回陕省，系接松筠知会。上以松筠种种错谬，革去太子少保衔、御前侍卫，拔去花翎。十二月，疏言：

"汉中北通褒、凤，保障秦中，西达略阳，控扼甘肃。西南宁羌为蜀栈咽喉，东面洋县为骆谷要口，从前川陕总督曾驻此地。其后总兵驻兴安，汉中设协，又有汉兴道驻扎城中，控驭极为周密。今总兵与汉兴道均移设西乡，郡城重地，仅一都司，不足以资控驭。宜移兴汉镇于汉中，移汉中协于西乡，宁羌再增一协，东西两协为汉中镇之翼，商州增立一镇，兴安改镇为协，与潼关协为东西两协，为商州镇之翼。五郎本属西安，亦应移置一协，仍属西安将军管辖。再四川提督应移驻达州，距西乡、渔渡、留坝不过四五百里，其势可以相接。商州设镇，不独固陕省之藩篱，兼可壮郧阳之声势，川、陕、楚相为犄角，棋布星罗，丝联绳贯，诚久安长治之策也。"疏下四川总督魁伦议奏。

五年正月，授伊犁将军，寻命署理湖广总督，驰往湖北剿贼。闰四月，入觐，请弛私盐、私铸之禁。谕曰："松筠在陕甘总督任内，曾奏将私盐、私铸弛禁，所见迂谬，本应严议。特以平日尚能持正，为有用之材，是以不加深责。特令军机大臣亲书谕旨，密为训饬，而松筠屡称患病，于防堵事宜，不能妥为布置。犹念其声名尚好，授为伊犁将军，命赴湖北暂署督篆剿贼。松筠恳请陛见，称有恩出自上之事，必须面奏。因准令来京。乃所面奏者，仍系私盐、私铸请宽禁例。经朕反复譬晓，松筠固执己见，怀折渎奏。试思私盐私铸，律有明禁，祖宗定制，岂得轻易更张？且现在私盐有禁，尚有私枭拒捕，若设立税口，倘贩私之徒悍不交税，又将如何办理？至国家泉币之权，操之自下，堕纪纲而驰法度，莫此为甚！松筠以为所铸系嘉庆通宝，即非私铸，是何言耶？若交大学士、九卿核议，必议以变乱成法之罪。朕念其所言，究为国家公事，是以仍命军机大臣明白传知。松筠自知糊涂冒昧，恳仍赴军营效力。但伊前往军营，实属无益，著赏给副都统衔，前赴伊犁作为领队大臣。并赏戴花翎。松筠当力改前非，以期稍赎罪愆，无负朕格外矜全至意。"七月，复授伊犁将军。

初，乾隆二十九年，有旨以伊犁田土肥润，饬将军明瑞等查明地亩，分给满洲官兵，以资养赡。嗣明瑞查明可耕之地甚多，请俟满兵到齐办理。迨五十年及五十五年，复历奉谕旨，饬令筹划耕种，历任将军均以灌溉乏水为词。八年正月，松筠疏言："臣自上年接任后，探明近水可耕之田，由惠远、惠宁两城酌派闲散试种，通计所获十分有余。本年秋麦又布种一千余石，急当广行汲引。因于惠远城东伊犁河北岸，新开大渠，迤逦数十里，又于城西北草湖中觅得泉源，设法开渠，修筑堤岸，疏引支流，其地即分给惠远城八旗耕种。至惠宁城八旗所耕，本系裁撤绿营屯地，原有渠泉足资灌溉，惟种地必资牛力，请于官厂内赏借惠远城每旗牛八十只，惠宁城每旗牛四十只，庶令边地驻防兵农并习。"得旨嘉允。二月，请设伊犁学额，上以不晓事体斥之。九年六月，有伊犁民人郝镜致死贵勒赫，自行投首，松筠审明后，即置之法。上责其办理过当，谕："嗣后新疆遇有谋故自首之案，不必从重立决。"伊犁、塔尔奇地方向设水磨，派兵碾运麦面，以给兵食。时官兵皆愿领麦易面，松筠请撤此项兵丁分屯耕种，从之。

十二月，松筠以伊犁屯种有效，惠远城得地八万亩，惠宁城得地四万亩，请照伊犁锡伯营八旗屯种之例，按名给地，各令自耕自食，永为世业。经军机大臣议覆，以此项田亩只可令闲散余丁代为耕种，官兵不当亲身力作，有妨操练。上命松筠妥协经理，务使兵农不致偏废。十一年，奏准伊犁南北山场官地木植，禁止兵民私采，设立商头，官给验票，并定抽收数目。即藉以管束民人，稽查逃犯。十二年，赏还太子少保衔，并颁赐《御制朋慎用刑说》。

十三年正月，奏报惠宁城东，时出水泉荡漾，房屋多圮，请展筑城垣，移建教场，并于城东挑一大渠，引灌田亩。六月，奏塔尔巴哈台东北一带，夏间应设卡伦。查济默尔色克卡伦地处山阴，不生柴草，请移设于博洛呼济尔，又请于板厂沟安设塔布图小卡，于稽查哈萨克出入，最为有益。九月，奏请塔尔巴哈台地方拨兵加屯，拨提督所属中、左、右三营兵二百名前往，农隙操演，派守备、千总、外委各一员管辖。又奏查禁达木达尔图金厂，请于通山路径安设卡伦，派兵防守，令塔尔巴哈台、库尔喀喇乌苏两处领队大臣，每年按季巡查。均从之。十四年正月，塔尔巴哈台有遣戍蒲大芳等三十余人聚谋不轨，松筠侦知其事，密遣领队大臣色尔衮带兵前往，以巡查金厂为名，悉数擒戮，上嘉其妥速。松筠又以戍兵马友元、王文龙等一百六十九名，皆与逆谋，尽邀杀之。上责其办理苛刻，下部严议。谕曰："松筠办理此案，并非滥及无辜。惟前奏既属含糊，而此一百余人必应调至伊犁研鞫确实，明正典刑，原非过当，忽于半途截杀，成何政体？在松筠恐事机不密，酿成他患，然措置未免失当。姑念其平日操守尚好，熟悉新疆情形，著赏给头等侍卫，作为喀什噶尔参赞大臣。"六月，以二品顶戴复授陕甘总督，寻赏一品顶戴。九月，奏准秦州营改归固原提督统辖，巩昌营改归河州镇统辖。

十二月，调两江总督。江南河道自上年马港口蜇陷，黄水倒漾，河口淤垫为患。十五年二月，松筠偕江南河道总督吴璥查勘旧海口，请修复旧河，使全黄仍归故道，得旨允行。时南河有医生王勋诣松筠献疏沙器具图，以坚木为架，每架用铁百余斤，钉镶铁齿，以巨绳系于船尾而行，能刷淤沙，使河流通畅，松筠仿其式制造四十架，亲自乘舟随处疏浚，果效。事闻，谕曰："河口一带，连年黄水倒灌，动辄淤垫。松筠配制器具，督率疏涤，前水深一尺余寸者，现已三四尺有余，中泓宽有七八尺，实为可嘉！著仿照制造，愈多愈妙，以期积淤疏涤，河道深通，俾军船往来无误。"松筠又以比年河口淤浅，粮运递迟，请造剥船一千只，停泊御黄坝外，以备拨运。并以江、广漕船笨重，请照江西漕船一律改小，以利遄行。均如所请。七月，奏报重运全数渡黄日期，下部议叙。

十一月，以回空漕船渡黄迅速，复下部议叙。是役也，上闻松筠亲赴河口，悬立赏格，督催重空，每帮数百两及一二千两不等。谕曰："松筠自系为力趱漕运起见，但此项赏银出于何处，计其为数不少，非养廉所能敷用。松筠操守清廉，朕所深信，断不疑其取自官民，自系向人借贷。但借贷银两，必须完欠，势不得不借资商力，又与取之于民何异？况赏之一事，非可滥施，得当则人皆感奋，过滥则视为泛常。军船浅阻，本所时有，惟在认真催趱，随时相机，其得赏可以挽渡者，不赏亦未必停搁。若专以赏项为事，年复一年，何所底止？嗣后务当相机经理，期臻经久可行，不得专以悬赏为事。"松筠之赴两江也，疏请引沁入卫，以济漕运，复疏陈黄河受病之由，缘吴璥等于黄泥嘴、俞家滩二处逢湾取直，以致停淤，此时亟应挑复。嗣河督陈凤翔等议覆，引沁助衞，势不可行。

吴璥等奏言："河水曲则行迟，直则流急，挑复断不可行。"上责松筠谬执己见，轻率陈奏，传旨申饬。既，松筠遵旨密疏吴璥、徐端议论河务不实，办理工程有虚捏开报情弊，另片自求调任总河，以便查核，又保荐蒋攸铦、孙玉庭堪胜此任。谕曰："所奏各款，必应彻底详查，秉公参奏。河工敝坏已极，人人视为畏途。松筠不但不借词推诿，转肯锐意自任，全是一片公忠，实心为国，甚为可嘉！但松筠于河务素非所长，已降旨将蒋攸铦补授，松筠惟当与之实心讲求，相助为理。"十二月，兼署江南河道总督。十六年正月，奏报马港口堵闭合龙，河复故道，并请于南北新堤两岸各设同知、守备、把总、协办把总各一员，专驻巡防，增设淮海道驻扎中河，专管桃北中河、山安海防，及新设两厅河务，下部议行。

旋调两广总督。先是，粤洋患盗，筹议盐船，海陆兼运。至是，松筠以洋面肃清，请照旧全由海运。又疏称立法之严，尤贵行法之速。粤东惩办土匪，因部覆稽迟，有瘐毙狱中，幸逃显戮者，未能触目警心。请嗣后有伙众四十人以上，或不及四十人而有夺犯殴官各情，俱先行正法枭示。均从之。六月，授协办大学士，兼内大臣，仍留两广总督任。八月，疏请改雷琼镇陆路总兵为水师总兵，粤东西下路海口、龙门、海安、崖州各协营均归管辖。九月，奏请增设佛冈厅直隶同知及照磨、司狱各一，并移设千总一、把总二、外委四，裁惠州、嘉应二府通判各一，复嘉应府为直隶州，复南雄州为府，均下部议行。是月，授吏部尚书，命来京供职，赐紫禁城骑马。十七年正月，充国史馆正总裁。五月，管理武英殿御书处事务。六月，赏给《御制南苑大阅诗》墨刻。

上以京城八旗生齿日繁，不敷养赡，叠谕吉林将军等于吉林等处筹度闲散地亩，酌量移居。至是，命松筠前往盛京敬谨会勘永陵工程，并筹办移驻宗室房地各事宜，八月，松筠奏："查明西厂自大凌河东岸至秃婆婆店西首，有可耕之地三千顷，可移驻旗人二千余户；东厂周围数百里，地多积水，其积水皆自北山柳条边而来，若自边墙相地开河，使入川归海，则可涸出沃壤。又东柳河沟一带亦多积水，若自北山东由巨流河至鹞鹰河横开大渠，束水入川归海，亦可得沃壤数千顷，又奏续勘彰武台边门外养什木河迤西一带，牧厂闲地，东西宽三四十里，南北长六七十里，足可移驻，并请于大凌河西厂东界一带酌垦田数十顷，先行试种。"上以东厂柳河沟等处相地开渠，经费不敷，无庸办理，命盛京将军于西厂地方即行试垦。九月，奏盛京小东门外东北里许，共建房屋七十所，除现给宗室五十五户，尚余住房十五所，请将现在闲散宗室添派十五户，每户给田三十六亩，允所请行。是月，命仍在军机大臣上行走，管理理藩院事务。十月，管理雍和宫、咸安宫、蒙古学、唐古忒学事务。两江总督百龄奏参江南河道总督陈凤翔数月不赴工次，陈凤翔陈诉盐巡道朱尔赓额捏报苇荡柴束数目不符，百龄奏报节省帑银不实。上褫凤翔职，命松筠偕户部左侍郎初彭龄驰往查办。十一月，讯明百龄所奏虚诬，朱尔赓额委办荡柴，多杂蒲草，名为增采，实则虚糜，拟褫百龄职，朱尔赓额遣戍，并请罢苇荡左、右两营历年额外所增柴斤。

疏入，上以松筠据实办理，毫无瞻徇，公正可嘉，赏貂皮马褂。

十八年正月，授御前大臣。二月，京察，议叙。六月，命以协办大学士兼任伊犁将军。九月，授东阁大学士。十一月，以平定滑县逆匪，叙功，赏加太子太保衔。十九年五月，疏言："乌鲁木齐从前调派绿营兵择地垦种，嗣因积粮渐多，撤屯归伍，其屯地六万余亩，招民领种，每户三十亩，征粮二石八斗八升九合。核之屯兵每名二十亩，交粮十二石者，多寡悬殊。年复一年，仓储渐少，于边地兵食大有关系，请复兵屯旧制。"从之。八月，授武英殿大学士。二十年，以审办塔什密里克逆回仔牙墩一案，未候命下，将首从均置重辟，严旨切责，革去太子太保衔，仍革职留任。

二十一年正月，京察届期，谕曰："松筠近年办事，渐觉任性改常。凡所陈奏，亦多窒碍难行，毋庸给予议叙。"五月，召还京，命在御前大臣上行走，总理谙达处。先是，伊犁惠远城旗屯公田与辟里沁回田，均借东山辟里沁泉水灌溉。上年阿奇木霍什纳扎特等禀请开渠，引霍什河水浇灌辟里沁回田，以辟里沁泉水专灌惠远城旗屯公田，松筠核实准行。至是，以得水丰余，两有裨益，奏闻。七月，管理吏部、理藩院事务，授镶蓝旗满洲都统，复充崇文门正监督。八月，复赏穿黄马褂。九月，管理健锐营事务，赏还太子太保衔。十月，署两江总督。十一月，上以《全唐文》颁赐廷臣，松筠与焉。

二十二年二月，回京。四月，充殿试读卷官。六月，奏言三辅亢旱，请将来年恭谒祖陵典礼暂缓举行。谕曰："乾隆四十三年皇考高宗纯皇帝恭谒盛京，特降谕旨，垂示后嗣：'当眷怀辽、沈旧疆，再三周历，祈于祖宗遗绪，身亲目睹，或有无职臣工以为不宜，当律以悖命之罪，诛之无赦。'朕敬承圣训，拟于明秋再举恭谒三陵大典，时向臣工言及。今夏亢旱，未得甘霖。昨据大学士松筠折奏致旱之由，因朕欲诣盛京，列圣示象阻止，实属梦呓，怪诞极矣！成汤遇旱，六事自责，六事中有谒祖陵之一事乎？况一年后之事，先为此言，摇惑众心，大玷首辅之职矣！设若明年直隶及盛京遇有歉收，朕何难降旨展期？上年因绵课阻止秋狝，曾降谕旨，倘有造作浮言阻止者，必按军法。今松筠竟敢阻止上陵钜典，较秋狝尤甚。此奏若在明降谕旨之后，朕必将松筠置之重典，今尚在未降谕旨之前，是以交军机大臣会同吏部议处。"本日议上，谕："将松筠革职，实属罪所应得，姑从宽典，薄示降谪。著革去大学士并各项差使，以二品顶戴补授察哈尔八旗都统，仍带革职留任。八年无过，方准开复。"

二十三年十月，署绥远城将军。时松筠之子吏部侍郎熙昌殁于湖南差次。上悯松筠年老丧子，召回京，调补正白旗汉军都统，赏还头品顶戴、花翎，复赐紫禁城骑马。十二月，授礼部尚书，兼管乐部、太常寺、鸿胪寺事务。二十四年正月，兼署理藩院尚书。三月，上谒东陵、西陵，命松筠偕庄亲王绵课、大学士章煦、尚书英和留京办事。四月，充翻译会试正考官。六月，调兵部尚书，授御前大臣，领侍卫内大臣，总理行营事务。九月，授盛京将军。十二月，奏盛京柳河沟一带，地势低洼，请筹办开浚，允之。

二十五年二月，奏："原定安置宗室增设官学生五名，归并盛京宗室官学。查移居营房，距宗室官学八里，冬寒夏暑，幼童徒步维艰。请将原设学生五名撤回本营，再增设学生十五名，满、汉教习，弓箭教习各一名，即在本营就近训课操练。"得旨所办甚好。四月，以兵部遗失行印，查系松筠时任兵部尚书，且佩带印钥，革去盛京将军，降山海关副都统，复降本旗公中佐令。六月，又以前在盛京将军任内审拟温程殴毙宗室喜受罪名颠倒，再降本旗骁骑校。八月，宣宗成皇帝御极，擢都察院左副都御史。十月，授左都御史。十一月，授热河都统。翰林院侍讲学士顾莼疏称松筠宜置左右，以为谏臣之倡。谕曰："朕擢松筠于降谪之余，先用为左都御使，又任以热河都统，量能授职，自有权衡，何分内外？乃顾莼以为擢用左都御使，群臣庆于朝，万民忾于野，松筠何足以致此？若简放热河都统，乃使之为国宣力，顾莼以为虽予重大之任，若有疏远之心，尤为信口乱言矣！至称或疑其意气之戆，致拂圣德，或疑其攻击之严，致遭众忌，无论朕虚怀纳谏，从不以直言为忤，且松筠近来亦实无犯颜极谏之事，其于内外臣工，更无私毁私誉，若以此致疑，岂举朝大臣除松筠而外，均为谀谄容悦之人乎？顾莼著严议。"十二月，松筠呈进自纂《新疆识略》十二卷，上赐序刊行。

道光元年五月，授兵部尚书。七月，调吏部尚书，充会典馆副总裁，授正黄旗汉军都统。八月，复充崇文门正监督，调镶黄旗蒙古都统，复赏戴花翎，赐紫禁城骑马，在军机大臣上行走，充实录馆正总裁。九月，偕礼部左侍郎康绍镛赴浙江查办事件。二年正月，授阅兵大臣，管总理行营大臣事务，署直隶总督。二月，奏请整顿直隶各属书院，上是之。闰三月，回京，充翻译会试正考官。六月，理藩院有议覆乌里雅苏台将军奏"乌梁海驱逐潜住之哈萨克及科布多商人私向杜尔伯特交易"一折，松筠索稿删改，理藩院尚书禧恩劾奏。谕曰："六卿分职，各有专司。若将别衙门所办之事，妄加删改，实属罕见罕闻。即和珅当日之专权横恣，亦未敢公然如此。实属胆大妄为，著大学士、军机大臣会同九卿议罪。"寻议革职遣戍，得旨，加恩以六部员外郎候补，在上书房翻译谙达上行走。十一月，授光禄寺卿。十二月，以二品顶戴授左都御史。

三年六月，命偕户部右侍郎穆彰阿赴热河鞫狱。八月，赏还头品顶戴。九月授吉林将军。四年正月，条奏参务疲累情形，请复旧规办理，并请在小绥芬等处屯田，以供刨夫粮食，疏下军机大臣，会同户部议奏。寻议上，得旨："吉林将参务节经立定章程，所议尚形苦累，自应量为调剂。所有绥芬、乌苏里产参山场，住山过冬刨夫，著准其仍复旧规办理，并令各揽头举熟习刨夫在苏城、苏子海、讷恩屯、泥满口等处寻采，按额交上等好参，挑胜余参，方准售卖。如有蒙混情弊，即著落赔换，重责示惩。其每年留山刨夫，不得过每票人数之半。倘潜居偷漏，从重究治。并著守卡弁兵查验，勿任黑人夹带私参，以昭严密。至松筠奏请在小绥芬、双城子、达塌河一带屯田垦种，以供刨夫粮食。耕种采参，本难兼顾。办给农具，殊形繁费。且道里辽远，稽察难周，尤恐别滋事端，转启奸民窝藏寄顿寻弊，著毋庸议。朕因松筠熟悉吉林情形，简畀将军重任，乃遇事纷更，种种错谬，不胜将军之任。吉林将军著富俊补授。"

二月，奉谕："松筠著补授左都御史，此系朕眷念旧臣格外施恩，赏给差使。松筠务慎守职任，毋得妄行纷更，致干咎戾。"四月，充考试翻译正考官。七月，授正黄旗汉军都统。因目昏陈请开缺，温谕慰留，派考试鄂罗斯学。十一月，复赐紫禁城骑马。十二月，充八旗值年大臣。五年正月，稽查内七仓。五月，稽查右翼幼官学。六月，充蒙古翻译考试官。八月，署兵部尚书。

九月，署乌里雅苏台将军。十月，伊犁将军庆祥奏鄂罗斯在哈萨克游牧地方盖房种地，请敕下理藩院檄询，上询之松筠。松筠奏："哈萨克素称强悍，或曾侵占鄂罗斯地，今从索还，不能不予，而以无据之词，恳将军奏请，实未可定。若理藩院行文查问，鄂罗斯直以索还侵占为言，转难查办。从前哈萨克袭封汗爵，鄂罗斯即有哈萨克早经投顺彼国之语。溯查乾隆三十五年，土尔扈特明背鄂罗斯前来投顺，後鄂罗斯行文索讨，经高宗纯皇帝谕旨斥驳。今以无甚关要之事，行文令其遵奉，倘彼以土尔扈特为言，或以哈萨克投顺彼国为词，徒生枝节，有伤体制。况哈萨克非国家用兵平定者，缘乾隆二十二年平定伊犁之後，哈萨克贡马入觐，因封汗爵，藉以羁縻，其或向鄂罗斯投顺，亦应置之不问。查哈萨克游牧地方，与鄂罗斯毗连之处，理藩院并无图志，惟有晓谕哈萨克以天朝定例，外藩之地无图志者，例不办理。"上嘉其熟悉边情，饬庆祥详酌办理。

六年二月，署兵部尚书。五月，授礼部尚书，兼管太常寺、鸿胪寺事。六月，偕户部左侍郎王鼎赴山西查办事件。松筠于山西途次，闻喀什噶尔军报，疏陈熟悉新疆情形，自请前往宣抚。温旨嘉勉，未允行。八月，命校勘清文圣训。九月，充武会试监射大臣。十二月，充经筵讲官。七年二月，充总谙达。七月，充玉牒馆副总裁。八年二月，署热河都统。六月，充蒙古翻译考试官。七月，谕曰："松筠前于陕甘总督任内借用养廉尚未完银八千两，又管理崇文门税务未完分赔银一万三千两。松筠宣力中外，操守廉洁，所有应交银两，著加恩全行宽免。"八月，仍署热河都统，授阅兵大臣，疏请挑挖承德府属旱河工程，应归都统专折奏报，毋庸由直隶藩司报销，以免稽迟。又都统衙门请复旧制，拣派协领、佐领各一员，帮办刑名事务。十月，奏："承德府属一州五县，前经直隶总督那彦成奏准以汉员对调。查汉员与蒙古言语不通，艰於听断，应循旧制，专用旗员。"俱得旨俞允。九年正月，署吏部尚书。三月，署兵部尚书，偕工部右侍郎白镕，往直隶覆鞫新城县营弁朋谋陷害白勤一案，平反定谳，原审官议谴有差。

四月，复署直隶总督。六月，调兵部尚书，命赴科布多鞫狱。十年，命偕吏部右侍郎保昌赴陕西查讯巡抚徐炘被控各款，鞫实，请将徐所下部严议。途次又闻回疆军报，密陈剿办事宜。谕曰："进剿何难，善后不易。若常川檄发调派，成何事体？必得一长久绥安之道，方为至善。卿若有所见，不妨陈奏，候朕采择。"十一年二月，奏言："喀什噶尔换防官兵宜裁撤，免累回众，叶尔羌玉山宜弛禁，听回众采贩沾润，喀什噶尔参赞大臣宜改设于阿克苏适中之地，喀什噶尔宜改设正副办事大臣二员，令阿奇木郡王伊萨克为帮办，与正副大臣联名奏事。喀什噶尔一带卡伦，宜添设侍卫，领满兵轮驻，无令绿营官兵驻守，易致逃避。回疆驻扎大臣，均不得携眷，免传回妇应役。英吉沙尔无庸专驻大臣，可设三品阿奇木伯克，每事就近呈报喀什噶尔。至安集延回众贸易为生，所贩毡绒染色，无不用茶配制，宜因其所利而利之，永弛茶禁。又安集延贸易之商回，远在浩罕西南，来至喀什噶尔，迢遥辛苦，宜免其纳税，以示招徕。"疏下扬威将军长麟查办。是月，松筠八十生辰，赐"耆龄锡祜"匾额，御书"福""寿"字各一，并文绮服物有差。

七月，署理藩院尚书，管理三库事务。八月，奏请开缺，旋即销假。谕曰："松筠并无患病情形，乃数日之间，忽称衰病难支，忽称精力如前，既请开缺，旋即请赏差使，进退自由，轻率陈奏。君臣相与之际，总当以诚为主。朕于各大臣推心置腹，既以诚相感，各大臣身受重恩，尤当以诚相应。似此任性自便，殊失朕优礼大臣之意。松筠自问于心，能安与否？嗣后各大臣务当仰体朕心，恭矢靖共，恪守事上以诚之义，用副恩眷。"

九月，充蒙古翻译正考官，授镶白旗汉军都统。十月，授内大臣。十一月，因前赴科布多，嘱直隶道员徐寅第代购备赏什物，及奉旨回奏，又未将嘱买在先，发价在后，据实声明，命革去内大臣，以三品顶戴休致。十二年六月，浩罕伯克迈玛底里遣使进表，松筠前曾奏及浩罕通商，边境即可绥靖。上思其言，赏还头品顶戴，署正黄旗汉军副都统。

七月，达尔汉、茂明安、土默特三旗争地，命往归化城查办。八月，松筠督同副都统惠显、副盟长公喇特那巴拉等逐处履勘，查明自克筹堆记东北一带，直至哈达玛勒河，山后系达尔汉所属，山前系土默特游牧，有乾隆二十年图记；茂明安争土默特之沙拉哈达地方属实，自克鄂博东至哈达玛勒河，山前系土默特游牧，山后系达尔汉游牧，有乾隆二十八年图记；达尔汉争土默特山前地方，属实。松筠按照原字原图堆记，履勘晓谕，茂明安扎萨克及达尔汉贝勒，皆折服。松筠又奏言："自哈达玛勒河东至讬苏图山系四子部落郡王伊什登游牧，南接土默特游牧，北系达尔汉游牧，三旗地界应一律查勘。又南系延寿寺喇嘛游牧，亦宜添设堆记鄂博，各清界址，永杜争端。"从之。

十二月，授理藩院左侍郎。十三年四月，调工部左侍郎。五月，授正蓝旗蒙古都统。六月，授阅兵大臣。八月，派考试满、蒙中书。九月，署户部右侍郎，兼管钱法堂事务。十月，充左翼监督。

十四年，命以都统衔休致。十五年，卒，年八十有二。遗疏入，谕曰："松筠历练老成，清勤正直，先朝耆旧。由侍郎、尚书、都统简授大学士，出任将军、总督，扬历中外，宣力有年。历事三朝，恪恭匪懈。上年因老病命休，方翼家居调摄，独享期颐。兹闻溘逝，深为悼惜！著加恩晋赠太子太保衔，照尚书例赐恤。所有任内一切处分，悉予开复。应得恤典，该衙门察例具奏。"寻赐祭葬，予谥文清，入祀伊犁名宦祠。二十三年，库丁侵亏帑银事发，经查库王大臣载铨等议奏，历任管库、查库、大臣分成摊赔，已故者子孙减半代赔。得旨："松筠之子原任二等侍卫，熙庆现已病故，并无子嗣，免其罚赔。"

子熙昌，吏部侍郎；熙庆，原任二等侍卫。

——《清史列传》卷三二

禄　成

禄成，和舍里氏，蒙古正红旗人，西安驻防。嘉庆元年，由委署前锋校，随西安将军、宗室恒瑞征剿湖北邪匪。二年正月，升骁骑校，击贼谈家冈有功，赏戴蓝翎。寻升委署前锋参领。四月，贼分窜陕西商南山阳一带，禄成随恒瑞驰赴山阳，进至周家河，贼退走山梁。禄成偕防御扎勒杭阿等仰攻，追踰数山，擒斩七百余人。忽闻贼首王廷诏等将犯山阳县城，驰回磨沟口，遇贼于十里铺，击退之。禄成受矛伤，赏伊清阿巴图鲁名号。五月，升防御。十月，迁佐领。十二月，升协领。八年，迁山东德州城守尉。十四年，擢熊岳副都统。

十六年，复州民人呈诉荒歉，即亲赴奉天面商将军府尹借给口粮。上嘉其关心民瘼。十七年，朝鲜国有土贼啸聚据城劫掠，该国与凤凰城边界接壤，仅隔一江。命禄成前往督率弁兵严密巡防。十八年，河南教匪滋事，据滑县。禄成由驿奏请带领盛京官兵前往军营。谕曰："禄成系熊岳副都统，既经该将军和瑛派出，照料所过之兵，自当妥为办理，不得渎请前赴军营。伊即欲奏请，或申明和瑛转奏，或具折差人呈递，乃竟由驿具奏，又欲带领盛京官兵前往，甚属非是。如当用盛京官兵，朕必豫为酌量调用，岂待伊奏请。禄成甚属冒昧，不晓事体。除交部议处外，仍严加申饬。禄成人本糊涂，且又好事，不必令其照料所过之兵，即逐回原任。"寻议降四级调用，上加恩改为留任。二十年，调吉林副都统。二十三年，擢绥远城将军。二十四年，奏："驻防兵丁拴养马匹，每年出青时，存城二百匹以备差操。现因派拨官兵赴大青山后，设卡巡缉，存城马匹不敷应用，请添存城马一百匹。"从之。

二十五年，奏沙拉穆楞地亩请由喇嘛自行交收，经户部议驳，谕曰："吉林开垦地亩由喇嘛自行收取，经户部咨驳有案。此次该将军等复称，该喇嘛情愿自行交收，不必官为经理，是启私相盗卖之弊，且恐招集多人滋生事端，所奏不准行，禄成交部察议。"先是民人被众抢劫，因监获形迹可疑之达都提讯，吉克密特指称即系同伙逸犯达起，遂请照伙众抢劫，为首拟以绞候嗣审，系挟嫌诬扳，上以其草率定谳，下部议处，寻议降三级调用。上加恩，改为留任。

道光二年，调黑龙江将军。八年，缘派兵草率，及交站牧养马匹变价，并家人徐添桂扰累商民，命吏部尚书文孚，刑部侍郎英瑞前往查讯，鞫实奏请，革职研审。谕曰："黑龙江将军禄成于上年派兵时，并不亲赴公所考验，复于派定后任意更换数人，且将马匹发交站丁喂养，并交给马匹代为变价，又不能约束家丁，致有短发物价情弊。禄成著即革职并著文孚等将伊任所赀财什物，一概严密查封，候旨施行，断不准令其隐匿偷漏，即提问全案人证严加审讯，务得确情，据实具奏，不可稍为含混。"寻经查出徐添桂于驱逐流民案内指撞银两等情,禄成于取供后自戕。谕曰:"此案禄成所供各款若就现在情节而论,其挑派出征官兵陆续更易数名,只系听受阿勒精阿等恳求,并无贿嘱情弊。交站养马变价亦只见小图利,其家人徐添桂诈骗,亦非伊自行勒索。虽有应得之咎,何至于取供后遽尔轻生。恐查讯各情尚有不实不尽。现在禄成业已身故,正可向其家人徐添桂及案内人证逐细研究,并须加以开导,勿再代为隐饰,期得实情以成信谳。"文孚等复奏:"禄成实系忿悔交加,自寻短见,并无别项情弊。"谕曰:"此案禄成实于取供后自戕身死,现据文孚等复向伊家人徐添桂,及被累之流民贾锦义,撤退之兵丁诺们济尔噶勒等隔别讯问,反复开导,均坚执原供不移,是尚无不实不尽之处,禄成业经身故,所有查封家产,即行发还,交伊亲属具领。"

侄贵当阿一品荫生。

——《清国史》大臣画一传档次编卷一一〇

德英阿

德英阿,赫业氏,满洲镶蓝旗人,黑龙江驻防。乾隆五十八年,由委署笔帖式袭世管佐领。

嘉庆元年,湖北教匪滋事,德英阿赴军营协剿。二年,随署广州将军明亮败贼于草甸,叙功赏戴花翎。五年,随参赞大臣德楞泰追川省贼匪张子聪等,于嘉陵江破其众,斩贼首雷世旺及贼目多人,赏巴图巴图鲁名号。六年五月,升协领。十一月,复随德楞泰击贼于苍溪,贼众屯大元场,我兵分路进剿。德英阿等由陈家坝等处合击败诸木桥子。七年五月,德楞泰移师楚省,剿蒲添宝股匪于水沟。德英阿扼其东,与大军夹剿杀千余人。得旨嘉奖。六月,追贼至兴山。贼众,屯桂林坪,据民寨为固。德英阿以山路险窄,率众弃马步行入,鏖战踰时,斩擒数百人,破其巢,获器械、牲畜无算。七月,蒲添宝屯鲍家山。德英阿偕副都统色尔滚，总兵蒲尚佐等伐木通道，攻克贼巢，擒斩甚众，获蒲逆家属。命俟办竣，保奏优加恩奖。十月，复随德楞泰败戴四、崔胡等股余匪于朱家沟，旋击青黄两号余匪于双池，败之。十一月，由归州西剿巴东巫山余匪，围贼众于黄泡池，擒首逆陈侍学及伪先锋等，尽歼其众，得旨嘉奖。

八年，三省大功告竣，补行引见，命军机处记名。十五年六月，授阿勒楚喀副都统。八月，调吉林副都统，旋调宁古塔副都统。十八年九月，河南教匪李文成倡乱，陷滑县，直隶长垣、东明，山东曹、单诸县，逆党相继蠢动，命德英阿偕副都统色尔滚，率吉林马队兵一千，驰赴军营协剿。十一月，长垣一带贼匪窜入河南封邱诸县，有西入太行之势。钦差大臣直隶总督那彦成令带兵堵截，会逆首李文成自滑城潜窜辉县，德英阿偕总兵杨芳等由淇县迎剿，侦知贼党屯聚司寨，因设伏于白土冈，遣兵诱之。贼出，三千余众来迎，转战入伏，中官兵三面蹙之，杀贼六百，乘胜抵司寨，四面攻围。得旨嘉奖，并下部议叙。时贼匪潜伏寨内不出，德英阿等督励兵勇自寨后毁墙直入，短兵相接，贼众犹抵死抗拒，乃四围举火，且焚且攻，李文成与其党，匿于高楼。德英阿率众先登，枪毙贼目刘帼明，李文成自焚死，余党尽歼，捷入。赏加都统衔，先换头品顶戴，并给云骑尉世职。十九年，擢宁夏将军。二十二年六月，调成都将军。将十月，署四川总督。十一月，回任。

道光元年正月，授乌鲁木齐都统。以滇省永北厅夷匪滋扰，命暂留川省，偕总督蒋攸铦等经理防堵事宜。六月，夷匪平。德英阿赴都统任。十一月，上以给事中张鉴奏节，新疆冗费，请于兵丁月粮改支本色。命德英阿偕伊犁将军庆祥悉心筹划，妥议。二年四月，德英阿等覆奏，新疆南北两路各营兵粮，除将屯粮支放外，余皆支给折色，俾资日用。若概支本色，则谋生恐形拮据，且经费所节无多，而于边防甚有关系，请仍其旧，上允之。十二月，调绥远城将军。

四年，复授成都将军。五年，调乌里雅苏台将军。六年七月，以逆裔张格尔入卡滋事，大兵进讨，命为伊犁参赞大臣。七年，授伊犁将军。八年七月，奏言："新疆南路茶业、大黄，经钦差大臣那彦成奏定章程，严禁北路伊犁、塔尔巴哈台与哈萨克、布鲁特诸部落及南路各城毗连，若不一律严禁，恐难免偷漏，请就北路情形酌中筹议，严定章程，禁安集延交通之弊，并筹内地兵民所食茶业，分别应禁、应准与大黄一律稽查，并请安设官商，配引给票务，使奸商不能夹带，安集延不能偷贩疏入。"上嘉其所议详细周妥。十月，奏请筹欵增给伊犁各员养廉。

九年二月，奏陈严禁各城需索苛派诸弊，均得旨如所请行。三月，兼正白旗蒙古都统。五月，卒。谕曰："伊犁将军德英阿由世袭佐领荐升将军，历任各处均能认真办事，屡经四川、湖北、陕西、河南等处军营，打仗受伤著有劳绩。现在伊犁整饬营伍，控制回夷，均臻妥协，正资倚任。前据奏患病即赏假，令其安心调理，今遽闻溘逝，殊堪轸惜！德英阿著加恩，晋赠太子太保衔，赏银二千两，照将军例赐恤。著容安派委员弁护送入关，妥为照料。沿途经过地方，一体遵例支应。伊侄伊昌现任黑龙江防御，著特依顺保即饬令前往迎护。俟到京之日，准其入城治丧，所有任内一切处分悉予开复，应得恤典该部察例具奏。"十二月榇回。特命庆郡王绵慜前往赐奠，寻赐祭葬，予谥刚果。

德英阿无子，侄伊昌袭云骑尉兼世管佐领。

——《清国史》大臣画一传档次编卷九九

伊星阿

伊星阿，富察氏，满洲镶白旗人，荆州驻防。乾隆六十年，由前锋护军随将军兴肇剿办湖南苗匪，克复乾州等处要隘，生擒贼首吴八月。事竣，仍留乾州办理善后事宜。

嘉庆二年二月，川、陕、楚教匪捻乱，参赞大臣德楞泰檄赴军营。四月，攻贼于金峨寺，毁贼寨，贼首徐添德等逃窜，大兵分路进剿，擒贼七百余人。五月，进攻黄金坪，连夺贼卡。九月，贼窜陕境，我兵由马尾三家塘截剿歼贼多名。三年三月，贼窜至三岔河，我兵四面围攻，击毙黄号首逆齐王氏、姚之富等。四年，进攻大市川，生擒白号首逆高均德。伊星阿均在事有功，赏戴蓝翎。五年，进剿股匪伍金柱于西乡，贼走川境新店，官兵分道进击，贼大溃，擒贼目陈得俸。伊星阿左膀受矛伤，叠邀赏赍。

六年正月，剿白号贼匪于野猪坪，大败之，歼其渠高二。参赞大臣德楞泰奏保伊星阿自湖南军营随征七年，奋勇出力，剿办股匪，屡有俘馘，赏额外骁骑校。五月，补骁骑校。十二月，引见，得旨荆州蓝翎骁骑校。伊星阿曾在军营效力，著交该将军，遇有应升缺出，即行奏请坐补。七年，补防御。十二月，授佐领。二十一年，升协领。

道光二年八月，俸满引见，命交军机处存记名。九月，擢归化城副都统。十月，赏换花翎。四年七月，勘明浑津庄头承种地亩，沙淤河占不堪耕种，奏请豁除额粮。八月，偕将军奕颢奏："浑津、黑河庄头承种地亩被水成灾，恳请抚恤。"俱如所请行。十一月，奏参四子郡王朋楚克桑鲁布旗下出境抢夺，该郡王漫无觉察，应请议处。从之。并侦获贼渠喇嘛达什得里克、普尔赖，治如律。

十二月，将军奕颢奏："浑津庄头被灾地亩经前任将军德英阿与伊星阿查办，有案。"兹于年班启程时咨交，彻底详查，并以土默特米石价值与时价核算浮多，咨交查办等语奏入。谕曰："伊星阿身任副都统，既经查有弊端，自当据实参奏，何以列衔会参于前，又复诘咨于后，著明白迴奏。"伊星阿据实覆奏，自请议处。得旨交巡抚福绵会同奕颢查办，奏上。寻奉谕曰："副都统伊星阿因浑津庄头地亩屡经报废，豁粮过多，亲履勘验，疑有捏报，咨交该将军查办。系因公起见，所奏采买米石详价与市价不符,亦系实在情形。其自请交部议处之处,著加恩宽免。"

六年十一月,偕将军奕颢审明土默特喇嘛蕴登控告四子部落王护卫佈音德勒格尔不法等情,据实定议,请发烟瘴充军。该王伊什绰克鲁布被控各款属实,交部严议。从之。十二月,调杭州副都统。七年,署杭州将军。十一年,署乍浦副都统。十三年,因前在荆州协领任内短少马匹,并将马乾银两那充公用,降四级留任。十五年,因病奏请开缺调理,允之。寻谕曰:"伊星阿曾经出兵打仗杀贼,捉生受伤,著有劳绩,著赏给全俸,以养余年。"二十九年,卒。

子那吗善,盛京兵部员外郎;松阿哩,前锋。

——《清国史》大臣画一续编卷五五

奕 颢

宗室奕颢,镶蓝旗人,固山贝子绵溥之长子。嘉庆六年,袭镇国公爵,在散秩大臣上行走。十年,以误班革去散秩大臣。十一年,复授散秩大臣。十八年,命在乾清门行走。十九年二月,补镶黄旗蒙古副都统。九月,调正蓝旗满洲副都统。十二月,授左翼前锋统领。二十一年,授宗人府右宗人。寻擢镶红旗满洲都统。二十三年,调镶蓝旗蒙古都统。二十四年六月,授内大臣。九月,调镶白旗汉军都统。十二月,复调镶红旗满洲都统。二十五年,授黑龙江将军。

道光二年,调乌里雅苏台将军。寻奏乌里雅苏台征收房租银两不敷支放,请将四部院柴薪等七款归入正项开销,如所请。七年闰五月,调盛京将军。九月,奏拿获越边偷打鹿茸要犯。得旨:"姑容废弛至于此,极汝能切实查办,朕甚嘉悦。"先是兵丁巡卡遇越边贼偷打鹿茸,获之,讯有瑷阳边门台丁施泳富为首躐,缉无获,奕颢抵任选派佐领塔尔什布易服往缉擒施泳富及其党数十人得官兵受贿,纵令出卡,并边门章京德锟索赇释放情事,并以实闻按治其罪。十一月,奏垦田亩以资养赡。从之。奏:"查明围场偷挖鹿窑人犯,并定私入围场参山罪。本年围场以南偷挖二百余处,嵌石岭以北偷挖九百余处,计获犯一百一十余起。"奏入,上命刑部妥议详定私入围场参山罪纂入则例。又奏:"兴京凤凰城所属边门外,奸匪偷斫官山树木,拿获入官。任其在山存放,不准招商变价,庶奸商觊觎之心不禁自绝,而匪徒偷窃之风亦可渐息。"均得旨嘉奖。

八年六月,奏详查边外各卡情形,分析驻守更换章程,如所议行。十一月,奏筹备马匹,得旨允行。十二月,劾兵部侍郎惠端点验各城军器随带家丁、书吏,骚扰地方,并请停止兵部点验之例。上如其奏。命将惠端骚扰情形查实,下部严议。十年三月,谕曰:"朕闻盛京将军奕颢有演戏宴会之事,特命富俊等前往详查,兹据奏称将军、都统均有其事。盛京为根本重地,风俗素称淳朴,将军都统表率一方,乃竟时常宴乐,自蹈繁华,岂能胜将军都统之任,著交部严加议处议。"上命褫职并革去镇国公爵,赏给头等侍卫,在大门上行走。六月,授乌里雅苏台参赞大臣。十月,赏副都统衔,作为库伦办事大臣。

十一年正月,补镶白旗蒙古副都统。十二月,调正蓝旗满洲副都统。十三年,授正白旗护军统领。十四年四月,擢镶红旗满洲都统。七月,署工部尚书,调署礼部尚书。九月,兼署督察院左都御史。十一月,升左都御史,仍署礼部尚书。寻补礼部尚书兼署左都御史。十一月,调兵部尚书。十二月,充经筵讲官。十五年八月,复兼署左都御史。十二月,兼署礼部尚书。十六年六月,署户部尚书。七月,命管理户部三库事务,调户部尚书。九月,署盛京将军。

十七年九月,以边内变卖木植已收价银先行发商生息,均匀分散八旗津贴,闲散学习鸟枪公费以资操演,而归实用。得旨如所议行。十月,署正白旗领侍卫内大臣。十八年闰四月,仍授兵部尚书。九月,奉旨:"奕颢之子载宽所遗奉恩辅国公爵著加恩赏还奕颢。"十一月，充崇文门正监督。旋因正白旗拣送佐领，奕颢以伊子教习前锋校吉庆，弓马可观，嘱托功普开说列入拣送，事发，自行检举，奏入。谕曰："奕颢身系一品大员，乃为其子教习辗转嘱托，实属辜恩病狂，以公济私。奕颢所有职任及各项差使著全行革去，交军机大臣会同宗人府刑部一并审讯，定拟具奏。"十二月，谳定。谕曰："此案见据敬敏等会同定拟具奏，奕颢毋庸交宗人府议处，其公爵即行革去，著往盛京效力赎罪，以为大员徇私请托者戒。"二十年二月，得旨加恩释回。十二月，授理藩院右侍郎。寻谕曰："本日召见理藩院右侍郎奕颢，两耳重听，不胜侍郎之任，著以原品休致。"二十三年十二月，卒。

子四人：长载□，授头等辅国将军，三等侍卫；次载耀，三等侍卫；次载宜，举人；次载寯，三等侍卫。

——《国朝耆献类征初编》卷一一二

晋　昌

宗室晋昌，正蓝旗人。初授三等侍卫，辅国将军。乾隆五十三年，袭镇国公爵，授散秩大臣。五十九年，擢正红旗蒙古副都统。

嘉庆元年，兼镶白旗护军统领。二年正月，调镶蓝旗满洲副都统。二月，调镶白旗满洲副都统。三月，调镶红旗满洲副都统，兼镶黄旗护军统领。三年，授宗人府右宗人。四年正月，授内大臣。三月，转左宗人。五年三月，授盛京将军。四月，奉天府尹恩明赴任时失察，家人乌春及太监马德庆沿途需索，命偕兵部尚书傅森鞫实，论如律。旋偕傅森奏定牛庄苇塘界址，以免牵混，请将从前任意，将苇塘牵混盐厂之司库徐瑾查办，草率之佐领恒福、延福等降格有差。

六年八月，直隶被水成灾。谕晋昌查看奉天粮价情形，可以采买若干运往直隶酌量具奏。适晋昌于未奉旨时查闻直隶被灾，即奏奉天粮石充裕，请采买接济。上嘉之。十二月，奏称抚恤外国遭风难夷，并照嘉庆元年旧案派员护送来京。谕曰："所办殊未妥协，此等不识国名夷人，在洋遭风漂至朝鲜地方，经该国由凤凰城移送沈阳。晋昌面加询问，优加赏恤，即应令其仍附原船，任其自回本国，何必拘泥元年旧案护送来京。朕即位初元，外藩朝觐者多，是以饬令吉林将军鄂通国难民送京，以便查办，本年例应朝贡者惟暹罗一国。此次遭风夷人既询，系不识国名即护送来京，亦属无益，著晋昌赏给盘费，仍交朝鲜国令附原船送至本国，毋致稽留。"

七年，以巡视盛京事务业已届期，列上五部侍郎衔名奏请简派。谕曰："吉林、黑龙江两处非盛京所属，尚可令该侍郎等前任巡视至盛京，系本管地方，亦派令一体查察，究于政体未协，所有此次巡视盛京事务著派大理寺卿窝卿额去，嗣后除吉林、黑龙江届五年期满，仍将该侍郎等奏派外其盛京一省，届期著该将军奏请候朕，于在京之满汉三四品京堂内简派。"

八年八月，因盛京高丽沟地方有匪徒偷斫树木，命副都统策拔克往查，并命将所奉谕旨交晋昌阅看。策拔克寻奏晋昌跪读之下，不胜惶悚骇异。谕曰："盛京为陪都重地，既有无赖匪徒在高丽沟一带聚集搭盖窝铺，私斫树木，自应严饬，各卡伦留心查禁，使奸民知所敛戢。晋昌在彼有年，且系盛京将军稽查地方及各处卡伦，是其专责，何以平日漫无觉察，一任奸民等在彼聚众肆窃，今接奉前旨仅称惶悚骇异，可见伊等于高丽沟地方偷斫木植一案，竟全未闻知，直待朕特将明谕始知有此事。见据德瑛奏，除高丽沟之外尚有韭菜园、三道浪头两处向曾藏匿奸民此等藏奸处所，晋昌均未查及以致匪徒日聚日多，太觉不成事体。晋昌著先传旨申饬，俟此案查明，再将晋昌交议。"

是月，策拔克奏于辽阳州搜获私伐黄松木植二千四百余件，又于兴京城广边内查出木植甚多。谕曰："见在策拔克等尚未到高丽沟一带，而辽阳、兴京等处查获私斫木植已有如许之多，可见此等藏奸处所不一而足，从前琳宁在将军任内曾查出高丽沟地方有偷斫木植之事，未将该管官员奏参，已属过于宽纵。迨晋昌到任后亦曾分路查拿，但总未严参究办，更觉疲软无能，以致该管各员日渐怠玩，而奸匪等毫无畏惧。晋昌系盛京将军，实难辞咎，著交部严议。"晋昌寻派协领恒福等往查高丽沟奸民二千余，贿官兵得信，焚窝铺而逃，捕获十余人事。闻褫晋昌职。谕曰："晋昌前因其尚堪任，使是以擢任将军。今到任以来，于所管卡内外叠有偷斫木植之案，其平日毫无闻见，竟同木偶，及经朕降旨查办，又复听任属下官员愚弄，甚至官兵有营私作弊等事。晋昌如此疲玩无能，实属孤恩溺职，难胜将军之任，见已降旨，将伊革职，即著来京候旨。"九月，夺辅国公爵，以其弟晋隆承袭，赏晋昌四品衔在宗人府主事上行走。

十年，赏头等侍卫，为乌什办事大臣。十一年，授喀什噶尔参赞大臣。十二年三月，授镶黄旗汉军副都统。十月，授乌里雅苏台将军。十四年三月，调伊犁将军。上以伊犁将军事繁任重，晋昌初肩巨任，恐于抚治机宜未能洞悉，谕曰："伊犁地居绝域，自古未入版图，我皇考高宗纯皇帝天赐圣神聪明睿知，成两朝未竟之志，开二万里之新疆北路，特置将军，内抚各城，外绥诸部，兼之戍卒遣犯纷集错处，责任重大，视内地督抚倍之，盖抚驭外藩之要道总不出乎畏威怀德，然必先使之有可畏之威，后方有可怀之德，皆以实心行实政也。我皇考五年之间犁庭扫穴，大武用扬，神威丕著，各部落诚心归命，继施深仁厚泽，永获生成，至今四十余年。盈宁安聚，桴鼓不惊皆怀畏，神威久沐，深仁之明效大验也。朕承慈眷抚治天下，幸际熙和之时，弥殷盛满之俱，曷敢稍图安逸，惟勉敬勤以求治耳。卿派衍天潢才钟宗族，前有微过非不可赦之，愆尤今寄千城，抒大有为之，才德宽严并用，相济刚柔，刑赏必公，无过不及，训练营伍勿惮勤劳，绥抚群藩，勿存偏袒，授官先拔功，动听讼务宜详慎，待同寅不卑不亢，御属吏无隐无私，除莠安良，绥边和众，为国家之屏，翰树奕叶之勋名。虽君门有万里之遥，然瞻宇觉帝京之近，勿孤训辞，钦哉毋忽。"九月，又谕曰："晋昌本系八分公，曾赏戴双眼花翎，前因获咎革去公爵，但见任伊犁将军镇抚边陲，职分较大，著加恩赏戴双眼花翎。"

十六年四月，授领侍卫内大臣。八月，察哈尔都统兴肇奏参伊犁于进贡马五匹、备用马四匹外，多带一百八十匹，沿途多索支应。命军机大臣会同刑部提讯进马之总管佐领等属实。晋昌以办理不善，下部严议。寻议革职，上加恩改为留任。十七年，疏称酌定屯田事宜，从前八旗公租之田，若仍令其通力合作，伊等视公产不如私产，勤惰不齐，不足以专责，咸请将此项田一万余亩分给八旗，俾各专心耕种，如有人力不敷，准其佃人耕种，计亩收租，下军机大臣会同协办，大学士吏部尚书松筠议覆。寻议分田各种，如所请行。惟佃人耕种一节，日久恐滋流弊，应责令八旗闲散余丁自行耕种，既敷养赡又免遊惰。松筠复奏称："前在伊犁将军任内曾于伊犁河北岸近地筑堡，造屋移驻，闲散壮丁按堡授田，教之树畜，并令三时务农，冬时操演，所办已将次第举行费用，亦有款可支，无须另给。"诏晋昌遵照所定章程，认真妥办以收实效。

十八年六月，奏称北路卡伦外有鄂罗斯向哈萨克台吉索讨安集延人口，派协领哈芬布前往查办，已经完结各归部落。谕曰："外夷因交易起衅，自相理论，系常有之事，既在卡伦以外，即与中国无涉，此次鄂罗斯向哈萨克台吉罕巴尔索讨安集延人口，晋昌得信，惟当严饬卡伦官员加意巡查，勿使别滋事，端方为镇抚边疆之道，乃晋昌辄派协领哈芬布前往查办，哈芬布至达苏卡伦，复因罕巴尔求恳官为管理，即出卡伦数十里之地，安设帐房，摘传鄂罗斯安集延头目数人，面为开导，令两造公议偿还之项实属多事，幸而鄂罗斯恭顺，彼此将财物偿还安静归部，若使剖断之时稍有抗违，情形又将如何办理，岂非自生边衅？晋昌身任将军，遇事张皇，著交部议处。"寻议降一级调用，因本有革职留任之案，请革任。上以晋昌才识拘隘，不胜伊犁将军之任，革去领侍卫内大臣、伊犁将军，令署理正白旗汉军都统。九月，授为乌鲁木齐都统。

十九年二月，复授盛京将军。八月，命偕副都统文干履勘大凌河牧厂，试垦地亩。寻覆奏："牧厂地在边外距锦州、广宁、义州皆三四百里，旗人无力者，不能开垦，有旧业者又不肯舍旧图新，见在试垦者，多系内地民人，包揽分种于旗人生计无益，徒为奸民牟利之薮，请即裁撤。"上是之。十一月，奏："坐卡章京佐领乌尔图私带贼犯黄帼有出边，并商同云骑尉色布正额捏禀防御，海凝阿患病迷失，不知去向，请将乌尔图、色布正额革审。"谕曰："黄帼有偷斫木植，乌尔图既系知情，所报海凝阿因病外出，不知下落，安知非卡员等伙同作弊，海凝阿独不染指，致遭谋害，与从前王伸汉谋死李毓昌情事相类，该将军务查海凝阿实在下落，勿任稍有枉纵。"十二月，奏："海凝阿于乌尔图私带贼犯，曾欲禀揭乌尔图有欲行谋害之语，惟乌尔图供词犹复狡展。"上斥其宽纵。

二十年三月，讯实乌尔图等挟嫌舞弊，通同贼犯樊十谋害海凝阿弃尸，捏禀问拟如律。谕曰："此案与王伸汉谋害李毓昌情节相似，果不出朕所料，可见听讼必须细心，设竟如晋昌初奏，颟顸率结使正凶漏网，奇冤莫雪成何政体？"五月，奏："请于移居宗室内遴选族长、族副学长，以资约束。"从之。十一月，以宗室奕让酗酒滋事，请移往吉林居住。上责其有意推诿，下部议处。寻议降三级调用，上加恩改为留任。二十二年二月，调伊犁将军。七月，晋隆缘事革辅国公爵，仍命晋昌承袭。二十五年四月，以晋昌母老，召回京，复授领侍卫内大臣。五月，命在御前大臣上学习行走。八月，赏紫禁城骑马。十月，授镶蓝旗满洲都统。十二月，授理藩院尚书，充崇文门监督。

道光元年七月，调兵部尚书。八月，实授御前大臣。二年，授盛京将军。三年，科尔沁蒙古私招开垦，晋昌查明卓力克图王旗招留民人二百五十五户，共垦地三千一百八十四亩，铺店酒局十六座，宾图王旗招留民人一百三户，耕种熟地一千五百四十六亩，铺店酒局十二座，均经挖立地界、封堆。所有房地请归入原查民数内，责令昌图通判，稽查管理，毋许滋事，仍于每年春融派员往查，昌图八社之便一体稽查。从之。

六年，科尔沁蒙古复招民开垦地亩，晋昌查出卓力克图王、宾王二旗界内，新招流民五百七十二户，续查出卓力克图王旗界内新招流民一百九十三户，奏请照例驱逐。谕曰："本应照例驱逐，姑念流民多系傭趁谋生，此次免其究办。著该将军等出示晓谕，如再查有一户出口，即行驱逐严办。"七年，调绥远城将军。

八年正月，上以晋昌前任盛京将军任内失察围场偷挖鹿窑，及派员查出又未获犯究办，因循废弛，不胜将军之任，著回京令赏差使。八月，卒。谕曰："晋昌已袭奉恩辅国公，伊应得公爵恤典，著该衙门照例办理，任内一切处分悉予宽免，子祥林袭不入八分镇国公，二等侍卫。"因晋昌任崇文门监督时，有应赔银两扣俸尚未交完，呈请于公俸内按年减半接扣，经兵部奏入。上以晋昌历任各处，办事因循，不知振作，命按年全行坐扣，孙承熙袭不入八分辅国公。

——《国朝耆献类征初编》卷三一五

特依顺保

特依顺保，钮祜禄氏，满洲正白旗人。乾隆五十七年，由吉林前锋蓝翎长随征廓尔喀，有功，迁护军校。嘉庆四年，升委署前锋侍卫。

五年七月，以川、陕、楚三省教匪不靖，随右翼总兵长龄率师赴楚剿办。十月，追贼入陕，时襄阳白号贼高二、马五等屯聚洵阳之王家坪，我兵三路进剿，贼负隅抗拒。特依顺保带领马队抄上山梁乘势压杀，贼溃，复窜大坪，官兵由鲍家店截击追杀。

三十余里，歼擒无算。特依顺保受矛伤。越日，贼北走吉阳关，与官兵遇于白河之西坝，特依顺保督率兵勇首先抢上山梁，毙执贼目一，擒贼七十余，歼贼三百，叙功命升一等补用。

六年正月，追剿襄阳蓝号股匪冉学胜等于东西牛槽等处，斩级八十余。旋由小垭子一带迎剿高、马二逆股匪，遇贼于凤凰山，克之。三月，贼从白玉河向东折窜。特依顺保由波罗树狼渡碛，一路进击贼匪，蜂拥抵拒，特依顺保带兵驰杀，冲入贼队，生擒贼渠王凌、张什，歼贼四百余。寻升前锋侍卫。四月，侦贼由禅家岩向二郎坝奔逸，带领马步兵勇设伏龙硐沟左面山坳，袭其不备，并力截杀，执首逆高二、马五，殄贼六百余，生擒七百四十余，夺获器械无算，捷闻，赏奇成额巴图鲁名号。五月，襄阳蓝号股匪由洋县走黄安坝，侦从追击，大败之。六月，败贼于高唐岭。八月，迁陕西波罗营参将。九月，追剿襄阳白号股匪高见奇入川。十月，贼至通江铁厂河，势将西遁，特依顺保带兵由桂门关进剿，遇贼于蟒洞沟，击走之。十一月，移攻通江蓝号股匪于达州之刘家坝，毙贼二百余，复由亮垭子、周家沟一带跟踪，搜剿，生擒伪副帅朱印、冉添浩，伪总兵庞学禹孔季洪、张癸卯并贼目庞思宇、杨应学等十六人，余匪俘馘甚众。

七年，巴州白号首逆苟文明据花石崖，官兵并力仰攻，斩苟逆于阵。特依顺保在事有功，下部优叙。八年四月，搜剿老林零匪，进兵风硐岩。五月，追之于石塘坝。六月，败于十五丈沟。七月，由新开场大塘口白森坪一带搜捕，叠有斩获。八月，调山东莱州营参将，仍留军营。九月，贼由八里坪江口东窜，特依顺保领兵截击，败之于麻柳坝。十一月，升贵州大定协副将。十二月，丁父忧，回旗。十年，服阕，授头等侍卫。

十一年八月，宁陕厅新兵陈达顺等叛，陷城劫饷，延扰洋县、城固、石泉、鄠县、眉县、盩厔各境，特依顺保随钦差大臣德楞泰往剿。九月，取道洋县进山探剿，时贼由叙峪关南窜桃川。特依顺保偕参领吉勒彰阿、佐领巴杭阿分兵三路夹攻，战于良玉，奋力直扑，枪箭齐发，执伪先锋彭贵，歼贼二百，生擒四十六人。十一月，事平，回京。十二月，授西安副都统。十三年，授补甘肃西宁镇总兵。十四年，署甘州提督。

十八年九月，直隶长垣教匪倡乱，河南逆匪李文成等相继侵扰，陷河南滑县，分屯桃源、集道口等处。特依顺保随钦差大臣那彦成往讨。十月，进攻道口，毁其巢，大破之。适遇桃源援贼，我兵两面夹击，歼贼千，擒二百，下部议叙。十一月，长垣贼匪窜入封邱、延津、阳武一带，将西入太行。特依顺保带兵驰剿，贼北窜司寨，设伏诱之，击杀无数，奏入。得旨奖赉，并下部议叙。寻乘胜攻破司寨，首逆李文成与其党刘帼明潜匿高楼，特依顺保率众先登，枪毙贼目刘帼明，李文成自焚死，余党尽歼。叙功赏加提督衔，并给云骑尉世职。十二月，官兵直抵滑城，先于西城南角掘地道，密置地雷，乘机轰击，拔之。特依顺保从西门入，奋力歼击，执贼渠徐安帼，以功下部。城克复，命交部从优议叙。会陕西岐山县三才峡木厂匪徒万五等因木厂停工乏食，纠众滋扰。上命特依顺保移师会剿。

十九年正月，贼由斜峪关折窜桃川，分兵两面夹击，大败之。二月，侦知首逆龚贵与向小一在陇州东河桥会合，意欲窜走阶州。特依顺保取道利桥，扼其前路，克之，诛向小一，生擒龚贵及贼目龙维通等十一名余匪，斩获无算。捷闻，得旨："此次特依顺保歼擒首逆二人，并将余匪办净，甚为出力，适本日有黑龙江将军一缺，已降旨将特依顺保加恩擢补，仍著交部议叙。"寻事竣，赴任。七月，奏遣犯张贵芝幼孩黄九章同时逃逸，请一并缉拿。谕曰："张贵芝系免死强盗减等，发遣逃后拿获例应正法。至前锋爱里星阿自河南军营携来幼孩黄九章，既非缘坐之犯，又非该前锋契买家奴逃回原籍，尽可听其自便，该将军与脱逃犯一例开单具奏，太不晓事，著传旨申饬。"

二十八年八月，审办安徽省教匪王三保聚众敛钱潜赴黑龙江，王双喜配所寄送银两一案，鞫实入奏。谕曰："特依顺保奏，查明安省邪教余党潜赴黑龙江寄送银两,将各犯讯明,定拟所办甚好,特依顺保素未谙习刑名。此次查办王王氏等收受邪匪徒众,寄送银两,颇为详明。伊到任未久,免其失察之咎,仍加恩交部议叙,并赏给白玉翎管一个、四喜搬指一个、大荷包一对、小荷包二个,以示奖励。"十月,复以审讯王双喜同案遣犯刘文魁、阮朋龄,未经究出传徒情节,下部议处。

二十一年,以盘获形迹可疑人犯王俊,未将籍贯来历详细讯明、即时办理致令在押,乘闲自戕,降一级留任。二十三年,因打牲处云骑尉富敏与呼伦贝尔总管互相讼讦,请褫富敏职。谕曰:"富敏系从前获罪之人,并不安居生事兴讼,殊属不安本分,特依顺保仅将富敏拟以革职,殊属姑息,况富敏所控各案亦未讯明,即草率定拟具奏。特依顺保不胜黑龙江将军之任,著调补乌里雅苏台将军,仍交部议处。"寻议降二级留任。二十四年,授正蓝旗汉军都统。

道光二年正月,召来京,时以乌梁海附近游牧居住之哈萨克聚众千余户,奏请驱逐,并于西界增设卡伦,添兵防守,下所司议行。十月,授塔尔巴哈台参赞大臣。三年,调叶尔羌办事大臣。四年,复召来京。五年,授正白旗蒙古都统。六年正月,管理火器营事务。七月,逆回张格尔入卡滋事,诏令特依顺保赴阿克苏督办事务,寻署甘肃提督。七年,兼署西宁办事大臣。八年四月,授绥远城将军。九月,调黑龙江将军。十年,调宁夏将军。十二年八月,调西安将军。九月,调伊犁将军。

十三年十月,奏:"浩罕胡什伯克潜使入卡,请将哈萨克驱逐出境,意图收取马租,当即面加开导,谕以不得越界勒租,以杜侵吞而消边衅。"上韪之。十一月,奏请弛商贩鹿茸之禁,照例纳税,以资河工修费,上以商贩弛禁恐致侵夺蒙古食用之资,不可不防其渐,复命详查核奏。嗣奏言:"四爱曼蒙古等多以打牲为业,弛禁后所获鹿茸即可随时赴城售卖,断不肯被商民减价收买。至各爱曼向不准商民前往贸易猎户更不敢私打牲畜,实于蒙古生计无累而有益。"从之。十四年七月，奏伊犁沿边卡伦相离窎远，请令索伦、锡伯、察哈尔、额鲁特四营，每月派总管等官各带兵丁行查会哨，以杜私越而严防察。十一月，奏巴燕岱满洲营八旗佐领下请各添设壮丁三名，每名月给公费银一两以资训练，而裕生计，均如所请行。

十五年，授镶蓝旗汉军都统，仍留伊犁将军任。十六年七月，奏巴尔楚克等城办理屯田，并酌撤防兵事宜，如所请行。九月，因前在黑龙江将军任内浮放委官降二级留任。十七年正月，御史王藻劾奏伊犁将军门丁纵恣不法，命伊犁参赞大臣奕山查朋具奏。旋查明门丁郑天佑藉端需索，治如律。特依顺保失于觉察，下部议处。九月，以保送佐领乌林布、送部引见步射无准，降二级留任。十二月，军政届期，谕曰："特依顺保久历戎行，屡著劳绩，办理边务悉臻妥协，著交部议叙。"十八年三月，以擅用驿递，降二级留任。四月，入觐。谕曰："特依顺保简任伊犁将军有年，办理边防夷务诸臻妥协，著加恩赏加太子太保衔，授为内大臣，并著紫禁城内骑马，留京供职，用示优眷。"闰四月，授镶黄旗领侍卫内大臣，并阅兵大臣。六月，调正白旗领侍卫内大臣。

二十三年三月，调镶蓝旗汉军都统。五月，因病陈请开缺，允之。八月，卒。遗疏入。谕曰："特依顺保前在军营屡经出力，曾赏给巴图鲁名号，及云骑尉世职，嗣经简用将军都统等任，均能办理妥协。兹闻溘逝，朕心殊深悯恻，加恩著照都统例赐恤，所有任内处分悉予开复。"寻赐祭葬。

——《清国史》大臣画一续编卷四三

那彦宝

那彦宝，章佳氏，满洲正白旗人。祖阿桂大学士，公自有传。那彦宝由文生员擢三等侍卫。嘉庆四年二月，升二等侍卫。

五月，袭骑都尉，升头等侍卫，授奉宸苑卿。七月，兼尚茶正，充崇文门副监督。八月，兼公中佐领。九月，授镶蓝旗汉军副都统。十月，因天坛入班迟误，降头等侍卫。

五年五月，上念阿桂旧勋，以阿迪斯、那彦成均被遣谪，特擢那彦宝正黄旗汉军副都统。时蒙古请将老河南北两岸指地迁换，作为公中牧厂，命那彦宝往勘。寻偕札萨克多罗郡王索特纳木多尔济奏曰："蒙古所欲迁换者，因其地距水相近，牧厂生计攸关，固属紧要，但老河两岸种地之民户口过多，迁移未便，惟老河对岸顺坡斯板、囊金哈抬两处户口尚属稀疏，拟将此处概令撩荒，作为牧厂，并令三座塔税员及该旗札萨克等，将所指都沁他拉之地，按亩加三公同拨换，实属两有裨益。"允之。十月，调镶蓝旗满洲副都统，授内阁学士兼礼部侍郎衔。旋兼上驷院卿。十一月，擢兵部右侍郎。十二月，袭一等轻车都尉。

六年正月，署理藩院右侍郎。四月，调兵部左侍郎。六月，永定河决，命偕武备院卿巴宁阿前往驻札东岸，户部左侍郎高杞、工部右侍郎莫瞻菉驻札西岸，分投督办。高杞等寻回京，那彦宝与巴宁阿专事堵筑，嗣以被淹九十余州县，奏请照乾隆年间江赈等例抚恤，下部议行。七月，调工部左侍郎仍留工次，时芦沟桥水势陡长二尺余，拟于南北两岸漫溢处先筑土堤，请发帑一百万以备购料，其附近地方百物昂贵，例价不敷，请暂照市价购办，从之。复奏长新店一带散赈情形，上命于京仓再拨米二千四百石交那彦宝等设厂赈济。

十月，奏大工合龙。谕曰："本年芦沟桥一带决口四处，派那彦宝等堵筑并将下游淤塞设法疏浚，雇集人夫五万有余以工代赈，兴工后天气放晴，水势渐退，办理两月余，漫口全行合龙，河复故道。那彦宝遇事虚心筹划尽善，不愧阿桂之孙，著加恩挑为御前侍卫，仍交部议叙。"时莫瞻菉查勘直隶总督姜晟所挑牤牛河等工，甫及一载，尽属沙淤，奏请暂缓题销，得旨交那彦宝查奏。寻勘得牤牛河长一百四十七里，自金门闸至米各庄二十里淤成平陆，缘金门闸口宽二十余丈，牤牛河宽止五六丈，分泄不及，加以盛涨沙停，遂至淤塞，承办各员虽无草率情弊，但未便遽请题销，应饬按原挑尺寸妥为疏浚，允之。十二月，署仓场侍郎。

七年二月，奏言："永定河南北两岸及三角淀等处，自前督臣刘峨加培后，十余年来日行卑薄，且经上年异涨冲决，残缺尤多，择其必不可缓者计长二万七千余丈，当饬永定河道妥为办理，惟石景山及两岸附近尽是沙砾，必须数里外取用好土，其盖顶镶帮仍须胶土封护以资巩固，且此次加培后，尤须预定章程，随时修理。因饬令制单轮土车一千两，计一车所运可抵三夫肩挑之数，将来按工段之险平，定车数之多寡，分溜各汛遇有残缺，随时补筑入奏。上年工次需人较多，曾招集灾民、佣工代作，卢沟桥一带需用匠役居多，所雇人夫只可挑水挖土，见有二万余人，已足敷用。"上以多用一夫，即少一饥民，如可增添仍当悉心筹划。四月，奏请加增永定河岁修银五万六千两。五月，工竣。六月，调兵部左侍郎。十月，南河唐家湾漫口，命那彦宝前往查勘。十一月，偕河道总督吴璥筑挑水大坝，复于坝尾接筑护堤四十丈，遏住全溜，随即堵塞。十二月，云南巡抚初彭龄奏参滇省维西军务动用司库银两，藩司陈孝升、迤西道萨荣安通同舞弊，命偕大理寺卿章煦前往查办，寻署云南巡抚。

八年二月，抵任。谕以实心办理，勉法汝祖。三月，查明陈孝升经办黔省兴义军需洒销那补于例不合，萨荣安支放军需所扣平余为报销，时弥补之计，殊属错谬。保山县知县杨跃鳞藉运军粮派累滋扰，俱应论罪如律入奏。云南各县交代迟延踰限者四十六案，例应革职者四十九员，降调者二十四员，概行参劾，则滇省几至一空，奏恳姑予留任，勒限严催。又奏宁台厂未经揭煎之紫板铜，原定六九成色，拨给各省采买，各省委员以铜质厚黑屡请改拨，陈孝升遂将尖山厂铜斤私行换给，所存宁台厂低铜五百余万，煎验仅六三成色，俱由承办官员短扣工本所致，应著分别追赔，至煎净尚须时日，委员未便久稽，请仍以尖山厂铜先行拨给，俱允之。

七月，回京兼署户部右侍郎，管理钱法堂事务。九月，河南衡家楼漫口，命偕礼部尚书刘权之驰往勘办。值上游秦家厂险工叠出，赶紧抢筑截住横流，随即相度坝基展往迤南，并酌挑引河，俾得吸川之势。

九年三月，合龙。谕曰："那彦宝虚衷集议，不辞劳瘁，实属可嘉。伊本袭有一等轻车都尉世职，著加恩给又一云骑尉世职，仍交部议叙。"七月，调户部右侍郎。十年三月，诏以成亲王敬书圣制文，并墨刻四种赐之。六月，永定河北岸二工漫溢三十余丈，又下头工河堤蛰陷二十余丈，诏往查办，奏言北下头工及北二工已先后合龙，其汉口七处已全行完竣。所有工次采办物料堵筑水口、旱口银两著落各官分赔，允之。寻转左侍郎。十月，命查勘苇子峪山路情形，先是马兰镇总兵丰绅济纶奏称，苇子峪山路窄狭，必须錾凿方能行走。十一月，那彦宝以峪内那移树枝錾凿山石，恐于陵寝风水有碍，奏寝之。

十一年正月，调工部左侍郎。寻授泰宁镇总兵兼总管内务府大臣。三月，奏西陵白椿界内，间有居民改建房屋，查于风水无关，准将红白椿分别那进。十三年六月，因失察西陵总管盛住贪冒侵欺，降头等侍卫。十月，充阿克苏办事大臣。十四年，奏言回疆生齿既繁，案牍日多，请将伊犁废员拨归乌什、阿克苏各一员帮办刑名事务，允行。

十五年七月，调叶尔羌办事大臣。八月，授镶白旗汉军副都统，仍留叶尔羌任。十六年二月，调塔尔巴哈台参赞大臣。十一月，授镶蓝旗满洲副都统。十二月，兼镶白旗护军统领。十七年八月，以喀什噶尔钱局舞弊，那彦宝因家人得授陋规，下部严议镌秩。九月，赏二等侍卫，在大门上行走。十二月，授正红旗蒙古副都统。

十八年正月，兼正白旗护军统领。二月，授泰宁镇总兵兼总管内务府大臣。值泰陵宝城墙身朕裂,命前往详细估勘,会同总管内务府大臣苏楞额敬谨承修。先是,吏部左侍郎凯音布、礼部左侍郎哈青阿奏称:"开工后复加详勘,应修者尚多。"那彦宝查明凯音布等所报不实,奏请议处,从之。并以将事敬谨赏戴花翎。十九年,授理藩院右侍郎兼正蓝旗满洲副都统。闰二月,调工部右侍郎。三月,署仓场侍郎,授总管内务府大臣。五月,调刑部右侍郎。

六月,转左侍郎,命偕吏部尚书章煦前往运河查勘水势,兼查金乡匪徒滋事。七月,奏参山东吏治废弛,地方凋敝,实因抚臣同兴,不能整顿,相率因循,藩司朱锡爵徇私废公,济南府知府凝图声名狼藉,一味姑容金乡匪徒李义等挟捕役访拿之嫌,纠众拒捕,均请按治如律。先是睢汛二坝漫溢,值滑县用兵,工程暂缓,至是命那彦宝赴工堵筑。九月,兴工。二十年二月,工竣。三月,偕升任河道总督吴璥、河道总督李鸿宝、河南巡抚方受畴奏言,睢工自合龙以后,可庆安澜惟查大坝系柴土新工,日久不免平蛰,尚须多加重土量为培高坝后,应赶浇土,饿始有后靠并亚于大坝,南首接筑柴土二坝,以作重门保障东坝,下首尚须赶筑挑坝二道,以防溜近隄身,其南北大隄经料车往来碾压,多有低洼,亦宜修筑平整,允之。

七月,署户部右侍郎兼管钱法堂事务,并署正白旗护军统领。九月,以山西雁平道福海、朔州知州明祥互相禀揭,命偕吏部右侍郎帅承瀛前往审办。查出福海于差役得赃实系失察,惟倒填革役日期,究属含糊,应请革职。明祥办理门牌草率,考取武生,事后受财不知洁,已请发往乌鲁木齐效力赎罪。二十一年二月,署镶黄旗护军统领。六月,授户部右侍郎兼左翼总兵。二十二年三月,管理圆明园事务兼军政大臣。七月,御史宗山奏获民人石禄聚众敛钱,纠约太监人等入会。谕曰:"步军统领等于所辖地方,漫无觉察,均属咎无可辞。那彦宝人尚明白,仍留左翼总兵之任,交部议处。"七月,授镶黄旗护军统领。二十三年,访拿奸商运米、私宰马匹、传徒习教、造卖赌具等案，又拿获随营诈差勒索人犯，得旨以缉捕认真，任内处分，加恩开复。

二十四年七月，永定河北二、南四，二工同时漫溢，命偕吏部尚书吴璥分工专办，嗣因北岸上头工漫口三百余丈，掣动大溜北二漫口汇归一处，南四工已水浅挂淤。谕令："吴璥会同督办北上头工，以期同心共济。"旋偕吴璥奏言："北上隄工旧隄弯曲而下，形如弓背，此次冲成缺口，若照旧进筑，不特兜溜吃重，且恐将来一遇盛涨，尤为可虞，因将东西坝头两相针对进占时，逐渐取直，工段可省，河势亦顺，其补修各工挑挖引河，亦复同时赶办，请拨银十万两以备工用。"允之。九月，永定河合龙，下部优叙。十月，命偕吏部尚书戴均元前往河南武陟查勘坝工，那彦宝留驻马营坝，会同吴璥督办。

十一月，奏言："前赴王家沟口门察看大溜水势，尚属平缓，惟引河工段绵长，挑挖亦需时日，且进占以集料为先，而两坝运储稭料仅有一千余垛，近处俱已购尽，必须于更远地方采买。计料一垛需车二十五两，往返即须半月，见在多方设法，俟聚二万垛，方足应用。查前次各工木处料物不敷，俱由邻省接济，请于直隶、山东、江南与豫省连界者采办各千垛，委员交武陟工次。"从之。二十五年三月，奏报合龙。谕曰："上年马营漫口，当派那彦宝、吴璥会同叶观潮、琦善筹办，该处土性沙松，水深至十二丈余尺，引河至八百余里之长，购料至二万数千垛，发帑至一千二百余万之多。自十一月兴工至本年三月金门断流，那彦宝实心办理，尚为迅速，著补授镶蓝旗汉军都统，即取道山东回京复命。"旋因南岸仪封三堡复刷成漫口，续塌一千三百余丈，上以那彦宝于北岸合龙后迟延十余日并不迅赴南岸速为筹办，革去都统，降补内阁学士，署河南巡抚。

四月，授正红旗满洲副都统。五月，卸巡抚任。因保奏议叙人员滥用超等、特等字样，并请以守制道员严烺豫补徐州道，俱属违例，部议降调。上加恩改为降三级留任。七月，署镶白旗护军统领。八月，仍赴豫办工。十一月，迁刑部左侍郎。十二月，充经筵讲官。

道光元年，调吏部左侍郎，署左翼前锋统领。二年正月，京察届期，上以那彦宝先后办理河工不知洁己，声名平常，降头等侍卫。五月，调科布多参赞大臣。三年三月，署喀喇沙尔办事大臣，奏定民人与蒙古交易章程。十一月，奏商人所领货物，须用将军参赞印票注明，方许在城售卖。从之。四年四月，召来京。寻以前在刑部于拟流官犯候际清呈请赎罪，失察官吏得赃，率行画诺，降四级调用。七月，赏蓝翎侍卫。

六年三月，授通政使司参赞议。七月，库车回匪滋事，赏头等侍卫，充库车办事大臣。七年十月，授喀什噶尔参赞大臣。十二月，调塔尔巴哈台参赞大臣。八年二月，偕阿克苏办事大臣长清奏言："阿克苏、库车存储之粮，原为暂留防兵接济，今首逆就擒，所需口粮无须运往，查所存粟米不堪久储，且本年豁免之粮见应买补，请将所余之米即照应买之数划出，以备支放。"从之。五月，奏言："塔尔巴哈台所设备卡伦俱为诸夷交界，守御、巡防均关紧要。侍卫等初至口外，人地生疏，一遇有事往往添派驻防人员办理，至情性稍熟，又值派代之期，往返路途徒滋糜扰，而于防守均无实益。见在伊犁者十一员，在塔尔巴哈台者八员，请全行裁撤，俱改由本处驻防官内拣选小心干练者，派令接替并请暂戴花翎以壮观瞻。"如所请行。十一月，授绥远城将军。十年，调成都将军。

十二年，宁远府界曲曲乌，窝石等支生夷出巢焚劫，清溪县属松坪土司马林因改土归流，主使夷人滋事，其党马应明等分投马烈场、唐家坝等处焚抢，那彦宝偕总督鄂山、提督桂涵剿贼于羊脑山，追至老瓦岩，杀贼甚众。马应明复与马林纠集四千余人齐集儿子山扑袭大营，那彦宝等麾兵追逐，贼渐遁去。十三年二月，督兵在峨边堵截，又饬建昌镇坚守大树堡。嗣闻山后香树顶有贼屯聚，移兵往剿，贼匪据山掷石，督兵三路并攻，贼逃窜。

三月，桂涵卒于军，那彦宝兼署提督，进兵马梁山等处，贼蜂拥扑营，我兵枪炮齐施，奸毙无算，贼势渐窘。逆首罗木则等始出投诚，随将马林所属夷堡十一处烧毁。时上已授杨芳四川提督，前往接办，命那彦宝来京。四月，移营大树堡，驻扎狮子山梁，擒获马林于黑吗溪，余匪抵死抗拒，调兵进剿，屡有擒斩，奏入。上命杨芳赶赴大营，迅速蒇事。七月，来京署正黄旗蒙古都统。九月，得旨："那彦宝年逾七十，著以原品休致。"十八年，因前管理奉宸苑失察，那移掛欠钱粮，部议革去顶戴。二十三年，卒。

——《清国史》大臣画一续编卷四八

祥　康

宗室祥康，正蓝旗人。嘉庆四年，玉牒馆议叙，以宗人府笔帖式用。十四年，补七品笔帖式。十九年，署主事。道光四年，升副理事官。五年，升理事官。六年，充杀虎口监督。八年，京察一等记名，遇缺题奏。九年五月，升光禄寺少卿。九月，授归化城副都统。十年，署绥远城将军。

十二年正月，调盛京副都统。二月，授盛京刑部侍郎。八月，偕将军奕颢等奏言："五部暨将军衙门司员每逢京察，甄劾甚少，即保列一等亦不甚为轻重，缘调京后不准随带本处一等司员升至郎中，即少升途，遇有四五品京堂缺出，虽准夹单开列，而名次最后，似次进转无偕，难资策励，拟请嗣后保列一等者，照在京各衙门例咨送吏部，带领引见，以备简用。"下部议行。十四年五月，调刑部右侍郎，授镶白旗蒙古副都统。九月，充编译，乡试副考官。

十月，密云县驻防马甲乐海等控副都统佈勒亨扣饷盖房等情，上谕祥康前往查办。寻奏言："兴修各工尚系以公办公，惟该副都统于公送扁额并不退还，又不将衰老之员随时参劾，请交部议处。"十二月,调镶黄旗满洲副都统。

十五年二月,擢黑龙江将军。闰六月,调吉林将军。先是盛京将军夹经等会奏,奉天围场查禁鸟枪并沿边防范,各章程谕祥康将吉林围场一律查禁。十一月,奏言:"吉林旗人素多打牲为业,除严禁私枪并私造外,恐不肖旗人或将本身錾字鸟枪租与杂项丁民,则偷打之弊仍不能尽绝。应遵此次章程覆办至严,禁借给奸匪口米一条,吉林围场北边系通京大路,农民稠密,如有偷打牲畜者,本家即可密备口米,虽有腰牌,并无边隘查验,惟有晓谕挨近围场旗民人等,凡携带鸟枪斧锯,形迹可疑者,不准卖给口米。再奉天围场与吉林围场毗连处所,以伊通河为界,西岸奉天设那丹保卡伦,东岸系吉林伊通卡伦,其间止隔一河,巡查自无疏脱,毋庸另议防范。"上如所请。

先是,祥康偕副都统哈哴阿奉命查阅山西、陕西营伍,嗣经山西巡抚申启贤奏劾参将守备等员,并称各营多虚报弓力、鸟枪、抬枪或有全未到靶者。上以祥康等较阅时搪塞了事,殊失整饬营伍之意,下部严议。寻夺职,以四品顶戴授盛京副都统。十六年四月,署吉林将军。上以双城堡地方有锦州等城旗丁私赴耕作,命祥康等查明具奏。旋偕副都统咸龄会奏:"双城堡京旗房地分定准数,均有界址,锦州等城旗丁私行来堡谋食,其充丁者系顶任地丁,并无佔碍。请嗣后每年由熊岳副都统饬谕锦州等城,该管官造具细册,咨各该衙门随时稽察,分别咨覆以杜牵混。"谕曰:"行之既久,难保无内地民人潜往该堡影射牵混,应严禁止。"

七月,覆奏:"双城堡地方该旗丁渐招有眷民人甚多,如不早为查禁,必碍旗人生计,应请照道光二年奏定章程,旗屯界内除雇觅只身民人不禁外,如有携眷居住者立即驱逐,其内地只民人亦必系实在雇于旗人佣工者,方准留住。"从之。十七年,复授吉林将军。十八年三月,奏请将双城堡协领一缺挑为满洲额缺,不以蒙古、汉军人员充补。具佐领以下等官仍照原定章程,允之。又奏言松花江新设漂河、渡马河卡伦，添派官兵防守，若口粮不足难重责成，请于吉林库银生息间款项下拨银二万两，发商生息，分别动用，如所请行。闰四月，奏防护参山应将漂河卡伦移于漂河沿封堆旁，渡马河卡伦改设于法必拉，再于木钦河沿烽密营添派卡伦，以资稽查。又奏："乌拉垦地以西有二道河卡伦，请移于蜂蜜场花园山北，堇草顶子安设，以资防范。至馒头顶子卡伦与囤山卡伦相距七十里，稽查难周，请将乌拉垦地以北古井子卡伦移于拉林河沿两河口地方安设，以期严密。"得旨允行。八月，以保送吉林官兵弓马不堪，降三级留任。

十九年，奏凉水泉封禁官荒内，见经派员往查有窝棚二十六所，各有开成熟地一晌、半晌不等，其人早经逃匿，无凭查缉。已将窝棚地亩概行烧毁，并查凉水泉、堇草顶子、两河口三处均无坐卡员弁，请将失察之乌拉总管德楞额、协领果兴阿并旷班各员交部严议。谕曰："凉水泉官地久经封禁，近有奸民潜入私垦，可见该员往查不严，著该将军严查妥议章程具奏。"二十年，伯都讷副都统巴雅尔，劾祥康于进京当差官兵十名私令阖省官兵摊银帮帖，每名岁给二百两。上命祥康明白廻奏。

寻覆奏："前据十旗协领等禀称，吉林官兵进京当差之员，人地生疏，度日拮据，拟每年按名接济银二百两，俟二三年安居得所即行裁撤，所需银两于通省官兵，按照俸饷多寡捐资帮助恭查圣驾巡幸。盛京、吉林官兵随营当差，皆系通省官兵捐摊帮助，而见在挑选官兵又系伊等桑梓骨肉，且每人所费无几，遂咨行各副都统衙门，亦皆愿照办理。"上以其办理荒谬，下部严议，拟议褫职，上加恩赏蓝翎侍卫，充库伦办事大臣。谕曰："兵丁例得饷银，皆关生计。若滥行摊扣，不免苦累，著署将军禄普、副都统辑瑞查明所扣饷银实数，于库存项下按名给是所垫银两，著于祥康名下追赔还款。"二十二年，以病陈请开缺，回籍调理，允之。二十三年，卒。

——《清国史》大臣画一续编卷五〇

彦 德

彦德，闾札氏，满洲正蓝旗人。乾隆五十三年，由文举人袭云骑尉世职。嘉庆七年，授印务章京。十一年，兼公中佐领。十二年，因失察马甲勇顺逆伦不法，革公中佐领、印务章京，仍留世职。十五年，复授公中佐领。十六年，复授印务章京。二十二年，升副参领。

道光二年，升参领。四年七月，擢镶红旗蒙古副都统。九月，充塔尔巴哈台参赞大臣。五年，因监犯潜逃，下部议处。七年九月，奏请调剂卡伦事宜，略言挚生厂马匹多有口老者，每遇草枯之时倒毙甚多，因例无豁销，生计不免拮据，请照伊犁奏定章程。自道光八年起，所收马驹牛犊，另厂牧放，遇有差拨不敷一体拨用，俟及岁时儿马牝牛仍照例归入备用，厂外其骒马、乳牛及岁后再取之挚，即赏给穷苦之察哈尔、厄鲁特以资谋生，俟生计稍裕，仍归入挚生厂照例取挚，至厂马口老者九百四十余匹，不惟不能取挚，徒多倒毙，并请赏给额鲁特蒙古，于公私均有裨益。又塔尔巴哈台一带系通乌鲁木齐、伊犁大道，向设军台五处，仅设委笔帖式三员、领催二名、兵丁数十名，防范难周，请于雅玛图、沙喇、霍洛素之间，三月雪消后，东西设布克伸二处，每处添派官一员、满洲营兵十名、额鲁特领催二名、壮丁二十名，以资巡缉。九月，撤回。如果始终奋勉，给予奖励。倘缉捕不力，藉端滋事，即从严惩办，均如所请行。

十二月，擢乌里雅苏台将军。九年二月，疏陈乌里雅苏台四事：一、动拨驼只添买米面，以济兵食；一、照旧章设立碾磨；一、酌留员弁以敷差委；一、拨发通钞。谕旨以符体制，从之。九月，以科布多参赞办事司员于贝勒奇默特多尔济呈报，偷窃骒马等件印文，并不查讯，辄将原文驳还，又参赞额勒锦在土尔扈特、乌梁海差次于应办马匹，携带茶布往换，藉势扰累等款，彦德未能亲查，以致该贝勒渎控不休，自请下部严议，部议降三级调用。上加恩，改为留任。十年正月，奏言："乌里雅苏台差务繁多，弁兵不敷差遣，所有换防兵弁，请照科布多两班更换之制，本年换防时留弁兵一半，再届换防时将此次所留兵弁全行更换。其留驻把总外委，每次不得过三人，兵不得过十人，每届保举之年，马兵内保外委六员，实缺外委内有奋勉出力者，保把总一员，以示鼓励。"九月，奏："乌里雅苏台卡伦迪南，瓮棍乌拉杆地方出产金砂，近有内地民人刨挖，请添设卡伦二处以资稽查，并请敕下陕甘总督转饬附近卡伦之金塔厅、高台县等处地方官严禁无业贫民出境刨挖金砂。倘有私出境外者，并将失察地方官一体查参。"悉如所议行。十月，召来京。

十一年八月，署理藩院右侍郎。九月，充满洲翻译，乡试正考官。十一月，授镶红旗汉军都统。寻充右翼监督，赐紫禁城骑马。十二月，授绥远城将军。十五年，奏言："绥远城官兵户口日增，每年额领红白事件赏银不敷支放，请将大青山后马厂地租余存银四万余两内拨二万两，由归绥道发商生息，除每年以一千二百两归款外，余银作为该处兵丁红白事赏银，以示体恤。"上是之。十七年，入觐。上以彦德年逾七旬，命留京署镶蓝旗汉军都统。十八年五月，授正红旗蒙古都统。九月，卒。遗疏入。谕曰："彦德内外供职宣力多年，著有微劳，兹闻溘逝，殊堪轸惜！任内一切处分悉予开复，应得恤典，该衙门察例具奏。"寻赐祭葬。

子景复，兵部笔贴式；景廉，军机大臣、工部尚书。

孙治麟，翰林院庶吉士。

——《清国史》大臣画一续编卷五二

棍楚克策楞

棍楚克策楞，博尔济吉特氏，满洲镶黄旗人。父富连，散秩大臣。棍楚克策楞由六品荫生，于嘉庆十五年授散秩大臣。十九年，授正白旗蒙古副都统。二十年，历署正蓝旗护军统领、满洲副都统、正黄旗护军统领、镶红旗满洲副都统。二十一年，历署镶红旗护军统领、镶白旗汉军副都统，擢察哈尔副都统。向例立决人犯，及秋审勾决部文，行至各省，适遇正六十等月停刑，期内该刑部衙门均严密封存，俟过期办理。是年察哈尔以十月内奉到部文，遽将绞犯萨拉图处决，降三级留任。二十二年三月，以失察总管策伯克扎布等藉称公用摊扣弁兵俸饷，下部议处。十月，都统松筠奏请将张家口三旗协领作为委前锋翼长加给翎枝，并请添设前锋、参领、前锋校等官，棍楚克策楞扶同具奏，上责其随声附和，命革去副都统，回散秩大臣任，仍罚俸三年。十一月，入觐，以晓晓申辩。谕曰："内外大臣代属员乞恩，经朕降职饬驳议处，从未闻敢有怨及君上者，况寻常小事不遂所请乎？棍楚克策楞于召见时晓晓剖辩，并称伊因此奏获咎，众人代为抱屈，感伊之恩，转使怨归于上，其意总自以为负屈，而巧讬其词于属员之口，居心实不可问。况痛哭流涕，指天誓日，实属胆大狂妄之极，著照部议革职，交该旗王大臣严行管束。"二十五年，赏蓝翎侍卫，守护昭陵。道光六年，召来京，仍在蓝翎侍卫上行走。九年，迁三等侍卫，充喀拉沙尔办事大臣，寻调英吉沙尔领队大臣。

十年八月，回部余匪复倡乱，安集延匪徒犯英吉沙尔城，棍楚克策楞收集各卡伦军台及在城官兵民勇严密防守。十一月，贼以环筑炮台、潜穴地道，俱被官兵堵御，复由西北引水灌城，水深三四尺，棍楚克策楞督率兵勇运土填护，适大冻冰结叠次乘夜渡濠，袭破贼营，围乃解。十一年，事平。经扬威将军大学士公长龄保奏，赏头等侍卫。十四年九月，召来京。十一月，赏副都统衔，充塔尔巴哈台参赞大臣。十二月，授镶白旗蒙古副都统。时乌梁海潜入，居住之哈萨克被逐，迁出者已二千余户。惟依扎噶土六百余户，藉词不敢西去，转向东移花额尔济斯乌兰胡素地方，已迁之哈萨克亦尚逗留观望。上命遴委干员迅往科布多会同该大臣等查办。

十五年，迁内阁学士兼礼部侍郎衔。十六年正月，以塔尔巴哈台铺商耕户多系山西、陕西、甘肃客民，与蒙古贸易及戍兵游牧相安无事，已历七十余年，惟离本省甚远，顾家不遑，奏请照回疆例，凡属开铺种地、立有产业者，准命携眷就养，以顺舆情而安生计，如所议行。五月，擢镶蓝旗满洲副都统。十七年十月，召来京。十二月，升绥远城将军。十九年九月，调黑龙江将军。十一月，入觐，赐紫禁城骑马。

二十年，以御史瑞时奏吉林地方渐染浇风，官民相缘为奸，并得规包庇各款，命由京赴黑龙江，道经吉林，明查暗访。寻疏言吉林商贩绸缎布匹等件例于旗民衙门具有，并无违禁货物，甘结始准出售。其山东、福建客民均系挖参、伐木及手艺谋生，相安已久，惟遣犯沟同小铺户开设赌局，经将军等任听兵胥朦护，未能去除净尽。且该同知办理旗民各案，本年有百余件未经审结，亦属晏安怠玩，请将协领魁福、同知庆年交部分别议处，允之。二十四年，以失察传习邪教案内军犯海康之女在配潜逃，革职留任，复以保升引见之骁骑校星保、领催明库善箭射无准两次，下部议处。二十七年，卒。遗疏入。谕曰："黑龙江将军棍楚克策楞历任将军以来，办事勤慎，见在病故，殊堪轸惜！著加恩加太子太保衔，准其入城治丧，任内一切处分，悉予开复，应得恤典，该衙门察例具奏。"寻赐祭葬，予谥简慤。

——《清国史》大臣画一续编卷五〇

嵩 溥

嵩溥，伊尔根觉罗氏，满洲正蓝旗人。父富纲，云贵总督，自有传。嘉庆四年，嵩溥由荫生引见，以主事用签分户部。八年，补官。九年，升员外郎，旋调礼部员外郎。十一年，玉牒告成，嵩溥以曾与纂辑，议叙赏加二级。十二年，京察一等，引见记名以道府用。十四年三月，升郎中。八月，授陕西潼商道。十九年，署按察使。二十五年，升江西按察使。

道光元年二月，调湖南按察使。八月，署布政使。九月，迁广西布政使。二年三月，护理巡抚。闰三月，奏审明会匪韦艳袍等纠结拜会情事，按治如律。又奏请将距省较远太平泗城、镇安三府所属军流等犯归左江道审转，百色、武缘两处人犯归右江道审转，从之。三年，调江西布政使，仍署广西巡抚。四年，奏秀峰、宣城两书院经费不敷，请将膏火余存银两置买田亩，所得租谷粜价藉资添补，如所请行。

三月，护理江西巡抚。五年九月，擢贵州巡抚。十月，查办江西各属仓谷，奏准缺谷一万石以上限三年，五千石以上限二年，一千石以上至数百石者，限一年补足。六年，奏请筹办苗疆保甲，上韪其议。七年，奏严拿匪徒，酌议办理章程，疏言："贵州地僻山深，向有红尚、黑尚两种贼匪结党行强，民遭扰害，甚至句结外来游民盘踞各州县交界，出没无常。若派委员弁分往查拿，势必闻风远遁，除州县地方侦有匪徒踪迹，迅速查拿外，其远乡僻壤地方官耳目难周，民人应责成乡约保长，苗人即责成土弁寨头，实力稽查，遇有为匪之人、窝匪之家，密行报官，立时拿获究办，其各府厅州县交界及与邻省接壤，严饬文武员弁会同邻封设法协缉，不使一名漏网。然此等匪徒与其惩创于既犯之后，不若严禁于未犯之先，查近年直省究办匪徒有锁系铁杆之例，分别惩治。嗣后，黔省办理抢窃等案，如有冒顶大五、小五名号，除犯死罪仍从重科断外，其军流罪无论为首为从均于本罪上加一等治罪，若罪止枷杖，著于枷责后锁系铁杆一枝，定限一年，如能改悔，准予释放，若不悛改，加等治罪。"上从之。三月，会同云贵总督阮元、贵州学政许乃普奏请添设郎岱厅学校学额十名，廪增八名，将永宁州学正移驻郎岱厅学。

四月，奏兴义等处，入官苗田于嘉庆三四年勘定后，陆续招佃领种，至嘉庆八年始收齐租谷。自八年起，照次年夏收中米价值变卖，解存藩库，以为兴义等处支发土弁工食之用。十一年，奏请黔省夫役之法有驿各处所设立夫头，令民、苗择殷实勤慎者公举充当，遇有差务由地方官立定章程分别传示，将价发给夫头承领雇募，夫头等如有滥索、多派书役扶同科敛，一经查出，即照蠹役吓诈例治罪。十二年，会同云贵总督阮元奏同仁府属之磐石司巡检系属闲员，黎平府属之锦屏县幅员褊小，亦属冗滥，请裁汰以昭核实，锦屏所管地方拨归开泰县管理，向设学额六名，仍旧作为锦屏乡学，归开泰县考试，原设教职二员，请裁去训导，仍留教谕以资训课。锦屏地方民、苗杂处，稽查巡防未便乏员，请将拟裁之。磐石司巡检移驻锦屏，以资弹压，改为锦屏乡县丞，先后奏入，均如所请行。

十三年七月，以古州、都江二厅上年被水较重，奏请赈恤，诏如所请行。九月，授漕运总督。十四年二月，命暂缓赴漕督任，即行来京陛见。五月，暂署兵部左侍郎。六月，补兵部右侍郎。七月，转兵部左侍郎兼正蓝旗汉军副都统。八月，授热河都统。十五年三月，奏腿疾举发，请开缺调理。上以热河都统事简，尽可照常办理，不必开缺。十一月，奏参建昌县知县毓祥缉捕无能，请即革职。允之。十六年，讯明翁牛特在旗镇国公桑噶巴拉呈控扎萨克多罗郡王喇特那济哩第各款究出贿嘱各情，请暂将翁牛特在旗镇国公桑噶巴拉革去公爵，彻底根究，得旨允行。十月，奏查明古北口八旗，夏秋二季本色兵米应采买七千石，以资支放。

十七年二月，奏查明围场树木被斫情形，请将扶同弊混之翼长伍尔图、防御穆栋阿一并革职，以示惩儆。又奏围场章程四条：一、围场地方辽阔，请饬令附近围场之蒙古扎萨克派员不时巡逻，以昭慎重；一、围场官兵获犯起出木植、鹿茸等物，例准充赏，往往有偷牲斫木之犯从中影射，冒为充赏公行售卖，应请将该官兵充赏之物，每月汇报该总管以备稽查；一、围场附近地方，每有奸民开设客店窝藏匪犯，应请严行驱逐、惩办以清盗源；一、围场被斫树木，查有根盘，请责成该总管履勘查明，徧加印烙，不时稽查，以杜偷窃匪犯以新混旧之弊。从之。

三月，调福州将军。十九年九月，召来京。十月，奏筹议查拿贩运鸦片章程：一、外洋事宜先设法访查，以杜偷越；一、口岸宜分别稽查，以杜偷漏；一、水陆宜更相严禁，以专责成；一、关口宜令委员亲自查验，以杜夹带。十一月，奏："严禁内地奸民偷运烟土接济夷船水米巡缉兵船，得规买放代为迭运，是奸民一日不除，夷船一日不断。惟有督饬沿海员弁实力严拿，俾夷船难以寄椗，以靖海洋。又福建海洋盗劫，仍属时有，商船惮于畅行，于税课大有关系，应饬沿海水师各营汛弁实力截拿，加重惩处，庶于海洋关税两有裨益。"疏闻，上可其奏。十一月，调绥远城将军。二十年，命以原品休致。二十六年，卒。

子，昆寿，原任兵部员外郎；昆嘉，礼部笔贴式；昆联，候选笔帖式；昆虔，兵部笔贴式。

——《国朝耆献类征初编》卷三二五

色克精额

色克精额，佟佳氏，满洲镶蓝旗人。由翻译生员于乾隆五十八年补太常寺读祝官。嘉庆四年，赏戴蓝翎。五年，升寺丞。六年二月，京察一等，以直隶州抚民同知用。四月，选刑部主事，命改礼部主事。十一月，赏五品顶戴，并换花翎。七年四月，选福建漳州府抚民同知，经太常寺奏请留京供职。得旨，以礼部员外郎即补，仍在太常寺读祝官上行走。九月，充旧太仓监督。十一月，补官。九年，充海运仓监督。十年，随扈恭谒祖陵，敬谨执事，赏四品顶戴。

十一年四月，升太常寺少卿。十二月，兼公中佐领。十五年，升太常寺卿。十八年四月，擢内阁学士兼礼部侍郎衔。寻补正红旗蒙古副都统，兼管太常寺卿事务。七月，因迁官称贺，经步军统领吉纶劾奏。谕曰："色克精额迁官称贺已属多事，乃于城外戏园排日张筵敛取分金，罔知自爱有玷朝班，实属卑鄙，著先行开缺，仍交部严加议处。"寻议褫职。得旨。色克精阿向充读祝官仪节尚娴，著前往教演东陵、西陵赞礼郎，若尽心教肄，安静无过，再降谕旨。十月，上以色克精额平日办公尚无遗误，授太常寺少卿。十九年，以礼部尚书成龄互移贤良祠牌位，色克精额未经阻止，部议夺职。上加恩以六品赞礼郎用。二十年，复授太常寺少卿。二十二年，升太常寺卿，旋因呈进清文则例抬写错误，仍降为六品赞礼郎。二十三年，赏给三等侍卫，仍兼读祝官。二十四年正月，升二等侍卫。二月，复授太常寺卿。寻升内阁学士兼礼部侍郎衔并管理太常寺事务，仍署太常寺卿。三月，以读祝敬慎，赏还花翎。四月，兼正白旗满洲副都统。五月，祭地坛，赞礼郎清安泰导引失次，色克精阿以不慎选派，革职留任，拔去花翎。八月，祭夕月坛，以太常寺各员礼仪错误，降三品顶戴。十一月，南郊大祀，色克精额等恪恭将事，赏还二品顶戴花翎。二十五年，调正黄旗满洲副都统。道光元年，充左翼监督。

二年正月，升理藩院右侍郎。十一月，以呈进告祭奉先殿礼节，并未详稽旧例，又不声明请旨，下部议处。寻降补内阁学士，拔去花翎，仍兼太常寺行走。三年正月，祈谷礼成，色克精额等礼仪祗恪，赏还花翎。十二月，复授理藩院右侍郎。四年，转左侍郎。八年，调礼部右侍郎。十一年八月，充国史馆清文总校。十一月，赐紫禁城骑马。十二月，充崇文门副监督。十二年，转左侍郎。十五年，复充左翼监督。十六年二月，偕礼部尚书奕颢等议奏，朝鲜贡使随带从人贸易章程，拟请设立门禁稽其出入，给发腰牌、缮册察核，俾受约束。允之。十二月，充经筵讲官。十八年八月，调镶黄旗满洲副都统。九月，调正红旗蒙古都统。二十年六月，授绥远城将军。八月，奏劾协领济春于委令查办之事，任意推诿，迨经询诘，犹负气不服，请褫职。从之。二十一年四月，擢礼部尚书。十二月，复充经筵讲官。二十二年，卒。遗疏入。谕曰："色克精额乾隆年间即在太常寺当差，礼仪娴熟，荐擢卿贰，办事勤慎。近经朕由绥远城将军擢任尚书，正资倚畀，遽闻溘逝，殊堪悼惜！著加恩照尚书例赐恤，任内一切处分悉予开复，应得恤典，该衙门察例具奏。"寻赐祭葬。

子达明阿，二等侍卫兼公中佐领；达凌阿，二等侍卫；达崇阿，吏部笔帖式；达嵩阿，理藩院笔帖式。

——《清国史》大臣画一续编卷一一

禄　普

宗室禄普，镶蓝旗人。嘉庆二十二年，授三等侍卫。道光元年，擢委侍卫领班。七年，升二等侍卫、侍卫领班。九年，升头等侍卫兼办事章京。十一年九月，授正黄旗汉军副都统，管理新营房右翼幼官学事务。十二月，充乌里雅苏台参赞大臣。十二年，两署科布多参赞大臣，先是科布多参赞大臣孝顺岱以科布多屯厂积余牛只，奏请变价存库备偏灾买补之用。至是十四年，禄普偕乌里雅苏台将军庆山等遵旨议覆奏言："耕牛多毙，由管屯员弁不善牧放所致，责令赔补俾知惩儆。若以变价作买补之用，恐官兵恃有此项，心转懈怠，实于屯政有碍，惟见积余牛，应如所请，变价存库以备屯营公费，此后每届余牛积至百头，始照此次办理。"允之。十五年，召来京。

十六年三月，署正红旗护军统领。四月，授盛京副都统。九月，偕将军奕经奏："请添设寻查鹿窑员弁，由内城协领派往移珠鲁蟒喀卡伦，设柳河扼要巡守。"如所请行。初，盛京五部额设郎中员外郎主事，共六十缺。由本处题选者二十二，京选者三十八。盛京笔帖式及六品教习司狱等，以主事用者升补渐难。十七年六月，偕将军奕颢等奏请扣留京缺均匀选补，略言除礼、兵二部缺分相等外，户部京缺员外郎五扣二，为本处选缺，京缺主事五扣二，一为本处选缺，一为该部题缺。刑部京缺郎中三扣一，京缺员外郎五扣二，均为本处选缺，京缺主事六扣留二缺，一为本处选缺，一为该部题缺。工部京缺员外郎主事各三，各扣一为本处选缺，京缺、本处缺各二十一缺，分均而升补庶易。再五部司员别无升途，请自今每届京察之年，郎中员外郎主事屡保一等者，准由将军、副都统、五部侍郎会同拣选二、三员，出具切实考语，专折具奏送部引见，量予录用。下部议行。十二月，以军政造册迟延，下部议处。

十八年，偕将军耆英奏言："闲散在城学习鸟枪，其娴熟者准其尽先挑补马甲，所以示鼓励也。惟东三省劲旅枪箭并重专重鸟枪，则马步骑射，未免疏懈，请于春秋两季公同校验枪箭，并行挑补。"允之。十九年，以天桥厂海口水师获鸟船盗匪十七名，又于猪岛洋获匪二名，奏办如律。二十年四月，署吉林将军。九月，擢西安将军。十月，调荆州将军。以前署吉林将军时，奉旨查办滥扣兵饷一案，尚有陈扣饷银九千八百余两未经查奏，经已革佐领巴彦保具控，复遵旨查出，自行检举，降一级留任。旋调乌里雅苏台将军。十一月，仍调荆州将军。

二十二年，以荆江盛涨水入旗营，奏请于旗库所存及节存马价银，借修驻防屋宇，又以旧存藩库息余银修公所，堆拨并添补军械，允之。二十三年二月，调广州将军，旋调乌里雅苏台将军，复调绥远城将军。三月，授镶红旗蒙古都统。九月，署正蓝旗汉军都统。十一月，赐紫禁城骑马。

二十四年正月，署察哈尔都统。二月，喇嘛凌保控扎萨克达赖喇嘛罗布桑吉里克等侵蚀官项各款，该管呼图克图正提集质讯，突被土默特参领卓里克图遣员将凌保锁拿，副都统成凯延不查究，绥远城将军奕兴奏劾，禄普遵旨驰往，偕奕兴鞫实，议处如律。十月，管理右翼幼官学事务。二十五年二月，充右翼军政大臣。五月，署正红旗蒙古都统。寻以紫禁城内不戒于火、扑救出力，加一级。八月，稽察内七仓事务。二十六年三月，充正红旗总族长。七月，署正红旗蒙古都统。二十八年，复充右翼军政大臣。三十年，署镶红旗满洲都统。咸丰元年正月，署镶黄旗满军都统。二月，充八旗军政大臣。三月，署正红旗满洲都统。六月，署镶白旗汉军都统。二年二月，上谒西陵，命留京办事。三月，充右翼监督。三年，卒。遗疏入。谕曰："禄普由将军都统宣力有年，兹闻溘逝，殊堪轸惜！著加恩照都统例赐恤。任内一切处分，悉予开复，应得恤典，该衙门察例具奏。"寻赐祭葬，予谥恪慎。

——《清国史》大臣画一续编卷一三五

萨迎阿

萨迎阿，钮祜禄氏，满洲镶黄旗人。由文生补泰陵礼部笔帖式。嘉庆十三年，中式举人。十五年，调兵部笔帖式。十八年，擢礼部主事。十九年，升员外郎。二十四年，迁郎中，寻加鸿胪寺少卿衔，充提督，会同四译馆事务。二十五年，京察一等，记名以道府用。道光元年，充杀虎口监督。三年三月，授湖南长沙府遗缺知府。七月，补永州府知府。四年，调长沙府知府。五年，升山东兖沂曹济道，寻调甘肃兰州道。六年，兼署按察使。七年六月，实授。十月，逆回张格尔就俘，萨迎阿以襄办兰肃军需局务，始终出力，赏戴花翎。九年三月，官兵凯旋，萨迎阿随布政使颜伯焘校核报销册籍。事竣，下部优叙。

六月，擢河南布政使。八月，赏副都统衔，充哈密办事大臣，寻调喀喇沙尔办事大臣。十年九月，喀什噶尔有安集延逆回入卡滋事，官兵赴阿克苏进剿，萨迎阿驰往土尔扈特、霍硕特两游牧令台吉等带兵赴援，又因乌鲁木齐车驼缺乏，偕库车办事大臣常格雇备马牛车两协济挽运，并以南路官兵需用口粮就近采买接济。十月，授盛京工部侍郎兼管奉天府府尹事务。十一年七月，命留京署镶白旗汉军副都统；十月，赏副都统衔，充乌什办事大臣。十二年，调哈密办事大臣。十三年，调叶尔羌帮办事大臣，寻仍调哈密办事大臣。十六年五月，授盛京礼部侍郎。九月，兼管奉天府府尹事务。

十七年，御史双寿以奉天沿海市场由土棍匄串胥役冒充官纪私征课税，奏请严禁。上敕萨迎阿偕署将军奕颢等随时严办，并酌立牙行募民选充，照例给帖输课以归画一。十九年四月，调户部侍郎。九月，昌图厅属五家窝棚，有苏四等纠众逞凶，乡约捕之，急致所居被焚。严旨饬萨迎阿偕将军耆英搜获案内鸟枪军器，并居民有收藏者概令呈缴。二十年六月，调礼部右侍郎。七月，授镶红旗汉军副都统。十月，署正红旗护军统领。二十一年，署正蓝旗护军统领。二十二年二月，兼署兵部右侍郎。十月，调正黄旗满洲副都统，寻调户部右侍郎兼管钱法堂事务。十一月，以带领应放参领人员箭射无准，降二级留任。二十三年四月，擢热河都统。先是，盛京将军禧恩奏称奉天添设弁兵番役，后贼踪故迹。上以热河与奉天接壤，尤防此拿彼窜，谕萨迎阿体察地方情形，酌议变通旧章。十一月，奏言承德府暨平泉、建昌、朝阳、赤峰四州县，乾隆年间设立捕盗官兵，分驻五处，因该州县毗连蒙古部落营汛相距窎远，前署都统阿勒清阿令平泉等州县设立太平社，其法合数村为一社，公举一老成人充社长，专司巡缉搜拿窝家，阿勒清河旋即卸事，见复出示详细开导，朝阳、平泉、建昌三州县九乡民人等均已举行，其赤峰、丰宁、滦平等处亦设法补立，如所议行。二十五年十一月，授伊犁将军。

十二月，赐紫禁城骑马。

二十六年六月，遵议乌鲁木齐都统惟勒奏请兴办喀喇沙尔渠道堤坝等工，略言："喀喇沙尔城西有开都河一道，发源珠尔都斯山，流至乌沙克塔勒归于南山海。于道光十七年间办事大臣海亮筑护堤一道，抵御异涨，彼时屯田头工、二工、旧渠只有二道，自裁屯安户后，于大河上游顶冲之处挑挖北大渠一道，嗣因头、二等号离河较远，自行开渠二道，共新旧渠五道。上年河水涨发，各渠口致被冲塌，并旧筑护堤倒塌殆尽，拟将北大渠一律挑挖接长二千三百丈，共九千丈，修筑龙口，再于石工外安设木闸，自龙口至坡心滩觜探量四十余丈，筑碎石大坝与龙口滩相平，中设洩水闸，随时启闭，并将旧堤接长三十余里，至北大渠口为止。其余渠道均挑挖深通，庶期统久无弊。"下部议行。又奏："吐鲁番均系掘井取泉，由地中连环导引浇灌高阜之田，以备渠水所不及，名曰卡井。前经伊拉里克户民自挖三十余道，见因户民无力饬属捐钱筹挖，约可得六十余道，共成一百道。"上嘉之。七月，以乌鲁木齐开垦挑渠办有成效，萨迎阿遵旨履勘筹议招种升科，疏言："垦地不必过多，每在渠水充盈而用有余裕，升科不必求急，务期实有裨益而行之久长，新疆水利，泉水少而雪水多，雪水之迟早无定，收获之丰歉难齐，若以畸零散段地亩仍照正额升科，恐民力拮据，拟援乾隆、嘉庆年间镇迪各属每亩减半升科之例，再新疆安插新户例，试种六年升科，此次新增各户系旧户之族党戚友，拟试种二年升科。"下部议行。

初，英吉沙尔领队大臣齐清阿误听伯克诬拿回子胡完，指为张格尔逆裔，伊犁领队大臣奕经率据承审员弁刑逼取供，经将军布彦泰及萨迎阿先后平反。八月，奏入，上嘉其详慎，下部议优叙。又奏，英吉沙尔地界叶尔羌、喀什噶尔二城台卡甚多，请添设印房回务章京，专用起废人员，庶办理案件不致舛错，喀什噶尔印房章京向系京员驻防，兼用之缺，拟改为京员及起废人员并用，并择京员内明白例案者兼管回务，俾驻防人员藉资学习，寻经军机大臣等议以英吉沙尔添设章京，即用六部笔帖式，无庸起废人员，余如所请。九月，奏布鲁特贼匪屡出犯卡，伊犁为新疆总汇之区，南路文报并滚运军粮等项，差使较繁，请照成案，城南由巴图蒙柯台起，至阿敦格尔台、阿克苏交界止，共八台，每台添兵五名，马驼各五匹，其北路五台为通乌鲁木齐孔道，每台亦添拨马十匹，允之。

二十七年七月，贼围喀什噶尔、英吉沙尔二城，萨迎阿檄调官兵分五起驰援，并饬喀喇沙尔、乌鲁木齐及土尔扈特、霍硕特各官兵齐集阿克苏，约期同赴叶尔羌进剿。九月，以察木伦军台地方贼踪无定，驻兵太少，复添拨官兵济之，已而阿克苏调兵渐集，叶尔羌参赞大臣奕山等率诸军由巴尔楚克赴叶尔羌。又一军行抵科科热瓦特唐迪东地方，三战皆捷获其谍讯，知铁里木庄伏贼万余，萨迎阿以该处有通树窝子小路，派兵扼之。十月，二城围解，将阿克苏巴尔楚克防兵酌量裁撤报闻。

二十年，奏和阗新垦达瓦克地亩添设伯克，分拨燕齐地亩并援案给予养廉，普尔钱文即于和阗正赋岁剩项内动支，如所请行。二十九年，俄罗斯头人巴谰等在库库鄂罗木河口阻官兵查边去路，并欲收河西哈萨克之租，萨迎阿援案奏请由理藩院行文，饬知该国察罕汉将巴谰所带多人全数撤回，以笃素好，上是之。三十年，京师访获编造谣言之甘肃民人薛执中，供称萨迎阿曾延其治病讲论按摩，并布施银两，萨迎阿降四级留任。

咸丰元年正月，授正白旗满洲都统。二月，以陕甘总督琦善剿办雍沙番族，率意妄杀刑求逼供，命萨迎阿驰往查办。五月，鞫实入奏，寻署陕甘总督。七月，哈拉库图尔及南川王沟尔等处，有骑马持械番贼抢掠牲畜，命萨迎阿严饬镇将剿捕，寻奏甘省营务废弛，并请责成提镇实力整顿，疏入，谕曰："野番频年抢掠，官兵追捕未能得力，甚至退缩不前，总由该省营务废弛已久，历任总督粉饰消弭，以至养痈成患，实堪痛恨。萨迎阿见署总督，恐秋间贼番复出抢掠滋事，著会同提督索文严饬各镇随时认真防范，并将废驰积习实力整顿，不准再蹈从前欺饰故智致于重谴。"闰八月，遵查琦善任内剿办番回，出力各员以未曾目睹为词，奏俟留心考察，另请鼓励。上责其措辞含混，于剿办番案外复开冒滥保举之端，尤属错谬，命传旨申饬。

初，福建巡抚王懿德由陕之任路过金县，适士民呈控番贼扰害，奏入。得旨交萨迎阿查办。至是覆奏，谕曰："据该督逐层声覆，其派员前赴打板地方，贼已窜逸，无从接仗一节，何以不行入奏，已属有心回护，且谕令呈控番匪之廪生李国栋等各安生业，并协同访躧。试思该绅民等屡被番贼扰害，抢去牲畜，有何生业可安？且自保身家不暇，又何能协同访躧奸匪，该署督于特旨交查之案，办理如此草率，实属老悖昏庸，著交部议处，仍将此案认真查办。"寻部议革职，得旨拔去花翎，加恩改为降五级留任。十月，疏陈镇羌等处官兵截捕番贼情形，不由驿迅奏，仍差弁赍递，上以萨迎阿不知轻重，严旨切责，寻解任回京。

二年正月，署镶白旗蒙古都统。四月，大学士军机大臣会奏琦善等罪名，以萨迎阿于特派覆讯之案并未录取各员供词，遽行拟罪，且伊子户部员外郎书绅无审案之责，辄与司员等同坐问供，均下部分别议处。寻议萨迎阿降四级留任，书绅降三级调用。三年，署镶蓝旗蒙古都统，寻以捐备军饷，下部优叙。四年，充左翼监督。五年，署正红旗蒙古都统。六年，署西安将军。七年，卒。谕曰："正白旗满洲都统萨迎阿由部曹外任，荐擢监司，内升卿贰，历任新疆办事大臣、都统、将军，中外宣力有年。前在伊犁任内办理军务懋著勤劳，见在署理西安将军训练操防，正资倚畀，兹闻溘逝，轸惜殊深！著加恩照都统例赐恤，任内一切处分悉予开复，准其入城治丧，应得恤典该衙门察例具奏。"寻赐祭葬，予谥恪僖。

子书龄，江苏粮储道；书绅，山东莱州府知府。

——《清国史》大臣画一续编卷一三三

铁　麟

宗室铁麟，正蓝旗人，嘉庆二十四年进士改翰林院庶吉士。二十五年四月，散官，授检讨。十二月，升右春坊右中允。道光元年，迁司经局洗马。三年，升国子监祭酒。八年，升光禄寺卿。九年七月，充满洲翻译副考官。八月，擢都察院左副都御史。十月，充武殿试读卷官。十一年正月，升盛京礼部侍郎兼管移居宗室事。八月，调兵部右侍郎。十月，管理咸安宫官学事务。十二月，充右翼监督，旋授镶白旗蒙古副都统。

十二年二月，密云驻防蓝翎长玉山京控章京玉崑敛钱苦众、知县蓝田舞弊害兵等款，命偕兵部右侍郎王楚堂往按得玉山状，治如律。三月，充国史馆清文总校。四月，署正白旗护军统领。九月，转左侍郎。十三年三月，署户部右侍郎兼管钱法堂事务。四月，调镶黄旗满洲副都统。五月，管理国子监事务。六月，兵部书吏假发随营武举验票，铁麟坐失察，镌一级留任。十一月，署仓场侍郎，旋充崇文门副监督，奏请将二等侍卫达明阿作为委员。上以达明阿系侍郎色克精额之子，何必奏请委员用，因将崇文门监督改派。

十四年正月，奏查出包揽俸米之吏役马兆麟、花户李经武包揽俸米，请交刑部严讯。二月，查出太平仓各廒所存米石有那移多寡之弊，必须逐一盘验，奏请照从前海运仓所办章程以放代盘，俟实存之米通行放结，核明亏短米数，责令分赔，如所请行。三月，奏："旧例大通桥车户承买官豆二万石以资津贴，今户部以豆石应宽为筹备，奏请将承买豆石暂停，一万石惟豆石既属不敷津贴，又不可减，查有漕麦一项，体质较嫩不耐久储，可否准其承买四千四百石，以符定制。"下部议行。

六月，实授仓场侍郎。七月，奏："本年南粮到坝较迟，二进于杨村起驳，三进于天津迎驳，漕粮全数计四十帮米数一百六十六万余石,请多备驳船随到随运,如驳船未能应手,请就近暂寄,俾军船得以迅速回空。"上允其奏。八月,奏:"御河水势陡长,黄高于清二尺有余,不能启板,各帮停泊,三进漕船尚有三十七帮,将来闸河一经启板必致蜂拥而来。请于通州石坝囤收二十万石,并购备绳索席板应用至囤米,每石费银四分,计二十万石需银八千两,由通济库垫发,著落山东经管河员分赔。"九月,奏:"温州后帮短交粳米,请以稬米抵交,惟粳稬例价不同,所有应交找价银两,于本年冬间各丁应领新运钱粮内扣缴。"均允之。

十五年闰六月,奏:"朝阳门外太平、褚济、万安、裕丰四仓收存米石,较之城内七仓多至一两倍,新粮难以拨派,请将八旗文武四品以下俸米由城外四仓支放,并将八旗甲米接续多放两轮,俾得疏通旧储即可拨进新漕。"七月,奏:"二进漕船,尚有二十九帮来起米六十余万石,时值阴雨泥淖进运迟滞卸运不及,请截卸通州中西二仓十六万石,再寄囤太平仓三十万石,其楚省十九帮断难到坝,皆令在杨村寄驳军船就近回空,为期较速。"又奏:"通仓截卸之米转运京仓须折耗米五千余石,运费二万余两。请照户部奏准照豫放王公甲米之案,豫放六季限三月内在通仓领竣,分作六季扣选在应领之人,豫行关支借资充裕而转运耗费节省不少。"均得旨允行。旋经御史帅方蔚奏以通仓,豫放米石恐滋回漕积弊,请照旧在京仓支放,截卸之米仍转运京仓,下部议行。铁麟复奏:"南粮截卸通仓原非得已,各帮抵通为时已晚,起卸稍懈一日,回空即迟一日,今石坝起卸完竣,原不难接运八万余石之米第运米进仓、出仓抽掣短欠较多,且豫放亦非创始。嘉庆十五年、道光三年、十二年屡次行之,未闻在通售卖,犯有回漕之弊,亦不闻隔岁扣运反有见少之虞。"上仍允其奏。

十六年四月,御史舒德奏查看进城米色不符,命铁麟等查明具奏。旋复奏:"白米原无次米,因定例一年以下不准开除气头廒底，是以将气头廒底之米作为次米，至廒内所存米石尚无碎杂，一望可知，惟有严饬监督，此后白米次米务必细心查核，分别开放。"五月，奏山东闸河水浅兼之木筏铜船插档行走，军船节节阻滞，见已节逾，夏至若再迟延卸运，诸多掣肘，请多雇船只以备随处起驳，允之。时御史朱成烈奏漕粮到坝，请饬印封米样，照式验收，并查积年挂欠等弊。铁麟奏运道水陆互异，仓廒远近不同，兼之天时晴雨、道路干湿、卸验之前后、运仓之前后势不能不有参差。若欲照式验收，必逐袋填写帮名，以十八万口袋转运三四百万漕粮须填写一二十次，屡涂屡写识认为难，若用木牌竹签栓记，经过五闸装车卸车，难保其不损坏遗失。至于印封面文，一帮之米，往往坐派数仓，远仓距通六七十里，往返约计百数十里，通坝刻期验收势所难行。至帮丁挂欠如沿途失风漂淌，或分限补运，或买余抵补，其有无故交不足数者，照例追赔，均由漕运总督奏办，从无私自挂欠，年年积累之案。"疏入报闻。

七月，御史况澄奏蠹役违例，复充仓场侍郎，容隐不办，上饬铁麟等明白回奏。旋奏："经纪头目承办本通坝运务，陆续具领银两雇养扛夫修理船只，运务完竣，方能按照米数核算。更易生手，既虑办公乏人，且恐所领银两虚悬无，著是以准其暂行扣晋，见已将卢敬等三人革役。"得旨："此等蠹役，既经该侍郎斥革，仍应随时查察，毋令更名，复充此外经纪有无似此情弊，并著严饬确查惩办，如有因循容留别经发觉，惟该侍郎是问。"

十七年，奏《漕运全书》，内载：经纪运米到桥，车户运米进仓，旧例五袋抽掣一袋，一袋短少，余袋照数均赔。又《漕运则例》载旧例五十袋抽掣一袋，查《漕运则例》一书与《漕运全书》同为钦定五十袋抽掣一袋，当时必有所据，检查咨部成案，数十年来并无五袋抽掣一袋之说。近年户部每以定例咨驳，据监督呈覆大通桥运米，日以三万袋为率。若五袋抽掣一袋，是三万袋抽掣六千袋，抽掣既多，即须停压守候，且抽掣原防短少，抽一袋为五袋之准与抽一袋为五十袋之准，袋数虽有多寡，赔项仍归画一，如果少掣有弊，经纪运米到桥，花户人等岂肯接运盘收？近来南漕抵通较晚，倘再辗转耽延，更于运务有碍。请旨饬部更正。部议以二十五袋抽掣一袋。铁麟又奏："庆丰闸至大通桥驳船按日须往返六七次，方足桥运，三万石之数抽掣过多，势难以夜继日办理，疏为棘手，恭察《钦定大清会典·仓庾门》载：'雍正二年，题准经纪运米到桥，车户运米进仓，有每米五十袋抽掣一袋等语，是五袋为部行则例五十袋。'亦《会典》明文与其饬行，而事多窒碍，不若具奏而戒憬欺蒙。"疏入，诏如所请行。

十八年六月，奏："大通桥运米每日限以三万石，本年南粮抵通过晚，距回空之期仅余六十日，为时甚迫，应设法以远补迟，请截留山东、河南小米军船，沿途起卸湖北、湖南、江西尾后十余帮长驳运赴杨村，或由临清、德州各处仓厫再截卸三四十万石，俾船运得以就近回空。"得旨允行。十一月，署漕运总督。

十九年三月，擢都察院左都御史，授正黄旗汉军都统。五月，奏洪湖来源正旺，豫筹宣泄，略言："洪湖周围数百里向护山盱各坝以备宣泄，今湖水增长，已将山盱坝启放，并续启下游归江之金湾田坝以冀分消水势，其余各坝因重运北上恐有吸溜之虞，俟军船挽抵清江后酌量再启庶，无碍漕行。"七月，奏："湖南帮向跟湖北各帮例在江西之前，嘉庆十三年以后，令跟江西帮行走，近更耽延，请仍循定例，紧跟湖北，庶免阻误。"上韪其言。时铁麟卸漕运总督任，上命于交代起程来京路过山东、直隶一带，察看河道情形，旋奏称："长河运道尚无拥塞，惟微山湖向例收水一丈以资济运，近年滩地涸，露民人侵占种地，于济运事宜大有关系，请严立章程以禁将来。"允之。八月，署正黄旗蒙古都统。

二十二年正月，署刑部尚书。十一月，因胞弟泰宁镇总兵部鄂尔端于陵寝重地挪移白椿获咎，铁麟自请议处，上宥之。十二月,以僧人丹必呈控邪教命案重情,铁麟未将原呈录奏,又任令僧人逃逸,革职留任。是月,授察哈尔都统。二十二年三月,偕副都统敬敩遵旨酌拟稽查废员章程:一、定出口限期,以免逗留;一、责成该管官员随时稽察,以杜逃逸;一、另令蒙古官员就近稽察,以昭详慎;一、进内地置买口粮及因病就医宜予限期,以便催回;一、钞黏姓名籍贯,以备稽察;一、晓谕居民旅店不许容留,以绝楼止。疏入,诏行其四。九月,以察哈尔八旗鸟枪全行带往入津防堵,复奏捐资添设鸟枪四百杆。二十三年,偕副都统阿彦泰奏张家口旧设子母炮八位,拣选闲散六十名作为炮兵,责成认真演习,其饷粮应从税务积存银两内借给生息,以资差操。均得旨允行。二十四年,署绥远城将军。二十五年,因前在署刑部尚书任内,失察主事春出不谙清文文书积压,降一级留任。二十七年正月,授荆州将军。十二月,卒。遗疏入,谕曰:"荆州将军铁麟,历任侍郎、都统、将军,当差勤勉,兹闻溘逝,殊堪轸惜!著加恩准其入城治丧,照将军例赐恤。任内一切处分,悉予开复,应得恤典,该衙门察例具奏。"寻赐祭葬,予谥文恪。

——《清国史》大臣画一续编卷四九

英　隆

宗室英隆,镶蓝旗人。父英章阿,奉恩将军。英隆于嘉庆十六年袭奉恩将军。十七年,授正黄旗三等侍卫。二十一年,补上驷院侍卫。二十三年,授本枝宗室佐领。道光元年,补正黄旗六班委侍卫班领。四年,补二等侍卫班领。八年,补头等侍卫办事章京。十一年,记名,以副都统用。十二年二月,授盛京副都统,旋调山东青州副都统。十六年,因青州满营存储发烘炮位演放无准,请绿营成案改制抬砲。从之。十七年,调广州副都统。二十一年,调齐齐哈尔副都统。二十七年二月,升江宁将军。

四月，调绥远城将军。旋以绥远城右卫兵房坍坏，请援案修理，如所请行。十一月，调黑龙江将军。二十八年，奏请添设军营抬枪。从之。咸丰元年，入觐，赐紫禁城骑马。二年，捐备军饷，下部议叙。三年三月，奏参带领黑龙江赴剿官兵副都统乌凌额捏报账房擦损马匹例毙，得旨革乌凌额职。八月，以部议推行官票搭放俸廉兵饷，查明黑龙江地方情形，酌减成数具奏。旋请将秋猎改为间二年举行一次，以重操防。允之。十月，捐备军饷，下部议叙。

四年二月，调盛京将军。三月，因吉林属之必占河至东海岸与俄罗斯连界，奏请派大员与俄罗斯使臣商酌立碑分界。五月，以团练旗营屯站各丁操演有效，奏请将出力人员鼓励。从之。八月，采办米石运赴天津以济急需，并筹垫海船经费银两。五年二月，奏奖劝捐出力之知府明峻等，均如所请。九月，奉天官兵甫经撤回戍役劳苦，奏请暂停冬围，奉旨准暂停一年，以纾兵力。

十二月，授热河都统。六年五月，因热河驻防官兵需饷，奏拨矿课接济。八月，酌拟蒙古捐米章程具奏，谕曰："所捐米石准照直隶办理，应得奖叙，著照理藩院捐输驼马银两章程办理。"七年五月，捐输米石，下部议叙。七月，丰宁县匪徒劫掠英隆，檄热河道，赛音博勒格图督兵捕获，县境肃清，旋请将办理矿务出力人员保奖。从之。五月，调镶白旗蒙古都统。十月，充武职六班大臣。十二月，上以英隆年力就衰，原品休致。同治五年，卒。

子崇芳，奉恩将军；庆耀，头等侍卫；景康，二等侍卫；常达，员外郎。

曾孙熙泰，神机营委员；赛冲阿，銮仪卫整仪尉；果勒明阿，四等侍卫。

——《清国史》大臣画一列传后编卷五六

成 玉

成玉，乌吉特氏，蒙古正红旗人。由健锐营前锋，于嘉庆十八年九月，随副都统长庆等剿河南滑县教匪。十月，贼万五千人踞滑县道口镇，钦差大臣那彦成等帅师分七路而进，成玉随长庆等督队三面冲突，深入道口痛歼之，毁其巢，并将附近东北一带及石佛铺等处屯匪搜戮殆尽，直逼滑城。十二月，大兵轰裂南城，其大小西门经提督杨遇春率长庆等攻克之，余四门亦立破，遂复滑县。奏入，赏银锞、银牌，寻以凯撤论功，授蓝翎长，荐升参领。二十五年，拣发山东，以参将用。道光元年，补即墨营参将。三年，调抚标中军参将。四年，擢文登协领副将。

六年五月，山东巡抚武隆阿奏保成玉堪胜总兵，送部引见。六月，以逆回张格尔作乱，命长龄为扬威将军，武隆阿、杨遇春为参赞大臣，驰往剿办，成玉奉檄随赴军营。九月，授登州镇总兵。

七年二月，随武隆阿统满汉官兵万一千余名为前敌，分两队，成玉由树窝子一路先将附近从逆各回庄顺道廓清，殆大兵至洋阿尔巴特庄，贼二万余人据沙冈抗拒。长龄帅师由中路，杨遇春由左，成玉随武隆阿由右，三路袭击之。贼大溃，追奔三十余里，及排子巴特歼毙殆尽。奏入，赏成玉玉搬指等件。越日，仍分三路进兵至沙布都尔庄，贼十余万临渠列阵以待。成玉随长龄、武隆阿等先发其覆即按队躐渡而进，贼犹恃众固据。旋以马队横截入贼阵，贼不能支，乃大溃乘势掩逐，越浑水河四十里，剿戮无算，并歼安集延大头目色提巴尔第、回子大头目素丕卡克等。奏入，得旨嘉奖。旋由浑河沿进，剿败贼于阿瓦巴特，直逼喀什噶尔城。成玉偕提督杨芳督围四面，即攻克阿奇木衙门，张逆先时窜逸，获其妻爱则而毕比等。我兵仍奋力攻击，遂入城抢戮无算，逆甥托里和卓、安集延大头目推立汗歼焉。闰五月，署和阗领队大臣，以克复喀什噶尔城，及屡次打仗功，赏戴花翎，并下部优叙。十一月，上以元恶未除，应暂留官兵用壮声威，命成玉折回喀什噶尔，听长龄调遣。寻以长龄奏言与回疆不甚相宜，回登州镇任。

八年，命偕副都统国祥分往东岳等六处，致祭，旋丁母忧。十三年，服阕，授云南临元镇总兵。十六年，署提督。十七年，调开化镇总兵。二十四年，升乌鲁木齐提督，寻捐廉制造抬炮一百，并教演连环炮阵。二十七年八月，以叶尔羌英吉沙尔回匪滋事，命带绿营官兵，并自制枱炮驰往剿办。九月，偕参赞大臣奕山督兵至叶尔羌哈拉木扎什，遇贼数万蜂屯抗拒，即分三路迎剿，以连环枪炮奋击之，贼披靡，乘势前进破其伏，追至科科热依瓦特，贼大溃，歼毙无算。奏入，上嘉之。赏双眼花翎，并乌拉兴额巴图鲁名号。时英吉沙尔城久被贼围，成玉偕奕山等乘势进援，行至苏噶特布拉克，突有贼数千自山后出，拒我兵枪炮齐施痛剿之。遂兼程前进，其围城之贼悉闻风西遁，重围立解。奏入，赏白玉翎管、白玉搬指各一件，并下部优叙。十一月，迁绥远城将军。十二月，复以捐制抬炮百尊，下部优叙。

二十八年九月，入觐。时绥远协领巴彦纳穆图等联名讦控成玉各款，成玉亦奏参协领等。上命折回，并解任，听候协办大学士耆英、工部左侍郎王广荫查讯。寻以申饬属员语多失当，降三级留任。十一月，调陕甘固原提督。三十年六月，召来京。七月，因病陈请开缺，允之。咸丰元年，卒。遗疏入，谕曰："前任陕西固原提督成玉，久历戎行，著有劳绩，上年因病开缺，准令回旗调理，兹闻溘逝，殊堪轸惜！著照提督例赐恤，任内一切处分，悉予开复，应得恤典，该衙门察例具奏。"寻赐祭葬。

子松阿哩，江西候补县丞；钟海，四川梁万营都司。

孙吉升，山西楼北营都司；惠升，理藩院员外郎；秀升，三等侍卫；桂升，前锋校。

——《清国史》大臣画一续编卷一四九

托明阿

托明阿，鄂栋氏，满洲正红旗人。由护军校于嘉庆二十二年授三等侍卫。道光元年，升副护军参领。二年，拣发山东，以游击用。四年，以捕蝗出力，下部议叙。

六年，补兖州镇中营游击，旋因喀什噶尔回匪滋事，巡抚武隆阿请将托明阿带往军营差遣。允之。七年四月，在兰山等处战胜，赏戴花翎。七月，凯撤回营。十二年，升山东台庄营参将。十六年，升胶州营副将。十八年正月，巡抚经额布以堪胜陆路总兵奏保。七月，升漕州镇总兵。二十年，署四川松潘镇总兵。二十一年，实授。二十四年三月，调重庆镇总兵。五月，升四川提督。二十六年，因病开缺。

二十七年病痊，授乌鲁木齐提督。二十八年，调陕西提督，寻授绥远城将军。二十九年，疏请派拨闲散与甲兵，一体操练枪炮，每年支发银两于该处，地租生息等项内筹款津贴。允之。三年，查出口外各厅亏欠银米，与山西巡抚兆那苏图奏请按数追补，如所议行。咸丰二年，来京，赐紫禁城骑马，寻以捐备军饷，下部优叙。

三年三月，粤匪陷扬州，逼近淮徐，命赴江南、山东交界防堵，山东巡抚李德奏言淮安府之清江浦已有河臣杨以增遏其前，拟以托明阿统带归化、绥远等兵继其后，相机助剿。署四川总督慧成亦奏请拟令托明阿带兵驻清江浦，以为应援。四月，驰至清江浦。时贼已窜入滁州，托明阿请由洪湖以北直趋泗州，与兵部侍郎衔周天爵会剿，得旨："进剿机宜，朕难遥制，总以迅速为妥。"五月，贼由蒙亳一路入河南，陷归德复窜开封，托明阿偕提督善禄等驰抵归德，沿途追剿于睢州、杞县、陈留各处，与贼接仗，均有斩擒。寻以省城围急，遵旨驰援。时贼已西窜中牟，谕令赶紧追剿，勿堕贼之诡计，旋偕善禄及已革都统西凌阿追贼至氾水，贼方争渡，蹙之毙多匪，毁逆船多支，生擒五十余名，并歼黄巾红袍贼目四名。贼寻陷氾水，托明阿亲督各兵攻其北门，克之，毙贼十余，上嘉其调度有方，赏玉翎管、玉搬指等件，命帮办军务。六月，贼窜河北，围怀庆，托明阿会合各军渡河，由武陟分三路进剿，贼亦分三路抗拒，我兵迎击，毙七八百匪。奏入，得旨嘉奖。贼添设土城木垒为负隅计，托明阿分军三面，连日环攻，毙匪二三千名。

七月，遂移营直逼贼巢，昼夜攻击，破贼垒，解怀庆围。捷闻，赏穿黄马褂，并赏给西林巴图鲁名号。时溃贼由山西垣曲县陷，平阳帮办军务内阁学士胜保带绕出贼前，复其城。上授胜保为钦差大臣，仍命托明阿帮办，贼旋由涉县武安窜入直隶永年之临洺关。上以托明阿未能遏贼，致流窜畿辅重地，降五级留任。先是，托明阿在山西丰仪镇地方截剿窜匪，身受枪伤，赏假医治，并谕曰："汝历练多年，打仗奋勇，朕盼汝迅速痊愈，汝子敬文已给假省亲。该侍卫到营后，著即常川随侍学习打仗。"

十月，疏陈伤疾难愈，恳请回旗调理，允之。四年二月，病愈，命驰赴钦差参赞大臣科尔沁亲王僧格林沁、都统衔胜保军营帮办军务，并赏文绮。时粤匪北窜，踞阜城，经僧格林沁计诱出巢，托明阿督带马队，遥为声势，侍卫达洪阿等从旁攻击，毙贼多名。三月，另股贼窜清河，胜保由阜城带兵迎剿，托明阿等移驻阜城东北，贼出扑，托明阿督率，已革总兵德坤等极力抵御，败退回巢，旋于东南面窜出，至连镇踞之。托明阿与西陵阿等分扎连镇东西两岸，严密围攻，并防其回窜。适钦差大臣琦善在扬州军营病故，上命为钦差大臣，驰往扬州督办军务，并谕以悉心筹画，与陈金绶、雷以諴迅扫妖氛，尤当与向荣等咨商联络，不可稍存意见。

八月，授江宁将军。九月，进攻瓜洲，贼用铁索联贯巨木，横截运河，饬副将鞠殿华等率水勇砍铁索，直隶提督陈金绶等由东岸进攻，贼从东门出，扑击，败之。十月，江宁贼簰下驶，官军轰毙伪丞相黄起茅等多名，并续获贼艖二。托明阿亲督师船进攻北固山，毁贼望楼。旋至金山，轰贼坠江者无数，其分踞浦口九洑洲各贼营，亦节经官军先后攻破并击走援贼，复会合各军分路夹攻，贼溃窜。十一月，复攻瓜洲，分东西两路截剿，经游击马永泰等开炮轰击，匪败窜回巢。

五年正月，匪纠约镇江逆党，窜扑仪征，饬总兵李志和等防堵，并督副都统德兴阿进剿，连败之。四月，督兵由三汊河进剿，贼突出，官军佯退，德兴阿设伏以待。贼冒雨来冲，击败之。八月，督筑长围堵，剿瓜洲踞匪，复偕陈金绶等分路进攻，江宁贼以轮船来援，总兵叶长春等击沉之。九月，贼窜江浦之石矶桥，饬总兵武庆、副都统衔总管西昌阿等驰援，杀贼二千余名。将石矶镇克复。并饬总兵陈国泰等炮船直逼金山，贼势遂蹙。寻得旨："瓜洲久为贼踞，所筑长围仅能防贼穷窜，贼仍未能遏截，贼踪若非水陆并力进攻，剿办何能蒇事？著督饬水陆大军奋力夹击，并约会吉尔杭阿，同时进攻镇江，俾南北两岸贼匪不能互相援应。"又谕曰："该逆奸诡之谋总在援应镇江、瓜洲，如先将二处克复，则江宁自成孤立之势，万勿以长围为可恃。"

十二月，会江苏巡抚吉尔杭阿南北合攻，吉尔杭阿在黄山督战，连环大炮击入城中，托明阿扼剿北岸，援匪败之。六年二月，贼屡伺隙图窜，均经击退，复乘雾暗扑，西路围墙经德兴阿等督兵截击，轰毙无数，其分扑尹家桥等处之贼，复经副将英桂等夹击歼毙多名，旋突围出分股窜入扬州府城。上以托明阿既不能先事严防，迨逆匪扑出，又不能力扼，而营盘连陷，府城复失，调度无方，著先行革职。时贼踞扬州，并分窜西北各路，叠经官军击败。

三月，督队攻城。协领乌尔恭额攻其西，营总巴林保等攻其南，德兴阿由司徒庙进攻，巴林保首先冲击，德兴阿手斩贼目一名，各将领连斩贼目，逆众大溃。十月，因病请回旗调理，允之。八年四月，病痊愈，赏三等侍卫，赴胜保军营防剿，复得旨赏头等侍卫，前往天津会同直隶总督谭廷襄办理夷务，寻授直隶提督。六月，授西安将军，仍署直隶提督。十月，到京请训赴将军任。十年二月，恭逢上三旬万寿，托明阿子敬文得旨免补参将，以副将用。

同治元年，粤匪窜入陕境，由华阴犯潼关，托明阿饬官军追剿，毙贼千余，千总李蕴和临阵逃脱，并逃兵张满彪等十名均拿获正法，奏入，谕曰："办理尚属认真，嗣后各路统兵大员著即照此办理，以肃军律。"七月，川匪窜至陕西上元关，官军进剿，败之。八月，回匪扑犯省城，滇匪复窜平利，均遣军击却之。九月，以伤疾举发，请开缺调理，允之。四年，卒。

子敬文，直隶河间协副将。

——《清国史》大臣画一列传后编卷四八

乐 斌

觉罗乐斌，正黄旗人。由印务参领于道光二十二年九月，授正红旗蒙古副都统。十一月，充乌里雅苏台参赞大臣。二十六年，回京，署正蓝旗满洲副都统。二十九年，授盛京副都统。咸丰元年，擢乌鲁木齐都统。三年二月，以倡捐军饷，下部优叙。旋升绥远城将军。四月，奏称乌鲁木齐刑名事件日繁，请添设印务委署章京一缺，如所请行。

八月，调成都将军。四年五月，复因捐助军需，下部议叙。九月，兼署四川总督。五年，新津县匪徒滋事，逃入蒲江，知县韩一松督捕遇害，匪益炽，遂扑县城，乐斌檄官军讨平之。旋卸署总督任。时马边厅夷匪滋事，于沿山汉地，搭盖夷棚。乐斌会同总督黄宗汉调集兵团进剿，歼匪千余，毁夷棚二千余间，匪首就戮，各夷悉降。六年六月，复以捐助军饷，移奖子弟。八月，复署四川总督。

九月，授陕甘总督。七年，果落克贼番在嘉峪关外劫掠，复插帐索赖地方。乐斌饬官兵剿办，贼踞雪山抗拒，官军由间道绕贼后夹攻，贼平，得旨嘉奖。八年三月，因甘省绿营停募兵丁，粮缺过多，奏言："甘肃地值边陲，幅员辽阔，额设绿营兵制，甲于他省。至咸丰四年，前任总督易棠因外省协甘兵饷，欠解过多，无可筹垫，奏请将各路咨回甘省粮缺，暂停募补，并将军营撤回归伍兵丁，抵派操防。本营所出粮缺，亦暂停募。在易棠所议，原为稍减兵额，即可以少发饷银，固属权宜之计，第当日并未议及应行停补数目。现经饬查各营停募粮缺，已积至四千余名，实存兵营止有二万六千三百余名，设有差遣，无从调派，所关非小。拟请将现在各营未补粮缺，斟酌地方情形，量为摊派，共停补一千二百分，以省饷需。下余粮缺，即行照数募补。"疏入，下部议行。

十年六月，入觐。九月，署陕西巡抚谭廷襄奏请，将陕西各镇兼归巡抚节制，谕令乐斌抵陕与谭廷襄妥为商略。寻覆奏："拟照河南、山西巡抚之例，请旨将该抚赏加提督衔。遇有征剿防堵要务，陕西各镇协官兵由该抚行文酌调，仍咨总督查照。"下部议行。旋复捐助军饷，移奖子弟。时津沽一带，海疆不靖，谕乐斌带兵来京。寻事平，回任。初，撒拉回民马尕三纠党滋事。十一年正月、三月间，复纠党扰及西宁、碾伯等县。九月，乐斌以匪众悔罪投诚，首犯伏诛，边圉肃清入告，并请奖出力文武员弁，允之。十二月，复请入觐，谕曰："甘肃为西陲重地，该督身任兼圻，应如何力图报称。兹乃仍以叩谒等词渎请，并历述宠遇，语多鄙琐，不知大体，至于此极！著传旨申饬。"

初，以乐斌办理撒回，经前任都察院右副都御史张芾，御史陈廷经、裘德俊等先后奏参，上命兵部尚书麟魁、户部尚书沈兆霖前往查办。同治元年正月，麟魁等奏称乐斌办理撒回，实有纵匪殃民情事，复谕将乐斌被参纳贿营私各款，澈底根究。二月，沈兆霖奏查明撒回滋事大员，不能实力剿办，捏称悔罪投诚，奏结请奖，致该回仍肆侵掠；其被参纳贿营私各款，查无实据，惟失察侍妾与属员之妻往来,复以候选知县为幕友,屡为保奏,并于家人等盘踞把持,不能觉察,以致声名狼藉。疏入,上以乐斌昏庸乖谬,有心欺饰,著即革职,并发往新疆效力赎罪。八月,到戍。三年,以报效巨款,经伊犁将军常清奏请释回,并称其当差奋勉,未便没其微劳,上不允。四年,伊犁被围,常清会同新任将军明绪奏言乐斌筹饷筹兵,不遗余力,复请释回。谕曰:"革员乐斌既在伊犁,尚能出力,著加恩准其释回。仍著留于伊犁,帮同办理一切兵饷事宜。但能始终出力,并准明绪酌量保奏。"光绪元年,故。

——《清史列传》卷五四

华山泰

华山泰,颜扎氏,满洲正黄旗人。嘉庆十六年,由官学生授銮仪卫整仪尉。十八年,升治仪正。二十年,擢三等侍卫。二十三年,迁云麾使。道光四年,升护军参领。五年,兼向导处章京。

六年,逆回张格尔作乱,随钦差大臣武隆阿前往协剿。七年二月,大兵自阿克苏进抵洋阿尔巴特,贼二万余人凭沙冈列阵以待,我兵三路仰攻,歼其前队多名,贼仍蚁聚冈前,势将全力下压,我兵奋扑沙冈,突阵直进,所向披靡,贼大溃。追奔三十余里擒斩殆尽,并歼其渠迈曼底、阿浑玛等。华山泰在事出力,经扬威将军大学士长岭等奏闻,赏额图珲巴图鲁名号。寻攻克沙布都尔、阿瓦巴特各回庄,长驱而进,贼凭浑河抗拒,我兵甫驻营即来扑,不为之动。适是夜西南风作,撼木扬沙,我兵于黎明乘风潜渡,出贼不意,贼惊而逸,追歼无数,直抵喀什噶尔,夺其隘。华山泰随提督杨芳等并力环攻,城遂克复。张格尔先期遁,俘其妻爱则尔毕比,歼其甥托哩和卓及安集延贼渠推立汗萨木汗等。嗣是,英吉沙尔等三城相继克复。华山泰先行凯撒回京。

十一月,以钦差大臣那彦成保奏,途次折回,随往喀什噶尔办理善后事宜。十二月，俘获张格尔于铁盖山，槛送京师。八年五月，凯旋叙功，命以扬威将军大学士威勇公长龄等四十人绘像紫光阁，华山泰与焉。御制赞曰："护军参领，满洲英髦。克敌为果，屡战不挠。往塞来硕，勇拔其豪。归侍宿卫，虢阚名高。"六月，擢头等侍卫。

九年三月，上阅侍卫骑射，华山泰中五矢，赏穿黄马褂。五月，兼公中佐领。十二年，福建台湾嘉义县匪徒滋事，命随钦差大臣瑚松额等前往剿办，比至事已平，寻回京。十三年，授伊犁领队大臣。十四年，调库尔喀拉乌苏领队大臣。十五年正月，调塔尔巴哈台领队大臣。十月，调伊犁领队大臣。十七年，召回京，命充五阿哥谙达。十八年，赏副都统衔，充呼伦贝尔总管。二十年三月，授正白旗蒙古副都统。七月授塔尔巴哈台参赞大臣，调喀什噶尔办事大臣。二十三年，召回京。二十四年，充侍卫领班在乾清门行走。

二十六年二月，管理健锐营事务。八月，以年逾六旬罢乾清门行走，仍管理旗务。九月，授正蓝旗护军统领。二十七年，转镶白旗满洲副都统。二十九年，管理镶黄旗新旧营房事务。三十年二月，署正蓝旗汉军副都统。五月，调左翼前锋统领。九月，署正蓝旗蒙古都统。咸丰元年正月，历署正白旗汉军都统、右翼前锋统领。五月，以紫禁城门禁渐疏，敕下两翼统领等从严督理，华山泰等遵议奏覆，疏言："查隆宗门外造办处一带及西面沿河处所，俱系内务府所属，其苏拉及各项匠役出入，惟凭腰牌及门单查验，每日门单二三纸、七八纸不等，每单匠役数人至百十人不等，苏拉内是否正身包衣，三旗人抑系招募雇替，匠役内是否实在工作抑或闲人冒充，各门均无从逐一稽考，应请由内务府大臣申定章程，示以限制，俾各门懔遵勿懈。"下所司议行。寻署正黄旗汉军副都统。八月，署镶蓝旗蒙古副都统。十月，赐紫禁城骑马、管理善扑营事务。二年四月，署镶黄旗护军统领。九月，署右翼前锋统领。三年二月，署热河副都统。

三月，署正红旗蒙古都统，署察哈尔都统。时粤匪由湖南北蔽江东窜，连陷州郡，察哈尔官兵奉旨由京前往协剿，抵昌平州，夺取民户车赢，管带之佐领蟒噶拉玛等不能约束。华山泰先已到京，据实奏请惩治，并自请议处，如所请行。十二月，捐备军需，下部议叙。四年，迁绥远城将军。五年二月，因病奏请开缺调理，允之。十二月，卒。谕曰："绥远城将军华山泰前在军营出力，曾赏给巴图鲁名号，补放将军、都统，办事妥协，今因病出缺，殊堪悼惜！应得恤典，著该部照将军例具奏，任内一切处分悉予开复，并赏银三百两经理丧事。"寻赐祭葬，予谥壮恪。

子额图珲，二品荫生。

——《清国史》大臣画一续编卷一三二

庆　如

庆如，满洲镶黄旗人。由侍卫于咸丰三年正月署青州副都统。十一月，倡捐军饷，下部议叙。四年二月，授荆州左翼副都统。五月，调金州副都统。五年二月，擢绥远城将军。十二月，调乌里雅苏台将军。六年，奏："乌里雅苏台司员，应领盐菜银两，自本年夏季为始，请悉照原额支给。其出差官兵应领行装银两，原减成数改为核减二成支放。"诏如所请。七年二月，奏蒙古贝勒捐俸银三年，恳请奖励。闰五月，以蒙古汗王捐输俸银，奏请奖叙，下理藩院查照新章议奏。六月，奏自捐养廉协济军饷，上谓其急公，敕户部查明该员子弟核奖。九年八月，奏请将乌里雅苏台轮应换防之兵弁暂缓更换，下部查议。十月，命回京当差。十年六月，授镶白旗汉军都统，旋因病奏请开缺回旗调理，允之。寻，卒事闻，谕曰："镶白旗汉军都统庆如，在乌里雅苏台将军任内病故，著加恩照都统例赐恤。其灵柩准其由驿回京。"寻赐祭葬，予谥安恪。

——《清国史》新办国史大臣传

成　凯

宗室成凯,镶红旗人。嘉庆二十二年,由四品宗室授三等侍卫。道光二年,升副护军参领。五年,充续办事章京。七年,升护军参领。九年,授金州城守尉。十六年,升镶蓝旗蒙古副都统。十八年,充库尔喀拉乌苏领队大臣。二十年三月,充乌什办事大臣。十二月,命来京,旋授归化城副都统。

二十三年,奏:"勘土默特蒙古游牧草地系在马厂界外,不能与满洲营公共游牧。查乾隆二十八年土默特于马厂界外另有奉断牧场所有,乾隆三年厂界之案应不得援以为例。"从之。初,大青山后旧有封禁牧地,为沙拉穆楞召、诺们罕召两处游民占垦。二十五年二月,绥远城将军奕兴奏请驱逐,命下山西巡抚梁萼涵议奏。旋奏:"该处地亩均系民人等私押耕种,生聚有年,若悉行驱逐,恐滋事端,请援照嘉庆十五年成案租给民人承种,所征租银分给喇嘛蒙古为香火养膳之资。"得旨允行。

寻经成凯查明:"地界内有逼近蒙古住处,必须委员覆勘,因查出沙拉穆楞召民居共三十六处村,内聚宝庄等二十三村应行开放,其苏托罗盖等十三村并续查出之巴彦托罗盖等五处,均应令退地撩荒,移至聚宝庄等村分地认种。诺们罕召内五道洼等九村应行开放,其巴汉沁一村及续查出之虎背梁三处均应退地拆房,移至九道洼等村,分别认种。"而梁萼涵仍执前议,署将军铁麟与成凯意见相同,随经回任将军奕兴覆查无异,以梁萼涵未习口外情形,请仍照前查勘情形,分别办理,旨下部议。寻议:"以各项章程均由副都统议定,该将军未置一辞,是与巡抚意见固有参差,即与将军意见亦恐未合,应请敕下山西巡抚体察情形,仍会同将军、副都统商办,毋得各执成见,悉心核议具奏。"从之。

三月,赏副都统衔,充库伦办事大臣,寻授镶白旗蒙古副都统。二十七年,擢塔尔巴哈台参赞大臣,奏言:"塔尔巴哈台额鲁特今春那移游牧,途遇风雪二十余日,各项牲畜冻毙数万,失业之民甚属疲惫,奏请调剂。"允之。二十九年,召来京。咸丰元年二月,调正黄旗满洲副都统,命考验八旗军政。五月,授宁夏将军。四年,以续捐军饷,下部议叙。五年,调绥远城将军。九年,奏称:"大青山后沙拉穆楞地亩硗薄,原定租额过重,以致地户逃弃、租银短少,请将租额酌减。"下部议行。十一年正月,捐输军饷,下部优叙。四月,卒。遗疏入,谕曰:"成凯前在副都统、参赞大臣、办事大臣任内,宣力有年,办事勤奋,克尽厥职。今闻溘逝,轸惜殊深!著加恩照将军例赐恤,准其入城治丧,沿途妥为照料,任内处分悉予开复。应得恤典,该衙门察例具奏。"寻赐祭奠,予谥敬靖。

子祥裕,二等侍卫。

孙恩蔚,四等侍卫。

——《清国史》大臣画一续编卷一三四

德勒克多尔济

德勒克多尔济,博尔济吉特氏,喀尔喀图什业图汗部落人。祖逊都布多尔济,父伦布多尔济,递袭札萨克固山贝子爵。德勒克多尔济于道光八年,授三等台吉。十二年,升二等台吉,寻袭爵命,在乾清门行走,赏戴双眼花翎。十五年,命以库伦帮办大臣学习行走,寻命在御前行走,值御前班,赐紫禁城骑马。

十九年正月,充库伦办事大臣。四月,以失察恰克图部院章京、理藩院郎中图明阿私令商人备办砖茶,下部议,镌级留任。寻命照料哲布尊丹巴呼图克图入都,赏用紫缰。初,康熙朝黑龙江诸处与俄罗斯国原立界牌,自格尔毕齐河至兴安岭为界,山阳为中国属地,山阴为俄夷属地,惟乌特河等处未经分界。咸丰二年,俄夷欲与格尔毕齐迤东未经分界之地安立界牌,上命德勒克多尔济与黑龙江、吉林将军各派员会同查办。五年，俄夷藉御英吉利为名，驾兵船由黑龙江、松花江上下行驶，并于黑龙江左岸及吉林阔吞屯地盖屋留兵，要求定界；又于塔尔巴哈台地方擅杀挖金民人，因是民夷结怨，焚毁夷人通商贸易圈子，业获犯惩办。而俄夷坚欲索偿，经德勒克多尔济先后具奏，请旨办理。七年四月，又奏俄夷声称英夷纠约各国欲赴天津，该国将遣使来京商办密事，上谕德勒克多尔济等据理阻止，不可又无主见，致为外夷轻视。五月，复奏俄国来文将带领从人由黑龙江赴京。上谕吉林、黑龙江将军如前旨，寻奏俄夷使臣普提雅廷已由恰克图起程，欲由天津赴京商御英吉利、法兰西之事。上又谕署直隶总督谭廷襄妥为防范。

十年正月，署归化城副都统。四月，授绥远城将军，遵旨操演两盟蒙古官兵，寻以蒙古兵丁不耐暑热，请各归各盟就近训练，以示体恤，从之。

同治元年，甘肃回匪肆扰，护理陕甘总督、甘肃布政使恩麟咨调归化城官兵二千名防剿，上命德勒克多尔济等迅饬前往。二年二月，奏言："归化城蒙古兵一千名已全数调赴僧格林沁军营，绥远存城官兵不敷分布，边防、河防在在戒严，设有缓急，深虑征调不及，已檄催伊克昭盟长选派精兵，刻日赴甘会剿。旋以鄂尔多斯札萨克郡王额尔奇木毕哩克托病迁延，玩视军务，奏请议处，均如所请。

十一月，甘肃宁夏汉城回众叛，宁夏灵州相继失守，署直隶提督讷钦奉命由翔平等处进剿，谕德勒克多尔济整饬士马，严密布置，为讷钦后路策应。十二月，疏言："调拨蒙古官兵一千名，俟讷钦驰抵宁夏，即将此项官兵作为前队相机继进，仍恐兵力单薄，以沿河驻扎之旗绿官兵一千名作为中队策应，别调官兵防河。"得旨，如所议行。寻陕甘总督熙麟奏："传闻逆回马化漋四出勾结，并由绥远城煽约回众陆续前往。"上谕德勒克多尔济严密访查，并谕令："将绥远城等处安分良民妥为抚绥，务令各安生业，至归绥一带是否足资堵御？讷钦所统官兵能否分拨一千，仍赴归绥协同防御？并著及时筹定奏闻。"

三年二月，奏言："策应之兵，旗、绿两营驻扎距宁夏较远，两盟蒙古官兵系蒙古贝子统带，言语情形不同，恐误事机，拟将大同镇备调官兵一千五百名作为援军，两盟旗、绿官兵仍驻原处，以免长途迁调之烦，归绥一带防务尚不吃紧，讷钦所统官兵似不必分拨协防，至逆回暗图勾结，杜渐防微不可不早，业经密派妥员认真确查。"

五月，归化城副都统桂成奉命带兵会合阿拉善王部下，出宁夏北山剿贼。德勒克多尔济奏言："由口外草地驰赴阿拉善旗，相距二千里，地多沙漠乏水草，不惟柴薪，无从采觅，驼马亦难牧放，请取道山西。"从之。时西路梗塞，新疆换班大臣章京改由北道，有行至山西不克前进者，部议请旨，饬下各督抚将军等酌量情形，应由何路入蒙古台站，设法奏明办理。

七月，德勒克多尔济奏："山西省北入蒙古草地台站，或出张家口或出杀虎口，均有可通路径，核计程站，太原距张家口较近，且沿途均有州县供应。若由杀虎口取道土默特、鄂尔多斯、阿拉善王旗，路径虽亦可通，第逼近贼氛，防务正当吃紧，驼马无从雇觅，迁延阻止在所不免，应由山西直趋张家口为便。"疏入，下部议行。

十月，以甘肃帮办军务，荆州将军穆图善带兵出关，宁灵兵力单薄，命绥远、归化两城酌挑精兵一千名赴西安将军都兴阿军营调遣。德勒克多尔济奏言："绥远、归化防务紧要，口外各厅多与甘境毗连，归化回户众多，良莠混杂，城小而不固，又无堡垒可守，统计两城存营兵仅千余名，缓急尚难兼顾，至沿边沿河驻扎满蒙等兵，口岸过多不敷分布。冬令河冻防守，尤不可稍松，请停抽调赴甘。"上允之。

闰五月，奏甘肃回匪纠党千余，扰及花马池、定边等处边墙，希图窜越，经蒙古官兵迎剿杀退。谕曰："该处边防辽阔，设或越出边墙东窜蒙古地方，蔓延愈广更难收拾，仍著严饬在防蒙兵严密扼守，遇贼即击。"

六月，奏："花马池等处贼势披猖，防兵单薄，见调伊克昭盟官兵协防归绥本境沿河口岸，令驻扎托密诺尔之乌兰察布盟官兵五百名豫备调遣，为渡河进剿计，并请敕都兴阿严防后路。"上从其请。九月，进剿郡南回匪获胜，逆匪有北窜磴口，宝丰之信。上以磴口一带为东窜归绥大道，命德勒克多尔济等督饬兵弁设险固守，又命桂成统带所部各军移防磴口。十二月，奏言："花马池时有回匪窥探，较前尤为吃重，桂成宜仍驻花马池以昭慎重。"从之。

五年，调乌里雅苏台将军，旋因病开缺，回旗调理。六年，病痊，命前赴绥远城会同将军裕瑞办理归绥等处防务，寻署将军。七年，卒。遗疏入，谕曰："固山贝子德勒克多尔济前在办事大臣将军任内当差年久，自署将军以来，办事认真，兹闻溘逝，朕心悯恻。著加恩照将军例赐恤，任内一切处分悉予开复。应得恤典，该衙门察例具奏。"寻赐祭葬，予谥威勤。

子那木济勒端多布，袭扎隆克固山贝子；车林多尔济花翎、辅国公衔；三等台吉那木济勒端多布故，孙彭楚克车林袭。

——《清国史》大臣画一列传后编卷五一

裕　瑞

裕瑞，佟佳氏，满洲镶蓝旗人。祖嗣存，散秩大臣；父舒明阿，杭州将军。

裕瑞，由闲散于道光五年二月，补銮仪卫整仪尉。十月，开缺，随父之杭州任。六年，补原官。十一年，升治仪正。十二年，擢云麾使。十三年，充协理办事章京。十五年，擢冠军使。充续办事章京。十八年八月，得旨，记名以副都统用。十一月，署正白旗蒙古副都统。寻补镶黄旗蒙古副都统。十九年正月，授山海关副都统。十二月，遵旨查讯兵丁马棚余项积欠一案，骁骑校富忠阿等逞刁展狡，请革职交刑部审办，从之。

二十年，调广州副都统。二十一年，英夷犯顺，扰及广东。裕瑞督率文武防守省城，擒斩夷匪多名，赏戴花翎。二十二年、二十五年，两次署广州将军。二十七年四月，入觐。五月，命署江宁将军，六月，实授。二十九年，调福州将军。咸丰元年八月，调成都将军。九月，署闽浙总督。十月，疏参福宁镇总兵孙鼎鼇等捕盗不力，请革职留缉；并奏保拿获邻境盗犯之莆田县知县马百庆，请加同知衔。均如所请。又奏海坛镇总兵沈河清拿获洋盗二十二名，治如律。二年，赴成都任，以福建官犯何士节脱逃处分，降四级留任。

寻署四川总督。三年五月，疏请成都驻防官兵春秋两操，兼阅枪炮，允之。旋以率属捐饷，下部优叙。时大竹县知县杨得质、盐源县知县盛朝辅讦告署布政使苏敬衡，收受节礼陋规，命裕瑞偕副都统伊瑸额提讯。寻以杨得质误听人言，自行检举奏结。八月，补四川总督。户部左侍郎王庆云疏称："借征济饷，首在得人。四川办理津贴，几费周章。裕瑞资望尚浅，恐难镇抚等语。"会裕瑞具疏谢恩，谕曰："朕闻汝在川，一切未免宽缓，殊少果断。又有二语，谓汝'严明不如琦善，廉介不如徐泽醇'。今特谕汝，有则改之，无则加勉！"

十二月，遵谕督办省城团练，以立局募勇操演情形奏入，报闻。四年三月，率属捐饷，下部优叙。九月，贵州桐梓县民杨隆喜藉团肆扰，界连四川綦江等县。裕瑞饬都司赵应熊等分往堵御，自率重兵赴泸州防堵。先是，南江县民郑怀江与解邦溁互争场市牙息，势欲械斗，居民讹传谋反，纷纷迁徙。怀江族人郑映芳惧累报县，知县伊克情阿传讯，尚无不法情事，取结完案。嗣经裕瑞风闻，派把总曾芝荃等侦之，芝荃等探听不实，遂以谋逆禀覆。裕瑞遂将郑怀江等六人凌迟处死。至是，为学政何绍基所劾，并称有收受属员陋规，作为捐款情弊。上命侍郎载龄、崇实往鞫得实，褫裕瑞职。

六年六月，赏三等侍卫，充喀喇沙尔办事大臣。十一月，赏二等侍卫，调喀什噶尔办事大臣。八年，赏加副都统衔，授叶尔羌参赞大臣。九年七月，奏定叶尔羌变通钱法章程，如所议行。十月，补正红旗汉军副都统。十二月，授理藩院左侍郎。时来京进贡之阿布都刵里木、浩罕额尔沁，于奏请停止来京后，在叶城逗留行凶，为众兵殴毙，裕瑞未能先事豫防，下部议处，旋命来京。十一年四月，署镶红旗满洲都统，寻署兵部右侍郎。九月，署镶蓝旗护军统领。十一月，署镶红旗护军统领。十二月，署兵部左侍郎。

同治元年正月，署正蓝旗护军统领。四月，叶尔羌摊派回众银钱，参赞大臣英蕴以不遵定律擅照经典议罪，斩绞回子多名，褫职遣戍。裕瑞以前任参赞大臣，下部议处。十一月，充右翼监督。二年三月，充武职六班大臣。六月，署正蓝旗护军统领。八月，署镶白旗汉军副都统。九月，充稽查坛庙大臣。三年六月，署正红旗护军统领，七月，署正黄旗护军统领。八月，署镶红旗满洲副都统。四年五月，授正白旗护军统领。八月，充管理营房大臣。五年五月，补正白旗蒙古都统。九月，署察哈尔都统。六年四月，授绥远城将军。五月，以牛羊群副总管扎克都尔私征网利，有玷官箴，请褫职，允之。

七年，卒。遗疏入，谕曰："绥远城将军裕瑞，于道光年间，由整仪尉荐任将军，历升四川总督，缘事罢斥。旋授叶尔羌参赞大臣，内擢侍郎、都统，同治六年，简授绥远城将军，办理防剿事宜，谨慎趋公，不辞劳瘁。方冀克享遐龄，长资倚畀。遽闻溘逝，悼惜殊深！裕瑞著恩照将军例赐恤。任内一切处分，悉予开复。并准入城治丧。伊子征林，著赏给三等侍卫，俟及岁时，在大门上行走，用示眷念耆臣至意。"寻赐祭葬，予谥恪勤。

子岳林，理藩院右侍郎；嵩林，户部员外郎；嵘林，理藩院主事；征林，三等侍卫。

——《清史列传》卷五十

善 庆

善庆,张佳氏,满洲正黄旗人,原隶汉军正红旗黑龙江驻防。咸丰三年,由前锋出征河南,旋随钦差大臣胜保剿贼直隶山东出力,赏七品顶戴。六年,剿贼安徽雉河集出力,赏戴蓝翎。复以擒贼目李月功,晋五品顶戴。七年,因乌龙集、蒋家集获胜,请奖以骁骑校用,并换花翎。嗣叙三河尖、王家集暨正阳关八里垛战绩,荐保防御。八年四月,解固始县围,升佐领。八月,败贼定远之老人仓界牌,集功尤著,赏济特固勒忒依巴图鲁名号,补黑龙江正红旗骁骑校,仍留皖营。旋以六安州、天长、马家集、三河尖剿贼,积劳晋协领,又随官军击退怀远捻匪,加副都统衔。十年二月,官军追捻匪至桃源仓家集,遇伏几殆,善庆等驰至助剿,贼始宵遁。三月,克复凤阳府,得旨,以副都统记名简放。七月,剿定远贼,赏头品顶戴。是年,补布特哈镶黄旗佐领,寻升正蓝旗副管,留皖统吉林、黑龙江马队。十一年,以淮河之捷,下部议叙。

同治元年二月,追灵壁捻匪直抵宿州境,平附近各圩,复下部优叙。旋录克复定远功,赏三代副都统封典。十一月,以左眼、腿、肋、右臂在定远、凤阳、灵壁三次受伤,请假回旗调养,上赏假六月。二年,捻逆事亟,命挑选吉林、黑龙江马队一千名,速赴安徽大营剿办。九月,行抵河南,巡抚张之万奏请办贼。十一月,连败粤逆于南阳府之□村、李清店、马山口、湖北之阳邳滩鲜花镇,捷入,下部议叙。三年,钦差大臣科尔沁亲王僧格林沁劾善庆所统兵丁马匹疲瘦,得旨暂行摘去头品顶戴,革去记名副都统,仍留布特哈副管,在营效力。四年,授吉林双城堡总管,以确山及南阳郭滩两次获胜,河南巡抚吴吕寿疏陈:"善庆被参后,深知愧奋,颇著勤劳,请开复原参处分。"允之。七月,授杭州副都统,仍统兵剿贼。五年,给事中刘毓楠劾善庆纵兵殃民,遇贼并未接仗,谕河南巡抚李鹤年查办。鹤年覆奏:"善庆当贼匪北窜时,赴省设防,分兵截拿,未能力挫凶锋,贼退后辄因病入城就医,致营内牧放马匹间或侵踏民田,均有应得之咎。"上命摘去顶戴,责令前赴归德一带实力防剿,旋因追击大同集南遁之贼,剿办得力,赏还原衔。

六年,会同直隶提督刘铭传驰剿东捻。十月,败贼于潍县之松树山,贼奔赣榆,官军追之。铭传自御赖汶沅逆股,令善庆当逆首任柱,任逆殊死斗,善庆恐马队为其冲动,饬兵弁下马结阵拒战,而以洋枪排击,贼死亡相藉,犹蚁附而进,忽黄雾四塞,昏不见人,铭传派队袭贼后,善庆督马步军大呼,因势冲杀,枪炮如雨,降人潘贵升毙任柱于阵,贼遂大溃。捷入,上嘉其骁勇敢战,枪技无敌,赏穿黄马褂。十一月,官军殄逆首赖世就于膠州,余贼奔寿光,再战再捷,斩获无算,至淤河仅余马贼数百,乘乱南奔,善庆在事出力,命以都统记名简放。十二月,伪遵王赖汶洸就擒于扬州,东捻平,诏赏善庆骑都尉世职。

七年正月,西捻首张总愚窜扰畿辅,善庆由东阿渡河北援,历在直隶之保定、大名、天津、静海、河南之内黄、山东之东昌、武定、海丰等处,接仗屡胜。六月,善庆偕诸军败贼于德平,追至商河,贼扑运防不得逞,回窜,诸军纵横合击,贼败退至茌平之广平镇,其亲党先后伏诛,张总愚投徒骇河死,直隶、山东一律肃清。上以善庆跟踪追剿,历时最久,不辞劳瘁,晋二等轻车都尉。神机营王大臣奏言:"善庆带兵有年,身经百战,能将捻匪全股荡平,洵为劲健之师,兹大功告成,拟全撤该管官兵,以示体恤。"疏入,上允,给假三月,带队回旗。

八年,命赴杭州副都统任。九年,署乍浦副都统。十二年,擢杭州将军,年终恩赏福字,自后赐宸翰者七,文绮者五,大小荷囊者二。十三年,调绥远城将军,寻丁母忧,回旗守制。

光绪元年,饬赴新任。二年,迁镶白旗蒙古都统。三年,擢入京城满洲正黄旗。四年,授宁夏将军。七年,兼署宁夏副都统。九年，调江宁将军。十年，诏授正红旗汉军都统，管理神机营事务。九月，奉皇太后懿旨总统神机营马步官兵及外调各军，驻通州办理畿东防务。十月，赐紫禁城骑马。十一年，充御前侍卫。九月，命帮办海军事务。十二年七月，充崇文门副监督。十一月，署镶红旗满洲都统。十二月，署镶黄旗领侍卫内大臣。十三年，授福州将军，奉懿旨仍帮办海军，并管理神机营事务。

十四年四月，卒。遗疏入，谕曰："福州将军善庆，老成干练，忠勇性成。咸丰、同治年，闻带兵剿贼，转战直隶、河南、安徽、江南、湖北、山东等省，所向克捷，卓著勋劳，殄毙逆首任柱等，厥功尤伟。历任杭州副都统，杭州、宁夏、江宁将军，旋补授正红旗汉军都统，并令管理神机营，帮办海军事务，均能实心任事，克称厥职。上年简授福州将军，到任以来，整饬操防，不辞劳瘁，方冀克享遐龄，长资倚任，遽闻溘逝，轸惜殊深！善庆著照将军军营病故例赐恤加恩予谥，任内一切处分，悉予开复。应得恤典，该衙门察例具奏。赏银一千两，由福建藩库给发，灵柩回旗时，沿途地方官妥为照料，准其入城治丧。其生平战功事迹著，宣付国史馆立传，并于立功省分建立专祠。伊子四等侍卫依立布，著赏给二等侍卫；巴克坦布多伦布，著俟及岁时，由该旗带领引见，用示笃念荩臣至意。"寻赐祭葬，予谥勤敏。十八年，黑龙江将军依克唐阿奏请于黑龙江原籍建立专祠，允之。

——《清国史》大臣画一列传后编卷一三四

庆　春

庆春，觉尔察氏，满洲正黄旗人。道光二十八年，由印务笔帖式迁骁骑校。咸丰三年，充印务章京。四年，升公中佐领。五年，授副参领，帮办印务。七年，迁参领，旋补印务参领。

同治元年，军政卓异，记名。九月，署镶红旗汉军副都统。十二月，署山海关副都统。二年，补山海关副都统。三年，署盛京副都统，四年二月，实授。四月，兼署盛京兵部侍郎。闰五月，调锦州副都统。先是，五月马贼肆扰兴京城东、新兵堡等处，经御史张观均奏闻。上以盛京将军玉明、奉天府府尹德椿等疏于防范，下部分别议处。玉明、德椿均落职，庆春以莅任未久，加恩改为革职留任，仍降为三品顶戴。五年八月，赏二品顶戴，署广州将军。

七年，授热河都统。八年九月，调镶蓝旗蒙古都统。先是，热河围场地多闲旷，前都统瑞麟先后分别科则招佃，展垦日久，渐侵正围。十一月，庆春查明，酌拟章程具奏，并请将查办迟延之总管寿长等敕部议处，谕曰："所有镶白旗伊逊川开垦荒地，即著照旧有大卡伦为界，其河东、河西佃垦、私垦地亩，均著饬令一律封禁。并严檄该总管等督修卡伦，建立红椿，毋令任意展垦。庆春拟于明岁春融后，责令原勘各员前往查勘界址，按照科则、酌予年限，以次裁撤，并将私垦各户一律驱逐。旗民佃户领地后陆续侵入山坡沟岔，以及领地以多报少等弊，出示禁止，定以惩罚章程。著库克吉泰到任后，详细参酌，妥为办理。委员启章、王清经、庆春派令前赴围场，会同总管寿长督催修卡，建椿乃任意迟延，迄未修整，实属咎无可辞，均著交部议处，以示薄惩。"

九年二月，管理新旧营房，署镶白旗蒙古都统。三月，赐文宗显皇帝圣训全书，充稽察坛庙大臣。十年正月，署正白旗蒙古都统。五月，署察哈尔都统。十月，库伦办事大臣张建岳、阿尔塔什达以直隶宣化到防官兵，应需八九两月军粮，散在喀尔沁各台，未能运解到库，请敕设法疏通。上谕庆春："饬令沿途司台各员，赶紧设法雇觅驼只，务将喀尔沁各台壅滞粮石，早日运解到库，毋稍迟延。"庆春旋以筹办台粮事宜具奏，上谕："库伦防兵粮石，庆春见饬管台参领等，将喀尔沁台站壅滞军粮设法催运，并令迎提军粮差官洪富等赴台督运，即著檄在事各员迅速办理，毋稍稽迟。额勒和布到京见在请假，俟假期届满，即饬该都统驰赴新任，所有台站分段责成事宜，仍著庆春赶紧筹画奏明，举办不得，以接替有人稍涉推诿。"十二月，回京。

十二年三月，上谒东陵，充随扈大臣，旋充考试八旗文童监射大臣。四月，充盘查三库大臣。八月，署镶黄旗汉军都统，赐紫禁城骑马。十三年四月，调察哈尔都统。光绪二年，擢绥远城将军，寻调福州将军。四年，侍讲张佩纶，请以闽海关税改归督臣，上谕庆春会同闽浙总督何璟妥议具奏。庆春等寻以税务未便遽行更改，据实覆陈，略曰："溯查福建省设立闽海关监督，始于康熙二十三年，其时仅将南台、厦门两处口岸报部。雍正七年，始将南台等二十处口岸报部，其初或由巡抚兼管，或由监督专管，本无一定。乾隆元年，归福建总督管理。三年，总督兼辖闽浙，始以关务改归将军。七年，由督抚臣题定征税口岸十九处，历今百有余年，未尝轻议更改榷税，亦从无贻误。良以列圣于此，几经详慎比较而后垂为定制，率由罔愆此成宪之不可改者也。闽关正额盈余，每年应征银十八万六千五百余两，自道光二十三年，洋商来闽贸易，常税被其侵占。二十七年，经前任将军督臣奏准，在洋税拨补银二万五千两。

同治四五年间，每岁止征银七八万余两，迨前任将军英桂、文煜历加整顿，逐渐畅旺，递年以来，已征至十四五万两。近年三联票畅行。光绪二三两年，叠遭水患，常税稍行减色，然常税虽减，洋税日增，见在全年四结，福夏二口征银至二百四十五万两，沪尾、打狗二口约征银三四十万两，拟之江海关则不足较之，江汉、粤海等关则过之。此盈彼绌，理势固然，不独闽海一关为然也。其通关支销一切经费，除税务司俸薪各款外，每年仅支银一万三四千两，实较他关尤为撙节。法不敝不变，今闽关法尚未敝，似不宜变，此公事之不可改者也。

闽海与粤海情形不同，粤则海口错出，海西如高廉雷琼，海东如惠潮各口，向皆由书吏承揽监督，辖千余里之税口，委用数十吏员稽查，稍有不密或不免滋生弊端；而闽则口岸无多，每总口向派协佐领等一员专司稽察,胥役尚不敢多方蒙蔽挟持,以逞其私。今若改归督臣兼理,督臣任兼两省,案牍纷繁,近复加以台防紧要,既不能躬亲琐务,仍须抡委平时可信之员前往句稽,与派协佐领等官亦复何异,若派大员分驻总之,诚恐收数未增而耗费转巨。倘章程不能画一稽查,偶有未周,或初年竭泽而渔,而来岁难乎为继,或一时损下益上,而日久百弊丛生,喜事纷更,效略可观,更滋繁扰,抑又何裨此大局之不可改者也。同治四年,令大学士左宗棠在闽浙总督任内视师粤东,奏粤海关税请由督抚设法筹办,旋经广东督抚臣会奏请仍照旧办理,奉旨允准在案。

今闽海关事同一律,臣等悉心会议,窃以改章循旧,其要总在得人。然改章则上智或难循旧则,中材可守,倘能剔除弊窦,招徕客商,官吏皆洁己奉公,榷务自日有起色。就目前闽关情形而论,似只宜认真经理,不宜改弦更张,至于虚心求言,正己率属,是臣庆春昕夕孜孜不敢稍懈者。臣何璟同城咫尺,遇事亦可筹商,断不敢以任非己肩,遂忘规益,如有吏胥丁役侵蚀欺蒙,收多报少,一经查确亦当据实奏闻,按律惩办,以期仰副圣主慎重关税之至意。"疏入,允之。庆春复奏,言福州将军兼办闽海关常、洋二税,筹解京协各项饷银,事繁任重,恐办理或有贻误,请旨简放大员来闽接办。上谕:"办理尚无贻误,仍著勤慎供职,毋许固辞。"

五年二月,因病赏假一月。三月,奏请开缺,复赏假两月。五月,再疏请,从之。八月,以廉俸所入银四万两奏请报效京饷。上以养廉银两系该将军应得之项,仍赏还之。六年正月,叙筹解甘肃协饷功,赏加头品顶戴。十七年,卒。遗疏入,谕曰:"前任福州将军庆春,由印务参领荐升将军,宣力有年,克勤厥职,嗣因患病,准其开缺,回旗调理。兹闻溘逝,轸惜殊深!加恩著照将军例赐恤,任内一切处分,悉予开复。应得恤典,该衙门察例具奏。"寻赐祭葬。

子继恒,山西道监察御史;继恩,兵部员外郎四品衔,特旨记名,以道府用。孙锡光,户部候补员外郎。

——《清国史》新办国史大臣传

崇 善

宗室崇善,镶红旗人。咸丰十年,由应封宗室补授副护军参领。同治七年,袭封奉恩将军,补护军参领。光绪元年,补授广宁城守尉。七年,调补辽阳城守尉。十年,因失察所属笔帖式常善议加牛税、协领佛尔精额收受差规,奉上谕交部议处。十一年,擢锦州副都统。十六年,任满陛见。十七年,剿平朝阳匪徒,赏戴花翎。二十年,恭逢孝钦显皇后六旬万寿,到京祝嘏。二十一年,防守清河,寻回原任。二十五年,补授江宁将军。二十六年,恭逢德宗景皇帝三旬万寿,赏大缎二疋,并交部从优议叙。

崇善整顿京江两防,先后成军名,为旗营捷胜练军复筹款择地修筑营垒。是年八月,调补盛京将军。二十七年正月,调补绥远城将军;二月,复调补江宁将军。二十八年,调补福州将军,兼管闽海关税务。二十九年,兼署闽浙总督,时各省制钱缺少,浙省钱债尤高。四月,与护理浙江巡抚诚勋,合奏请仿闽省铸造铜元以维圆法,闽省机器枪子,初分两厂,崇善亲往考察,以两厂在水都门内,人烟稠密,不宜存储军火。七月,并为一厂,移设于西关外制造局,改两厂旧地为银圆分局。八月,以漳泉各郡素产樟脑,华商包办亏折甚巨,遂立樟脑官局,募日本技师考验煎熬。

九月,以福建开浚西南两港,河工及购米平粜需款浩繁,奏请将闽省赈捐所收十成贡盐银两,援照东省成案留省动用。是时,各省改练常备军、绩备巡警各军,崇善以库款支绌,请就现有饷力,更订各军营制饷章。略曰:"查改练军制,曾经前督臣许应骙奏明,以饷力不继,尚未举办,因思改练新军,为现时第一要务，自应就现有饷力，酌定营制。以原定常备军左右两镇饷项核计，岁需饷银八十余万两，而以现有福胜、祥胜两军防饷拨抵，尚短银四十余万两。此外，防练绿营尚须改编，续备巡警军队即竭力裁并，亦难腾出此宗巨饷。再四筹思，兵以精练为主，随时仍可扩充，督饬左右两镇将详加考核。查常备左镇，即原有之福胜军编为步队九营，炮队一营，工程队一营，共十一营。常备右镇就祥胜六营，福毅中、右两营编为步队九营，炮队一营共十营，惟原定步炮各营，每营四队，现暂只设三队。福胜军旧有工程队一营，仍照原定隶于左镇，暂不设辎重队。右镇则暂不设工辎两队，并将原定员弁薪公，量为减少。至两镇原定工辎，各营本为行军所必需，遇有征调出境，所有员弁薪公及转运长夫等，届时照章分别添设计。此次核定按照原有饷额以之拨抵，有盈无绌，亦与原定章程两不相悖，此现酌定常备军之编改成军办法也。

续备军一项，前经奏定分设中、左、右三军，查续备军分路驻扎，勤练新操，仍须兼顾地方。自应归提镇就近兼统，无须另派统带，以专事权。按照原定，分设中、左、右三军，军各四营，陆路提督兼统中军，四营驻扎兴泉永一带；漳州镇兼统左军二营，驻扎漳龙一带；汀州镇兼统左军二营，驻扎汀郡一带；福宁镇兼统右军二营，驻扎宁福一带；建宁镇兼统右军二营，驻扎延建一带。统带所属员弁、兵夫一百八十名，全军通计二千三百七十员名，由现存防练各营四千二百八十三员名内挑练，其裁汰勇夫，照章资遣，限于本年十一月，一律照裁改定，即归提镇分别兼统择要驻扎，此酌定编立续备军之外驻办法也。

至应设巡警一军，前经奏明，编立二十二队，每队正兵二百名。闽省负山面海，地方辽阔，民情强悍，实属不敷分布。兹通盘筹计，拟全省编设巡警军三十七队半，省城地面冲繁，增设军标一队，每队正兵一百六十名，共计三十八队半，即以在标实缺副参游都，为统带守备，为总哨千把，为正副哨，仍照旧支食廉俸，勿庸另给薪工，各员弁底缺，悉仍旧制留备。得力将弁迁转之地一俟裁定,后即饬各将弁查明地段要隘,分驻巡防,无事则分途梭巡,遇警则相为援应,务期顾名思义,与巡警章程相符,此配定编改巡警军之大概办法也。"又奏改定福建陆军武备学堂章程学规,均奉旨允行。十一月,交卸署任。

三十年五月,崇善奏以闽省铸造铜圆铜色既佳,流行甚广。船政厂内有鱼雷一厂,现既空闲,拟即设法筹借款项添购机器、锅炉、马力,亦可推广。查海关岁拨船政经费二十四万两,尚不敷用,将来鼓铸扩充,能得盈余巨款,留充船厂经费,亦可将海关岁拨经费逐渐停止,似此不独便利商民,尤能振兴厂务,实为有益无弊之举。

三十一年正月,复兼署闽浙总督。二月,练兵处以崇善报效养廉银一万两,奏请奖叙,奉旨赏给尚书衔。七月,奏分设罪犯习艺所于省城厦门、漳州、延平等处。先是,闽浙总督魏光焘奏设常备新军,以短饷过巨,未及开办而去。至是,崇善乃变通原奏办法,分为两期抽调:本年下半年为第一期,先设第一镇之甲协,计步队两标六营,山炮一营、工兵二队、军乐一队,以原有常备左镇全军为基础;明年上半年为第二期,续设乙协,计两标步队六营,以原有常备右镇全军为基础,皆抽调防练各营兵勇,以编配之,其抽调时,先由省酌拨队伍分驻各该处填札,以期镇摄地方,严饬镇统。切实淘汰有不敷额者,按章征选土著充补,其讲求训练之方,首重尚武精神,次则兵操形势以及劝惩卫生各术,无不力求合度。惟闽省兵力本甚单弱,防练各营统改常备军,专重操练,则巡守地方,不能不专任标营,拟即将各镇标营编改之巡警军统归提督节制,庶几权限分明,而操防亦可兼顾。疏入,诏下所司行,旋以镕铜鼓铸较铜饼便利,鱼雷厂地规模尚狭,复于船政厂内择地建厂,筹款鼓铸,请旨饬部立案,允之。

三十二年三月,因南靖晋江屡被水灾,盐帮仓馆受害,请将应完课厘展缓。四月,福州府知府出缺,崇善不循旧例,直以在任候补知府福防同知吕渭英请旨简放。奏上,谕交部议处。九月，奏办全闽法政学堂，裁并校士、课吏二馆，专教法学、政治各科，从之。

三十三年三月，奏报里民新垦田亩入额升科。四月，奏将官钱局改名福建银行，并设储蓄银行。又以度支奇绌，请援直隶现办章程劝募公债一百二十万圆，专备开垦农林及举办各项实业之用，又请就财政局内刷印各式官纸，分发各属，凡民间词讼呈、结婚帖及案券薄折等项，概令一律购用，均奉旨允行。是月，交卸兼署闽浙总督篆务。会铜币局总办马景融购铜上海，延欠商价甚巨，度支部侍郎陈璧至闽考察铜圆，廉得其实。奏褫景融职，崇善自以用人不当，请旨议处，陈璧复奏将闽海关税务改归闽浙总督兼管。六月，崇善交卸闽海关篆务，寻因病奏请开缺，允之。

三十四年，以疾卒。遗疏入，谕曰："开缺福州将军崇善，由奉恩将军补授护军参领，荐升锦州副都统，历任江宁、绥远城将军，调任福州将军，并署理闽浙总督，宣力有年，克勤厥职，前因患病准予开缺，兹闻溘逝，轸惜殊深！加恩著照将军例赐恤，任内一切处分，悉予开复。应得恤典，该衙门察例具奏。"寻赐祭丧。

——《清国史》新办国史大臣传

钟　泰

宗室钟泰，正蓝旗人。咸丰元年，补宗人府七品笔帖式。八年三月，恭修玉牒告成，保以委署主事升补。十月，补委署主事。九年，升经历。是年，科尔沁亲王僧格林沁督师剿匪，调赴军营差遣。同治元年，擢副理事官。四年，兼步军统领衙门行走。七年，以获盗功，赏四品卿衔，旋因办理军务出力，赏戴花翎。九年二月，京察一等。九月，充杀虎口监督。十二年，京察一等，命以五品京堂候补，寻补理事官。

光绪元年，恭修普祥峪吉地工程，奉懿旨开缺，以副都统遇缺题奏。二年，署正黄旗汉军副都统。三年，补正白旗蒙古副都统。五年五月,兼署镶黄旗汉军副都统。十一月,管理键锐营事务。六年五月,充左翼监督。八月,兼署正蓝旗汉军副都统。九月,署正黄旗汉军统领。七年二月,署镶蓝旗护军统领。三月,调广州汉军副都统。

十三年,署左翼副都统。十四年,授宁夏将军。二十四年,以病请回旗调理。二十五年,乞解职,允之。二十七年,病痊。二十八年八月,授绥远城将军。十一月,卒。遗疏入,谕曰:"绥远城将军钟泰,由宗人府经历荐升副都统,擢任宁夏将军,募兵防堵,安静地方,简任绥远城以来,抚辑军民,克尽厥职。兹闻溘逝,轸惜殊深!加恩著照将军例赐恤,任内一切处分,悉予开复。应得恤典,该衙门例具奏,准其入城治丧。伊子御史荣恺,著以应升之缺升用官学生,荣绅著以主事用。"寻赐祭葬。

——《清国史》新办国史大臣传

下编

察哈尔都统

观 明

观明，瓜尔佳氏，满洲镶黄旗人。乾隆三十年，由领催袭云骑尉世职。三十七年，授印务章京。四十一年，迁副参领。四十七年，擢参领。五十四年，擢察哈尔副都统。五十九年，调青州副都统。

嘉庆六年，迁察哈尔都统。八年，擢黑龙江将军。十年，进白雉。谕曰："朕惟以时和年丰、民康物阜为念，勿事侈言祥瑞也。"十一年，上以黑龙江挑选兵丁，可否添设演习长枪，敕观明详议以闻。观明以情形未便，仍请令演习旧业，毋庸教演长枪。谕曰："所奏甚是，东三省兵丁原以猎牲为业，至马步、骑射、鸟枪等技艺本自精熟，今若令伊等与绿营一体兼习长枪，反致废其本业。将此通谕盛京、吉林、黑龙江将军等，该营兵丁俱毋庸兼习长枪，仍令勤习旧业，务成精锐。"

十四年，调乌里雅苏台将军。十五年，调盛京将军。十六年闰三月，偕收验盛京城工之工部尚书恭阿拉奏："兴京穆移驿站被水冲淹，该处系为恭送永陵祭品及各项差务而设，势难改建他处，请于官庄地方酌拨六十亩，除那建驿厅及马圈外，余地四十亩即以补建众丁房间，其缺额地亩，请交盛京户部于就近于租地内照例拨补。"诏如所请行。

四月，奏："盛京、锦州等处上年被水成灾，见在虽雨水调匀，秋收可望，但米价昂贵，兵丁生计未免支绌，请借支开原旗仓米一万二千二百石，以资口食，秋收后再令照数还仓。"上允之。

七月，因凤凰城防御扎桑阿、佐领乌尔滚泰那移官项，亏短赈银。观明查明入奏，命偕盛京刑部侍郎和宁覆审之，鞫实依律定拟有差。十月，以奉天岫岩、复州、海宁等处被水歉收，观明奏请将本年出借米石及带征上年缓征民欠，缓至来年秋后征收，其本年额征银米仍令照数完纳。得旨允行。十一月,和宁以该处被灾较重,请将新旧钱粮一并缓征。上允所请,以观明未经奏明,严饬之。十二月,奏盛京、锦州、牛庄等处因上年被灾,本年秋收暂停采买。报可。寻以吉林将军赛冲阿,目击奉天灾民迁徙情形,奏明请恤。谕曰:"奉天等处被灾歉收,前和宁于经过该处,据实奏闻。朕当经降旨,将该处应征各项银米加恩缓征,并饬令观明等将有心讳匿之州县查参,该将军等至今尚未奏到,殊觉延玩。昨日奏请停止采买仓谷折内,仅声叙该省粮价增昂,而于地方之荒歉、百姓之流离全不声叙,漠不关心,实属溺职。今赛冲阿途次亲见各灾民挈眷出边,骆驿在道。可见该处被灾情形较重,乃讳灾不报,玩视民瘼,其咎甚重,观明着交部严加议处。"寻议革职。

经新任将军和宁奏岫岩、宁海等处已报成灾,尚非有心讳匿。赏观明二等侍卫,仍留云骑尉世职。十七年,和宁奏:"查明上年奉天等处被灾,熊岳协领果勒敏会具报旗户所种田地秋收歉薄,观明仅批令妥为安慰,并未委员查勘。"谕曰:"观明玩视民瘼,厥咎甚重,本应革职治罪。姑念年老衰颓,庸懦无能,从宽免其治罪,着革职,永不叙用,以为不实心为国者戒。"二十三年,卒。

嘉庆十年,岁在乙丑十一月,黑龙江将军观明献白雉一笼,表请以付史馆以昭瑞应。睿皇帝谦德不居,诏以时和年丰,民安物阜为瑞,仅敕令内廷诸臣赋诗纪之。按《孝经》援神,契《春秋感精符》,咸以白雉来翔为祥征庆祝。自越裳进献而后,汉唐旧史亦复侈陈至哉。圣人直轶周成而过之,无论后世矣。

右纪闻,陈康祺撰。

——《国朝耆献类征初编》卷三百九

佛尔卿额

佛尔卿额,图伯特氏,蒙古正白旗人。祖领侍卫内大臣拉锡,自有传。佛尔卿额于乾隆二十五年授鸿胪寺赞礼郎。二十六年,授蓝翎侍卫。二十九年,升三等侍卫。三十五年,授公中佐领。四十年,升二等侍卫。四十九年,擢鸿胪寺卿。五十四年元旦,上御太和殿受贺,行礼官有越至甬道者,佛尔卿额未将排班赞礼人员查出,交部严议。寻议降二级,上从宽留任。五十五年,升头等侍卫。五十九年九月,擢通政使司副使,仍兼鸿胪寺行走。十二月,迁太仆寺卿。

嘉庆三年七月,授镶红旗蒙古副都统,兼上驷院卿。九月,擢内阁学士,兼礼部侍郎。四年,授銮仪卫掌卫事,寻命往库伦办事。六年,授理藩院右侍郎,仍兼管鸿胪寺事务。八年正月,授察哈尔都统。九年,察哈尔部落孀妇察罕达里,主使家奴杀毙都噶尔一家四命一案,佛尔卿额由驿驰奏。上以其擅用驿递,饬之。

十年二月,奏:"章口驻防官员兵丁向无官房,即于上堡圈城内给与官房居住。后因城内商人渐多,地方狭隘,官房被商人租住,官弁均于圈城外赁房居住。请嗣后每年年终,但将先后官员兵丁所驻三营以内官员房,有无私行租典之处行报兵部,其圈城内官房仍赁给商人,以免纷更。"又奏:"口北道衙门内贮有历年节蓄,各驿余费生息银两,请拨一万两交口北道,按月生息,分给各驿,以备公用。"均从之。六月,命驰赴山西查办大同镇总兵恩承阿迟发兵饷一案,恩承阿畏罪自尽。奏入。谕曰:"佛尔卿额既查出恩承阿有迟放兵马银两之事,即应奏请解任,或派员留心防范,乃任其畏罪自尽,办理实属疏忽,著交部议处。"寻议降一级留任。十二年四月,因病回京。八月,授正红旗汉军都统。十四年,谕曰:"佛尔卿额年逾七十,在乾清门行走多年,前任察哈尔都统时声名亦好,著加恩在紫禁城内骑马。"

十五年二月,管理蒙古、唐古特、托忒等学事务。三月,擢理藩院尚书。十一月,因正红旗汉军旗妇、子女,私雇于宗室瑞泰恒家使用滋事。奉旨:"该旗都统平日管辖不严,佛尔卿额著交部议处。"寻议罚俸六个月。十七年,卒。

孙崇庆,见任兵部笔帖式。崇贵,二等侍卫。崇福,銮仪卫云麾使。

——《国朝耆献类征初编》卷九十五

祥 保

祥保,钮祜禄氏,满洲镶黄旗人。乾隆三十九年,由闲散袭佐领。四十年,授三等侍卫,在乾清门行走。四十六年,升二等侍卫。

嘉庆四年二月,擢头等侍卫。三月,迁镶白旗汉军副都统。五年,调西安右翼副都统。十一年,宁陕贼匪滋事,随征之。西安军标满洲兵于方柴关溃散,经钦差大臣德楞泰参奏。谕曰:"副都统祥保在任有年,不能认真训练,以致官兵不知军纪。且此次官兵等临阵逃走,该副都统岂竟毫无觉察,乃亦相率缄默,咎实难辞。祥保著退出乾清门,仍交部严加议处,并著即来京听候部议。"寻议革职,上加恩改为降四级调用,赏蓝翎侍卫在大门上行走。

十二年二月,德楞泰奏:"审明西安满洲兵实系接仗,竟日并无见贼逃窜情事。"赏二等侍卫,仍袭佐领职。三月,充伊犁领队大臣。五月,调乌里雅苏台参赞大臣。十三年,赏副都统衔,调塔尔巴哈台参赞大臣。十四年,降匪蒲大芳等聚众谋不轨,祥保偕领队大臣百顺立即擒获,下部议叙。十五年三月,调镶蓝旗蒙古副都统。六月,迁西安将军。十六年,以参赞任内失察游牧总管福珠灵阿于所部索取驼只,并侵那勒价,部议降二级调用，上加恩改为留任。

十七年三月，调成都将军。四月，赏都统衔充驻藏帮办大臣。十九年闰二月，复调西安将军。十二月，调察哈尔都统。二十一年，偕副都统贡楚克策楞，劾奏参领旺楚克于秋审勾决绞犯，延不行刑，谕曰："外省自九月二十日起至十月二十日止，停止行刑，该都统等接到部文已在停止行刑期内，即应将部文封存署内，以免漏泄，俟应行刑之期计算程站发往，方为正办，不应先行发往。祥保著交部察议。"寻经祥保等据实检举，复下部议处，议降二级留任。得旨："此案祥保于停刑期内将绞犯萨拉图等处决，不谙定例转将呈报，商阻之署参领旺楚克参奏革职，实属糊涂。兵部议以降二级留任尚觉过轻，祥保本应降调，姑念一时更换乏人，改为降三级留任。"二十二年，调宁夏将军。二十四年，调福州将军。二十五年，召还京。

道光元年七月，授正白旗汉军都统。八月，赐紫禁城骑马。二年，以军政卓异滥保劣员，部议降调。谕曰："祥保现已年老，不能管理旗务，无庸降调，著即以原品休致。"六年，卒。谕曰："原都统祥保，系自乾隆年间充当乾清门侍卫，荐升将军、都统，宣力有年。前因年老以原品休致，兹闻溘逝，殊堪轸惜，著加恩照都统例赐恤，所有任内处分悉予开复，应得恤典，该衙门察例具奏。"寻赐祭葬。

——《清国史》大臣画一传档次编卷一一〇

伊冲阿

宗室伊冲阿，正蓝旗人。乾隆四十七年，由七品笔帖式补宗人府主事。五十三年，升副理事官。五十四年，补理事官。五十八年，授浙江道监察御史。

嘉庆元年，转户科给事中。二年，调吏科给事中。五年，擢乌什办事大臣。九年，召来京，授镶蓝旗蒙古副都统。十一年，调正黄旗满洲副都统。十二年，擢盛京兵部侍郎，兼盛京副都统。十三年六月，奏参冷口旗营防御锡霖布拆毁边墙城砖修盖房屋，解送刑部审讯。谕曰："此案人证均在，各处边墙坍缺亦须亲往踏勘，一切详细情节刑部何由而知。关外案件俱欲解交刑部办理，该处又安用各该管大臣为耶？伊冲阿著亲赴边墙查讯，得实定拟具奏。其自请议处，俟定案时一并核办。"七月，又奏："喜峰口雨水涨发，官兵营房坍塌，臣见在冷口讯案完竣，拟亲查勘。"谕曰："营房被水浸塌，自有该处本管大员查办。伊冲阿非钦差可比，冷口查案既竣，自应速回本任，何庸伊赴喜峰口会勘耶？著传旨申饬。"

十三年九月，奏："边外流民出口，缘时值水灾，无业之民因吉林长春厅及奉天新设之昌图厅等处，蒙古地土开垦，佣工较易。请自嘉庆十四年为始交该厅查照原奏人户地亩数目，如于原额外增添一户，或原户在原定蒙古地数外多垦一亩，责惩示儆，地方官容隐不报，查出参处。至出口人民令由原籍起关照，到关验明，留照放行，仍在原籍起随身护票，至所往地方缴官备查。倘到边门无照，概不放出。"下户部议覆，得旨，如所议行。

十五年二月，因前在乌什办事大臣任内，失察所属粮员亏短仓粮，下部议降二级调用，上加恩改为降三级留任。八月，又以失察盛京地方私种秧薐，并局员知情得贿各弊，交部严议，寻议革职。九月，赏还四品顶戴，以宗人府七品笔帖式用。十月，赏三等侍卫，授乌什办事大臣。十六年，升头等侍卫，为塔尔巴哈台参赞大臣。十八年，授乌鲁木齐都统。十九年，以病召回京。八月，授都察院左都御使。十月，西城正指挥王庆长因婢女诡称署内有贼，庆长不察虚实，妄报贼匪持刀劫盗等情，伊冲阿并未传讯明确，率行入奏。经刑部鞫实奏闻，褫庆长职，改授伊冲阿乌里雅苏台将军，仍降一级留任。二十一年，授镶黄旗蒙古都统。二十二年四月，迁理藩院尚书兼都统事。六月，调工部尚书。七月，转兵部尚书，兼正黄旗汉军都统。十一月，授热河都统。二十三年九月，访缉烟筒山聚匪盗挖铅砂，争峒械斗，奏请惩禁。谕曰："伊冲阿所办甚是，朕每年驻跸热河烟筒山，在承德府境内岂容匪徒聚集，著该都统责成地方官永远查禁。寻调正白旗汉军都统。"十月，补察哈尔都统。十一月，调热河都统。二十四年，以目疾乞休，允之。道光九年，卒。

子恩伦，三等侍卫。锡麟，宗人府副理事官。

——《国朝耆献类征初编》卷三一六

富 兰

富兰，莫尔德里氏，满洲正黄旗人。父巴特玛，正蓝旗蒙古都统，自有传。乾隆五十六年，富兰由护军授护军校。五十七年，迁三等侍卫。

六十年二月，湖南逆苗石三保等围永绥，附首逆吴半生为乱，富兰随将军福康安往讨。三月，进兵竹子山，贼聚兰草坪西北崖板寨中，伪树帜东南山凹，伺我兵入将截击。富兰侦知其计，先置炮对山丛石间，即令全军自凹入，贼悉众来拒，伏兵俟其过，飞炮击之，贼溃。赏裕钮巴图鲁名号。四月，攻檞木陀山，贼窜腊夷寨，我兵由滚牛坡截之，檞木陀山之西为登高坡，与黄瓜山对峙，石老虎湾通贼巢，大军五路进攻，富兰率师冒雨鏖战，枪矢无虚发，贼惊窜，纵火焚之，毁大寨五十六，擒贼百，歼毙无算。

五月，吴半生据菡麻寨，柳邹等据鸦酉、鸭保两寨应之，我兵进攻小红岩夺大小喇耳山，焚苗寨四十。吴逆复纠猿猴寨、狗脑坡二十余寨花苗来拒我师，先自雷公山一路截其援兵，复于西梁左右合力夹击，连破上中下三寨，大败之。贼奔花苗寨中，整师五路分进，富兰冒险仰攻，争先攀陟，克寨六十、木城西四石卡三十五。六月，败之于板登寨，复败之于雷公滩，遂夺古哨营。九月，吴半生由鸦保寨窜高多寨纠众抗拒，我军四面围攻，吴逆穷蹙率其党降。叙功，下部议叙。十月，进攻龙角硐，趋鸭保山克之，夺大小木城石卡三十。十一月，由鸭保直趋天星寨，风雪中率师夜发袭败之，火其巢，贼窜，夺木城七、石卡五，克垂藤、董罗诸寨。寻乘胜取卧盘寨，贼目吴八月就擒。十二月，攻爆木营、拔地良、八荆、桃花等寨，贼又于普安寨协众来拒，败之。贼目二克高斗山，贼众复据擒头坡、赢马硐各险隘负嵎抗拒，我兵分队鱼贯进夺擒头坡诸城卡、赢马硐及两岔河、川硐大小山梁，斩级二百，焚寨三百。

嘉庆元年二月，升副护军参领。七月，进攻平陇，由捧风坳、杆子坪分路进兵，败之于关云山。八月，升护军参领。十月，别攻社神堂，连克木城石卡，时平陇贼匪负固已久，我兵拿卡甫定，贼复于莽车孟水冲等处纠党死守，大兵四路进攻，富兰由老口岩直趋平陇，并力轰击，下之。十一月，连夺养牛塘、刚息冲诸卡，降诸苗五千余户。十二月，由莽车改攻贵鱼坡之南，夺马头山余锦坡，克大小贼卡二十，歼首逆石柳邓于阵，俘贼目石老高，贼之窜伏者搜斩无遗。

二年五月，川陕楚教匪煽乱，随副都统衔额勒登保出师楚北，贼渠林之华、覃加耀据芭叶山。富兰带兵由长阳县之廖家台进趋车家湾，峰密蛊列，忽断忽连，贼众各于要隘筑卡，我兵乘其不备，由箐林中攀援潜上，直据岭巅，全军四路策应，并力攻克，夺卡三十，歼贼五百。六月，贼窜五家河，我师截击败贼于红土溪。八月，驻营大合山，贼众从对山偷渡长滩河，为兔脱计，我军设伏以待，截其去路袭杀之。九月，克燕子岩。

十月，由张义坡、铜盆岭追蹑，战于铜鼓包，歼贼郑三级等三十五人。三年正月，俘贼渠覃加耀于终报寨。二月，楚匪窜陕，富兰移师追剿。四年七月，襄阳蓝号首逆张汉潮西窜甘肃之两当、凤县一带，富兰随参赞大臣明亮取道瓦寨奋力抄截，叠有斩获。八月，贼踞辣椒园，富兰驰击遇之于红河寺，贼复屯梨泽坪，官设伏野鸡沟，三路并发击走之。九月，贼窜石峡子，富兰率所部兵马步并进，歼贼三百，获贼目徐贵。十月，击贼于陕省之洵阳坝阵，枭贼渠张汉潮，执贼目李潮，斩级二百。捷闻，下部议叙。

十一月，御贼于柴家关。十二月，贼党分窜涝峪、田峪、十峪，富兰偕参将萧福禄带兵抄截，扼其北窜之路。五年正月，击贼于小油房沟。二月，贼据汪家山，副都统扎克塔尔领右队，副都统纶布春领左队，富兰偕萧福禄统中军，三路进攻，克之。三月，擢浙江湖州协副将，仍留镇安山阳一带防堵。八月，截剿黄号股匪伍金柱，由佛堂寺进兵化岭，连破之。九月，贼走大水沟老林，我兵穷追，俘馘无算。十二月，追击蓝号股匪冉学胜于太子坪，歼擒二百余。六年五月，授直隶宣化镇总兵，贼由白洞沟窜缯溪，我兵绕击之。六月，进取西乡紫阳一带，大败贼众。七月，赴留坝界搜捕零匪。八月，贼由巴山折回北走，迎剿于板桥垭箭杆山钟家沟。九月，贼奔洵阳平利，富兰率劲旅沿江分堵。七年七月，进兵松树坝。十月，攻新寨子，执贼目黄宗林，川陕平。

八年正月，凯撤。五月，署泰宁镇总兵。十一月，奏："请将万年吉地监修工程人等仿照各馆誊录供事例，分别等第给予议叙。"谕曰："在工各员既已叠次邀恩，何得再三烦渎，著传旨申饬。"九年，调河南河北镇总兵，旋调广东雷琼镇总兵。先是，富兰在署泰宁镇总兵任内失察，管工大臣盛住私许石商在青桩内开采山石，部议降三级调用，上加恩改为革职留任。十二年，失察海洋被劫，降二级留任。

十三年，因盛住管理各工草率偷减，事觉逮治。上以富兰前曾兼管工程，耳目切近，不加参劾，命解任来京，寻谳定，富兰坐徇隐不职遣戍。十四年四月，复以石工不实降三级注册。九月，谕曰："朕本年五旬万寿，覃敷闾阎泽，因思从前获咎遣戍革职各员内有情节稍轻者，尚克量予恩施，富兰著赏给上虞备用处蓝翎侍卫。"

十五年，擢三等侍卫。十六年正月，授镶黄旗汉军副都统。七月，迁直隶正定镇总兵。十八年六月，授正黄旗汉军副都统，寻授正白旗护军统领。九月，直隶长垣教匪不靖，命随直隶总督温承惠往讨。十月，偕宣化镇总兵音登额、侍卫苏伦保三路会合，歼贼八百，俘贼百，进克道口，又败贼于滑县之表家庄。是月，以失察已革都司曹伦习教从逆，下部严议，寻议夺职。得旨："富兰现在军营带兵，其议处之案著交军机处存记，俟事竣核其功过再降谕旨。"十一月，贼由滑县西南直扑大营，富兰偕提督马瑜左右掩击，败其众，追至李家庄歼之。进攻汤二庄，贼树栅浚濠恃险抗守，与东湖、西湖两村贼匪为犄角之势，我兵乘夜围攻，越濠痛剿，贼遁入砖楼，焚其巢，歼贼五百，执贼目孔传文。东湖、西湖贼来援，复败之。旋赴杨家店、王家道口、王新寨等村，搜剿诛贼目邢全忠，擒郭明山余匪，歼擒无算，出难民一千余。捷入，谕曰："富兰在正黄旗军副都统任内失察逆犯曹纶，咎有应得。但伊到任月余，为时甚暂，旋派赴军营带兵，此次打仗出力，著加恩免其议处，仍交部议叙。"十二月，滑城克复，富兰带兵暂驻彰德顺德一带弹压。十九年二月，凯撤回旗。三月，兼公中佐领。二十年，授山海关副都统。二十五年四月，迁正白旗汉军都统。七月，调察哈尔都统。

道光三年十一月，召来京。十二月，署正红旗蒙古副都统。四年，授镶黄旗蒙古副都统。六年，调正白旗满洲副都统。七年，授正白旗护军统领。八年，因病陈请开缺。十二年，卒。子福克精阿，三等侍卫。爱兴阿，二等侍卫。

——《清国史》大臣画一传档次编卷九九

瑚松额

瑚松额，巴岳忒氏，满洲正黄旗人，西安驻防。由前锋于嘉庆元年随将军宗室恒瑞剿湖北教匪。四年，随钦差大臣那彦成等击贼于土地堡等处，叠有斩获。五年，授笔帖式。六年，升骁骑校。七年，仍在湖北军营，击贼于东岳寨等处。以功赏荷囊、玉韘各件。十一年五月，升防御。八月，随钦差大臣德楞泰剿平陕西宁陕叛兵。十三年，升佐领。十七年，升协领。

十八年，河南教匪李文成等滋事踞滑县城，并分屯道口、桃源等处。瑚松额奉檄带领马队赴剿。以道口贼出巢焚掠，随副都统富僧德迎击败之。贼回巢拒守，并于附近设伏，复随富僧德与大军分路抄截，克其巢，遂抵滑城。桃源贼屡图入城接应，城内贼亦叠出拒战，均经官兵击败。瑚松额随富僧德由东门与大军并力合攻，克滑县城。奏入，赏戴花翎。二十三年三月，由兵部带领引见。得旨交军机处记名。十二月，升福建福州副都统。二十四年，署福州将军。

道光三年，召来京，寻授察哈尔都统。五年，擢四川成都将军。六年，遵旨查核德尔格忒土司与西宁玉舒巴彦囊谦千户控案。先是，玉舒巴彦囊谦千户于乾隆年间经西宁办事大臣断，令分三百户与其弟索诺木旺尔吉为小囊谦，原系德尔格忒土司之祖为之调处。嗣因索诺木旺尔吉之子诺尔布不能服其所属，奔大囊谦，意图兼并小囊谦家属及所属番目，因投诉于德尔格忒土司。大囊谦复以德尔格忒土司有欺凌小囊谦情事，遂互控涉讼。至是讯明，奏："请仍如原断，使大小囊谦各循其旧。嗣后玉舒巴彦囊谦不得觊觎小囊谦户口，德尔格忒土司亦不得再预邻封事，以息争端而绥边境。"如所议行。

七年六月，署四川总督。七月，以越嶲厅属夷人有潜至边界抢掳汉民妇女情事，派员带兵搜捕，擒获夷匪并汉奸各犯，分别惩办。追出被掳难民男妇，妥为安抚。奏入，以办理迅速，得旨嘉奖。八年，赐紫禁城骑马。九年三月，调吉林将军。八月，上东巡，迎驾于山海关，扈跸前往。以射布靶中三矢，赏穿黄马褂。九月，复以随扈，赏加一级，赐蟒服、缎匹。十二月，以宁古塔三姓地方禾稼歉收，奏请将旗民兵壮应纳地丁、仓谷分别缓征。允之。

十年正月，丁母忧，回驻防旗。命于陕西藩库给银二百两，资其丧葬。三月，署盛京将军。十一月，查出边外守卡官防御乌云保擅离卡伦，率卡兵入边居住。奏请夺乌云保职，卡兵分别褫责，失察各官下部议处。均如所请。十一年四月，奏筹整饬戎政章程，疏言："八旗官兵轮替操演，应令城守卫等各于所属加意遴选，册送将军衙门分季校阅，以重武备。又旗员挑缺，请宽其公过，以广选用。管理地方旗员，应令回避本城，以杜流弊。"俱允之。九月，以误准发遣宗室祥佑告假回京，并给发路引，镌一级留任。十二月，入觐。上以其年届六旬，御书"福寿"字并如意、朝珠、文绮等件赐之。

十二年三月，复召来京。以湖南永州逆猺赵金陇，聚众肆扰，命偕御前大臣宗室禧恩为钦差大臣，驰往督剿。行抵衡州府，赵逆已就歼戮，其党赵仔青复纠合二千余匪由粤东窜扰楚境，瑚松额等督兵剿灭之。遂偕宗室禧恩、湖广总督卢坤、湖南巡抚吴荣光等条陈善后事宜：一、筹抚恤。逆猺滋扰地方，被难民猺，照水旱偏灾例一律抚恤。一、重官守。旧设永州府理猺同知衙署倾圮，应于江华、永明两县适中挖要之地兴建驻扎，其相距较远之宁远、新田、蓝山等处猺户，于三县适中处所改驻通判分理，均改为边疆要缺，并改江华县为繁缺，添建蓝山县大桥司巡检衙署。一、勤巡哨。各猺境塘汛皆在深山，应于湖南省内地各标营拨兵百名增入锦田、大桥等汛，令将备汛弁各按季月巡哨。一、清叛产。逆产入官，清查田地顷亩及高下等则，招良猺佃种，以租入十分之二赏猺总等，其余以养猺人之孤寡残废。又设义学、义仓，统归理猺厅督同地方官随时措置，并禁民人入猺寨贸易、放债。一、严保甲。于衡、永一带民猺杂处之所，按户查明姓名、年貌、人数、艺业，载入门牌。十家设一总牌，并取具连环保结备核。一、察猺俗。猺人所居冲寨峒源，向有猺总、猺目等管摄，应循其旧，加以劝惩。倘有倡邪、逞凶等事，责令报官拿究,容隐扶匪者连坐。如能办公妥协、管教有方,期满三年,给以花红并酌赏外委顶戴示奖。一、惩奸棍。猺人笨拙,易为奸民欺压,应饬不时严拿惩办。一、收火器。猺人素以鸟枪打牲,应饬猺总查禁,概令缴官,并禁铁工制造。内地出产硝磺,严禁私贩。一、奖义烈。逆猺滋扰土民有捐资倡义击贼阵亡及妇女被掳守节捐躯者,均确查请奖。"疏入,下部议行。

时粤东连山排猺亦叛,复遵旨偕宗室禧恩率提督余步云等赴剿,连战辄胜,擒首逆邓三盘、文理等,群猺震慑。奏入,赐玉牒、翎管、黄辫、大小荷囊,并下部议叙。旋以猺众投诚、缚献逆首、猺山全境肃清。驰奏复,谕曰:"瑚松额前派查办湖南江华逆猺、督剿广东窜楚猺匪,甚为得力。及往广东,于事阅半载未办之猺,甫抵连州一月,即能大加惩创以振国威,各猺投诚乞命,办理实为迅速。著赏换双眼花翎,并一等轻车都尉世职。"因复偕宗室禧恩等奏陈善后八条:"一、连山绥猺同知,应择干员照湖南理猺同知,改为边疆要缺。一、三江扼要处,责成副将率备弁随时与连界之湖南、广西各专汛会哨。一、民猺贸易,准自立猺墟,与民集互市。其应征猺粮,令猺长率该户赴厅交纳。一、各猺有出山扰民者,责令猺长交出,毋许徇庇。一、猺产只准与猺人售卖,不准民人交涉。违者产归猺人,不追原价。一、严禁猺人私藏鸟枪、火药。一、猺山居民一律赒恤,禁止报复及土匪抢掠。一、猺人大排内设立猺长外,每排添设猺练十人,管领小冲猺户,统归连山厅把总管辖。"均得旨议行。

十一月,回京。命往署福州将军。旋以台湾匪徒张丙、陈办等滋事,复命为钦差大臣,偕参赞大臣哈朗阿迅往剿办。濒行,赏银二百两并黄面貂马褂、黑狐裘等件。十二月,驰抵福建。时巡抚魏元烺先已檄提督马济胜将兵二千赴剿,连战皆大捷,逆首张丙、陈办、詹通、陈连并先后应贼之北路彰化人黄城、南路凤山人许成等以次擒获,台境略平。

十三年正月,命仍渡台督同马济胜等搜捕余党。二月,抵台，出示谕民，令缚送贼徒，胁从者勿治。擒大股首匪及贼目王章、孙恶、苏定等二十八人，贼党二百六十九人，北路彰化匪徒五十余人，分别实之法，并遵旨将张丙、陈办、詹通、陈连械送京师。四月，复调成都将军。五月，以大功告蒇、全台肃清。奏闻，谕曰："瑚松额渡台督同马济胜等搜捕余匪，散其胁从，又擒获大股首匪、贼目多名，全台安堵，迅速蒇功，实堪嘉尚。著赏加太子少保衔，仍交部从优议叙。"十月，抵成都将军任。十四年，四川峨边、马边两厅属雅扎等支夷勾结滋事，出巢焚掠。经提督杨芳歼毙夷目，瑚松额即偕杨芳以诸夷肃清入奏。既而雅扎等支夷复滋扰，瑚松额以杨芳办理未善，奏劾之，下杨芳严议。部议瑚松额降二级留任。上以其据实奏参，改为镌一级。

十五年正月，授陕甘总督。二月，以前剿匪台湾将襄办军务之幕友陈时等五人含混保请议叙，镌一级留任。九月，以甘肃官茶壅滞，奏请将未完课银分五年带征。十一月，以河州、皋兰等二十八州县被灾歉收，奏请缓征额赋。俱允之。十二月，奏陈兵丁骄纵，应加意训练，妥为驾驭。又密陈吏治情形，设法整顿。均奉谕旨。十六年四月，以题补陕西靖远协都司刘奇引见时箭不到靶，镌一级留任。

十月，以呈递贺表擅用六百里，复镌一级。十七年正月，京察届期。上以瑚松额不露锋芒，细心任事，下部议叙。三月，西藏堪布入贡，行抵岐米加纳、托逊讷尔等处，为四川格尔次及果洛克各番匪所劫。瑚松额派员往缉，歼获贼番数十人，并起获原赃。因奏："请前、后藏堪布进京，改由柴达木行走。届时由青海大臣就近派兵百名护送进口。六月，又以野马川地方与大通河迤南边外，野番较近，防守宜严，遵旨偕提督周悦胜会议奏请，于河北坡岸立栅，山岩筑设墩卡，派拨弁兵防守，并将提标中左右三营、前后二营厂马各归并一处，使其互相通融，庶兵力较厚、防缉亦易得力。"疏入，均得旨允行。十一月，以陕省秋审各案经刑部由缓改实者六起，坐率行会衔，镌一级留任。

十八年正月，以洮州、岷州地震灾，奏请缓征额赋。八月，四川总督宝兴奏银价日昂，由奸商以钱票辗转磨兑，并无见钱交易所，致请敕查严禁。上命各督抚查议。瑚松额奏言："甘省民间银钱交易，俱系见钱，间有出票，仍即于本号取钱，从无磨兑之事。且钱与票同一价值，其用票者取其便于携带，并非铺户取巧，应请无庸禁革。"俱允之。

十九年五月，以甘州、西宁、肃州提镇各标马厂孳息日多，厂牧拥挤，奏请循照成案将老瘠不堪留牧者变价充公，并减撤牧兵归伍。下部议行。八月，御史焦友麟奏州县官讼狱催科日不暇给，请以稽查邪匪任之教官，择生员分司其事。上命各督抚会同学政妥议。瑚松额偕陕西巡抚富呢扬阿、陕甘学政孙瑞珍疏言："州县亲民，责兼教养，教官课士，禁预地方。一旦任以劝谕、稽查，非惟呼应不灵，尤恐藉端多事。况教官额俸无多，查访所需，力难自备，非索州县，即扰闾阎。至生员出入衙署，必非安分之徒，若令分任稽查，将挟嫌妄讦藉端讹诈，弊不胜言。总之，有治人，无治法。州县官果力行保甲，遇事劝惩，自足正人心而励风俗。如令人分任其劳徒启诿卸之渐，所奏窒碍难行。"上韪之。

二十年六月，调热河都统。旋复命署陕甘总督。十一月，以河州、皋兰等十九州县水旱雹灾，奏请缓征额赋。十二月，以安西州属马莲井金厂日久砂微，课金短绌，奏请将额募人夫五百名酌减二百名作为定额。俱如所请。二十一年，因病陈请开缺。得旨准其回西安驻防，安心调理。一俟病痊，即来京听候赏给差使。二十二年，以任陕甘总督时于应拟军罪人犯失入拟绞，镌一级。

二十三年，以病久未痊，恳请休致。允之，并赏食全俸。二十七年，卒。谕曰："前任热河都统瑚松额，历任将军、总督，屡经带兵出师，宣力有年，勤劳素著。前因患病乞休，准回陕西驻防调理，并赏给全俸。兹闻溘逝，殊堪轸惜。著赠太子太傅衔，照总督例赐恤。任内一切处分，悉予开复。应得恤典，该衙门察例具奏。"寻赐祭葬，予谥果毅。

子伊金布，刑部额外主事，袭一等轻车都尉世职。

——《国朝耆献类征初编》卷一九七

和世泰

和世泰，钮祜禄氏，满洲镶黄旗人。六世祖额亦都，事太祖高皇帝，为佐命勋臣，封一等宏毅公。父恭阿拉，以孝和睿皇后之父，封一等承恩侯，晋三等公，官礼部尚书，俱有传。

和世泰由亲军于嘉庆三年擢銮仪卫、整仪尉。五年，迁治仪正。六年，迁云麾使。九年，升冠军使。十年八月，上念额亦都佐命功，以和世泰为头等侍卫，命在乾清门行走，仍兼冠军使。十一月，升銮仪使。十一年，擢正红旗汉军副都统。十二年，上谒西陵，于秋澜行宫启跸，时升轿校卫失跌，和世泰以平时未能阅练，退出乾清门，在冠军使上行走。十三年五月，管理三山事务。六月，调正红旗满洲副都统，兼总管内务府大臣，并管理畅春园御船处事务。旋以内务府笔帖式嵩俊、翔云蒙混报捐，总管大臣等陈奏为之开脱。和世泰坐扶同见好，降三级留任。十一月，以任听内务府大臣广兴，擅行抵扣宫中例用绸鞋。和世泰偕总管大臣英和等并不亲自点验，据实参奏，降四级留任。寻以降级留任不足示惩，特旨降三品顶戴，夺花翎。十二月，上以时届年节，内务府大臣供职内廷观瞻所系，仍赏还二品顶戴。十四年三月，赏还花翎。七月，授内阁学士，兼礼部侍郎衔，充崇文门副监督。十二月，以工部书吏王书常私雕假印，冒领广储司帑银八次，和世泰坐失察，夺花翎，降三级留任。

十五年正月，命偕户部左侍郎托津等将内务府大库严立章程，详加综核。四月，赏还花翎。六月，署左翼总兵。十六年六月，以呈递月折误书回避字样，降四级留任。十月，复署左翼总兵。十一月，以开单奏派查验茶膳房器皿，未将侍卫阿那保、华聘、安成、苏尔慎四人开列，谕曰："和世泰于开单奏派一事将阿那保等四人扣除，经朕询问回奏，四人系东三省人，均属糊涂，即开列亦未必简派，实不成话。和世泰既以明白自命，何以内务府之事动辄得咎，交审事件总不能结，伊年轻识浅，甫令学习办事，正当加意谨慎，辄敢心存自满，蔑视同僚，且伊远祖额亦都本系东三省人，不但意存狂傲，抑且自忘其本，厥咎甚重，姑念年幼无知，量予薄惩，俾知儆惧，著拔去花翎，革去内阁学士、副都统，实降一级，以三品顶戴留总管内务府大臣之任，仍带降二级留任。所管各处差使，均令照旧管理。原署左翼总兵亦令暂署以观后效。"十二月，以失察清漪园窃案降四品顶戴。

十七年正月，上以东河合龙，瑞雪应时，推恩赏和世泰三品顶戴。六月，以清漪园窃犯就获，赏还花翎，并二品顶戴。九月，授镶白旗汉军副都统。十八年正月，掌銮仪卫事。三月，袭三等承恩公。四月，兼勋旧佐领。六月，乾清门侍卫，署正白旗汉军都统，罢总管内务府大臣，仍管理茶膳房及三山事务。九月，擢镶白旗汉军都统，命在御前侍卫上行走。时逆匪林清潜令伙党突入禁城，和世泰扈跸热河，命偕拉旺多尔济等先回京查看情形。十月，复授总管内务府大臣，并管理御药房太医院事。十一月，授理藩院尚书。十九年闰二月，罢御前侍卫，又以特员交办事件议奏迟延，镌级留任。十二月，赐紫禁城骑马。

二十一年闰六月，署工部尚书。七月，以带领暎咭唎贡使瞻觐贻误，下部严议。寻谕曰："前因苏楞额广惠于暎咭唎贡使演礼一事办理不善，特派和世泰、穆克登额迎赴通州，谕以七月初六日为限，限内能行礼即带同来京，倘限满仍不如仪，即据实参奏候旨。乃和世泰于初五日含混具奏，径于初六日带领来京。是日未刻召见，和世泰等免冠碰头奏称，实未演礼，明晨该贡使必能如仪。次日膳后，朕传旨升殿召见来使，和世泰不将该贡使行走竟夜朝服未到不敢瞻觐情由据实，上闻连以失礼之词奏延时刻，已近辰时不能成礼。是此事办理错误，和世泰之咎最重，本应照部议降调，但将伊降用侍卫，转得置身闲散，遂伊懈怠本怀。著革退理藩院尚书、镶白旗汉军都统、銮仪卫掌卫事，罚公俸五年，格外施恩，仍留公爵内务府大臣，管理御茶膳房、清漪园等处。革去黄马褂，准带花翎。"九月，罢紫禁城骑马。

二十二年七月，复授理藩院尚书，赏穿黄马褂。十一月，兼正白旗汉军都统。二十三年五月，署镶红旗满洲都统。八月，上诣盛京谒福陵，并临奠额亦都墓，谕曰："额亦都为我朝开国元勋，宜赏延后嗣，尚书和世泰供职勤慎，著加恩赏太子少保衔。"九月，复赐紫禁城骑马。二十四年五月，调正蓝旗满洲都统。六月，管理武备院事务。七月，以内务府所派听事笔帖式探听外衙门之事，随时附禀总管大臣不为阻止，降二级留任。九月，调兵部尚书，命在御前侍卫上行走。十月，以文颖馆不戒于火，和世泰督率弁兵迅即扑灭，下部议叙。

二十五年正月，上赐王大臣宴，于重华宫命仪亲王永璇等二十八人联句，和世泰与焉。四月，以兵部遗失行印，查出皂役私穴署内墙垣，自辟门径，和世泰坐失察，得旨革去宫衔紫禁城骑马、御前侍卫、兵部尚书、正蓝旗满洲都统，留总管内务府大臣管理茶膳房、清漪园等处，仍带革职留任。七月，仁宗睿皇帝升遐，宣宗成皇帝命恭理丧仪。八月，赏都统衔，仍赐紫禁城骑马，并允崇文门监督。九月，复授镶白旗汉军都统，并管理御药房太医院事务。十月，复授理藩院尚书。十一月，署正黄旗汉军都统。十二月，授福州将军。

道光二年，召来京，授镶白旗蒙古都统。三年，署正红旗蒙古都统。四年七月，管理圆明园八旗内务府三旗事务，并管理新旧营房。闰七月，命在内大臣上行走。八月，署镶白旗汉军都统。十月，调正蓝旗蒙古都统。五年正月，署正黄旗汉军都统。七月，授察哈尔都统。六年三月，奏："察哈尔八旗游牧预备台站差务，牲畜遇有倒毙，例无正项开销，自行捐赔，殊形苦累。

请于口北道库储项下借银三万两，发商生息，作为各项公用，年终报部核销，每年于官兵应领俸饷扣还一万两，分作三年归款。"允之。

八月，逆回张格尔作乱，和世泰奏请陛见，并驰赴军营效力。谕曰："所奏实属不合，著来京当差。"十月到京，上传旨令军机大臣询问，和世泰奏言："急求瞻觐天颜，并无急欲面陈之事。"谕曰："和世泰经朕简用察哈尔都统，责任綦重，当以官守为念，即轮应年班，自有一定日期，若近京大员遇事简时即行奏请入觐，成何体制。著革去内大臣，仍交部议处。"九年，赏委散秩大臣。十年，复命在内大臣上行走。十二年，授宁夏将军。

十八年，调杭州将军。先是和世泰在宁夏任以兴修衙署摊扣官兵月饷，及马料尾零变价银，历年遇有生日婚娶亦饬属摊扣银钱作贺。十九年三月，前锋伊克唐阿以协领富忠等克扣兵饷馈送营私等词讦控，将军特依顺等奏闻，命刑部尚书隆文往偕特依顺等查办，并解和世泰任，赴甘肃质讯。旋讯明和世泰克扣兵饷，得受赃属实，复经军机大臣等遵旨核复，谕照议斩监候，勒限一年追赃，限内全完请旨发遣，不能全完，著入次年，秋审情实。嗣以全数完缴，遣戍黑龙江。十月，释回。三十年，文宗显皇帝御极。谕曰："向例推恩袭爵之人罪至革爵者不准承袭，从前和世泰以外任将军获咎，革去公爵，其应否承袭，皇考谕令该旗候旨办理。仰惟圣意亦欲从缓加恩，朕追思孝和睿皇后母家尚未袭封有人，敬体皇考谕令候旨之意，和世泰之子崇恩著准袭一等承恩候。"咸丰元年，卒。子崇恩，二等侍卫，袭一等承恩侯。孙存诚，四等侍卫。

——《清国史》大臣画一续编卷一三一

福克精阿

福克精阿，佟佳氏，满洲正白旗人。嘉庆六年，由笔帖式袭一等子爵。八年，授三等侍卫。十五年，升二等侍卫。二十五年，迁头等侍卫。

道光三年，授河南城守尉。五年，擢宁夏副都统。六年二月，调山海关副都统。九月，调察哈尔副都统。七年，署察哈尔都统。八年，以军政保举张家口佐领塔克什布弓马生疏，下部察议。九年，补察哈尔都统。

十年正月，奏参："察哈尔镶白旗总管常德不识满洲、蒙古文字，于公事未能明晰，太仆寺右翼牧群总管都噶尔牧务废弛。"上命饬常德回本营供职，降都噶尔翼长。三月，授吉林将军。先是热河都统裕恩请将热河闲散移驻双城堡，前任吉林将军富俊请以伯都讷新城堡围场荒地给与热河闲散垦种。谕令福克精阿酌量情形，细心核办。

五月，疏言："检查道光四年前任将军富俊奏伯都讷屯田章程，每民户垦种三十晌，至移驻京旗时撤地二十晌，惟时民户恐耕种年浅，即撤地移驻京旗垦地，资本未获，反致赔累，互相观望，不甚踊跃。经富俊出示晓谕，许二十年后始行移驻京旗，并发给钤印执照，是以附近居民多措变产业，投赴新城局认垦。今甫经五年，初届征租之期即移驻热河，闲散民尚未沾垦种之利，一旦撤地未免向隅。且见移热河闲散民不过一百余户，必须预置房屋。且设官弹压，又须建盖公廨。查双城堡动用修盖各项迄今尚未归款，兹以热河闲散移驻新城局，复添一应经费，诚恐虚糜帑项，况双城堡见有备驻京旗之房屋二百余所，经久旷闲，易致损坏。若将热河闲散仍移驻双城堡，与前移驻京旗比户同居，统归京旗官弁管束，既省建立房闲一切经费，而新城局民佃藉得安堵，庶几两有裨益。"得旨允行。八月，奏骁骑校富通阿呈控佐领富尔嵩阿，请一并参处。谕曰："富尔嵩阿身任佐领失察铺商，将公帮银扣抵兵欠。及因公冒支牛犋银两，且挟妓饮酒，并令胞弟与遣犯伙开钱铺，实为贪鄙，富尔嵩阿著即革职。骁骑校富通阿所控富尔嵩阿各款虽未全虚，惟以事不干己，指奸讦告，害人名节，以致托拉里氏拖累病故，殊属荒谬，富通阿著革职。"

十一年六月，奏吉林接济京旗生息钱文请改收银利。七月，佐领永奎列福克精阿各款具控，上命协办大学士富俊、内阁侍读学士赛尚阿前往查办得实。谕曰："此案，吉林将军福克精阿于致祭长白山并不敬谨亲往，辄遣协领代祭，又私派官兵送其妾柩回京，支领官项银两，实属违例妄为。且身任大员，因修理衙署等事率准协领等禀请，以致裁汰兵丁赏项、学房膏火，并摊扣俸饷种种乖谬有忝职守，福克精阿著即革职以示惩儆。"

十一月，因在吉林将军任内拿获朝鲜偷渡人犯，延不具奏，经协办大学士富俊参劾。上命该旗都统文孚讯供具奏。谕曰："朝鲜越境人犯一经拿获，即应奏明解交该国。乃于上年十二月拿获，辄行羁禁数月之久。设该犯等瘐毙狱中，不能解至该国，令该国王查明治罪，外藩未免怀疑，尚复成何事体。是福克精阿办理此事不但具奏迟延，且于外藩大有关系。福克精阿业已另案革职，著俟伊子承袭世职后罚职任俸一年，以示惩儆。"十二月，谕曰："福克精阿前在吉林将军任内种种乖谬，任意妄为，经朕派富俊等前往审明具奏，当经降旨革职。嗣以拿获打牲偷参人犯延不奏办，复降旨令俟伊子承袭世职后罚职任俸一年。今朕访闻该革员在吉林时声名甚属狼藉，若仍令伊子照例承袭世职，不足以儆官邪。福克精阿之子著不准承袭所遗世职，著该旗另选承袭。"十五年，故。子瑞琇，湖北施南协副将。

——《国朝耆献类征初编》卷三二〇

武忠额

　　武忠额，佟佳氏，满洲正白旗人。由副贡生考取国子监助教。嘉庆八年，补官。十三年，进士，以主事用，分兵部。十四年，补官。十九年，升刑部员外郎。二十三年，迁右春坊右庶子。二十四年，擢国子监祭酒。

　　道光三年，升詹事府詹事，充日讲起居注官。四年，擢内阁学士，兼礼部侍郎衔。五年三月，升盛京刑部侍郎。十二月，调兵部右侍郎。六年四月，充殿试读卷官。六月，兼正白旗汉军副都统，充考试拔贡阅卷大臣。七年正月，充左翼监督，寻授泰宁镇总兵，兼总管内务府大臣。六月，命往昌陵守护，充领侍卫内大臣。十二月，以主事喀勒冲阿与读祝官达桑阿互讦，未经参办，率准撤禀，降三品顶戴。八年，赏还二品顶戴。十年三月，授察哈尔都统。十一月，以正黄旗总管奔布善废弛营务，奏请撤任，并随同迁就之参领等交部分别议处，如所请行。

　　十一年三月，奏："张家口驻防满洲蒙古官兵近来户口倍增，生计竭蹶，请将张家口税务积存余银项，下拨银生息借给兵丁及孤寡残废人等，以资养赡。"从之。十二年，奏请借项生息以资公用。均允行。十三年，调热河都统。十四年，调乌里雅苏台将军，寻奏围场兵丁随缺地亩不堪耕种，请于附近官地另行筹拨，以裕兵食。允之。十五年四月，以失察僧人本真在营房来往居住，降一级留任。六月，以乌里雅苏台、科布多二处城垣衙署仓库例无岁修银两，请将累年孳生驼只折价项下拨银交商生息，按年归款。如所请行。闰六月，授督察院左都御史，兼正白旗汉军都统。十六年六月，署镶蓝旗满洲都统。七月，升理藩院尚书。十一月，充内大臣，复授督察院左都御史。十七年，仍授理藩院尚书，赐紫禁城骑马。十八年，以滥保郎中松杰，降三级调用。十九年，授都察院左副都御史。旋召见，谕曰："武忠额精力就衰，步履维艰，著以原品休致。"二十七年，卒。

子钟祥，礼部员外郎。

——《清国史》大臣画一续编卷一二

廉　敬

廉敬，马佳氏，满洲镶黄旗人。由官学生于乾隆六十年授帖写中书。嘉庆八年，补内阁中书。十二年三月，充军机章京。六月，擢侍读。十五年，京察一等记名，以道府用，寻授直隶口北道。二十年二月，擢广西按察使。五月，丁母忧，百日孝满，授内阁侍读学士。二十一年，署理江西按察使。二十三年，以剿办临安滋事土夷出力，赏戴花翎。二十四年，调广东按察使。

道光元年正月，调江苏按察使。二月，擢湖北布政使。七年，调江苏布政使。二年五月，命来京以三品京堂候补，旋赏头等侍卫，充西宁办事大臣。十月，授山西布政使。三年，复召来京，授太常寺卿。六年，转大理寺卿。九年，擢察哈尔副都统。十年，署都统。奏言："察哈尔理刑官办事用白文，不足以昭详慎，请饬下礼部铸给察哈尔八旗理刑官关防。"如所请行。寻以前任张家口监督刑部郎中景福审革硇商藉端滋扰，命偕吏部右侍郎保昌、都统武忠额查讯得实，治如律。

十一年八月，充库伦办事大臣。十月，调正黄旗汉军副都统。十四年，升兵部右侍郎。十五年二月，调刑部右侍郎。闰六月，山西赵城县逆匪滋事，御史蔡子璧奏劾文武官弁畏缩退避，命偕刑部右侍郎赵盛奎前往查办，寻以将弁等疏于防范，剿捕迟缓，奏请分别褫职遣戍。总兵台费音不亲带兵速往，巡抚鄂顺安未能查明参办，均请交部议处。允之。闰六月，调正黄旗满洲副都统。七月，充崇文门副监督。八月，兼署户部右侍郎。九月，转刑部左侍郎。十六年五月，调泰宁镇总兵，兼管内务府大臣。九月，擢乌鲁木齐都统。时叶尔羌参赞大臣兴德、喀什噶尔领队大臣寿昌、换防总兵刘允忠互相参奏。命廉敬赴喀什噶尔，会同伊利参赞大臣奕山查办。

十七年五月，奏言："寿昌行踪诡秘，确有实情，惟收受馈送，系刘允忠诬揭，已革粮饷章京福奎那宜库银属实，兴德并无徇庇情事，惟未能先事觉察，应请将各员分别严议议处。"允之。又奏："喀什噶尔原驻参赞大臣统辖换防总兵事权归一。自道光十一年改设办事领队大臣与总兵官阶相等，遂致各存成见，龃龉不合，似宜量为变通，以期久远无弊，应请饬下伊犁将军、叶尔羌参赞大臣等详议。候旨遵行。"

七月，署叶尔羌参赞大臣。寻偕伊犁将军特依顺保奏言："原定章程于稽察招佃屯田事务遗领队而属总兵，已属舛错。又民间命盗词讼归粮饷章京、城守营游击会同办理，仍由办事领队大臣及总兵会同稽察。是营员干预民事，亦与定例不符，请照西宁办事大臣节制镇道之例，将该城办事领队大臣改为办事大臣节制，地方一切事务，其招佃屯田、词讼案件仍由印房粮饷田务章京分别管理。惟盗案饬营缉捕获日仍送章京审办，不准营员擅行讯，断再粮饷处匙钥请改归办事大臣署内收管。其循例奏咨事件请照和阗领队大臣改办事大臣之例办理。"诏如所请。先是，浩罕滋事，经伯克回子等出力获贼，收复色呼库纳地方，至是，廉敬偕伊犁参赞大臣奕山、塔尔巴哈台参赞大臣关福奏："请将色呼库勒回子岁贡折金布匹蠲免三年，本年应贡硝斤亦予蠲免，并请鼓励出力之伯克等。"得旨允行。

十八年，回乌鲁木齐都统任，遵旨查勘宜禾县未经开垦地亩，广为招佃，以实边储。又奏言："满营向无抬炮，经前任都统长清饬营筹制，尚未练习纯熟，请将此项抬炮归入各项军器内，按期操演，每届春秋一并校阅报闻。"寻以叶尔羌参赞大臣恩特亨额奏参，喀喇沙尔办事大臣金和前署参赞任内妄改旧章，并向和阗伯克措借银两各款，命廉敬赴叶尔羌讯办鞫实，金和遣戍。十九年三月，迁成都将军。八月，调乌里雅苏台将军。以前在库伦办事大臣任内,失察恰克图部院章京向商人等取用砖茶等物,降一级留任。二十年,复调成都将军。二十五年,同兵部尚书文庆、四川总督宝兴,查讯驻藏大臣孟保滥提官物各款,得实议罪如律。二十六年,署四川总督。先是陕甘总督布彦泰奏:"内地民人赴回疆领地耕种,由各省官逐程押送。"上命各督抚妥议。

二十七年,廉敬奏言:"官为咨送多所窒碍,该由该民人地方官给发印结路票,令自行前往。"允之。又奏筹缉捕经费。得旨:"准其在盐茶公存银内暂拨银十万两,发商生息,每年归还司库五千两,其余息银即存司库,作为常年缉捕经费。"又遵旨会同驻藏大臣琦善查办乍了大小喇嘛挟嫌残杀互控一案,将各头目分别治罪。二十八年十月,命来京,另候简用。十二月,卒。遗疏入,谕曰:"前任成都将军廉敬见在溘逝,著照将军例赐恤,任内一切处分悉予开复,应得恤典,该衙门察例具奏。"寻赐祭葬。

——《清国史》大臣画一续编卷四九

苏苏勒通阿

苏苏勒通阿,额哲忒氏,蒙古正黄旗人。由火器营鸟枪长于嘉庆十三年补蓝翎侍卫。十七年,升三等侍卫。二十二年,升二等侍卫。二十三年,扈驾往盛京失仪,降三等侍卫。二十四年,补十五善射。道光元年二月,复升二等侍卫。六月,授察哈尔正红旗总管,寻调正白旗总管。

八年,以开垦礼亲王游牧察罕苏巴尔罕地亩,未经呈报都统,辄派员指交地界,镌一级。十一年,擢察哈尔副都统。十二年,以察哈尔每年春秋祭祀庙宇,及岁修万寿宫,并驻防官兵出差张家口驻防,生员乡试盘费等项办公乏资,拟将察哈尔八旗初次借项生息银下积存息银,借一万两交口北道发商生息,以一半归款，一半办公。报闻。又以依玛霍罗地距察哈尔游牧八百余里，驻扎人丁户口已至二千之多，仅护军校一人稽察难周，拟于该处领催前锋护军内选一人赏给八品顶戴，作为委署骁骑校，协同稽察弹压，并选兵丁四人为乡长，分管各村稽察。如其所请。十四年二月，署察哈尔都统。六月，坐失察已故骁骑校郝冬冬私以他姓之子为嗣，冒食钱粮，部议夺俸。十五年，察哈尔总管倭什洪额等控都统拣选总管遗缺不公，语涉副都统随带司员瑞麟于苏苏勒通阿娶子妇时，擅用印封递信镶白等旗求帮。上命都统恩铭、副都统赛尚阿讯明，将瑞麟遣戍军台，苏苏勒通阿镌级留任。

十七年，以兵部题参军政造册迟延，下部议处。十八年闰四月，瑞麟控称上年苏苏勒通阿递信求帮一节，经倭什洪额上控，本拟将央求实情供出，缘查讯时苏苏勒通阿复许帮缴台费，求为隐饰，是以未曾实供，讵料事后给之银坚不如数等语，经赛尚阿据情入奏。得旨："著解任押解来京，交刑部审讯，寻鞫得实。"谕曰："此案，已革副都统苏苏勒通阿，身任二品大员乃因为子娶媳，转托瑞麟致信各旗，图得资助，已玷官箴。复因规避处分，央求瑞麟一人承认，事后措给银五百两，尤属卑鄙。著即发往伊犁效力赎罪，以为大员不能洁己率属者戒。"五月，故。

子约龄，贵州下江营游击。

——《国朝耆献类征初编》卷三二一

凯音布

凯音布，富察氏，满洲镶黄旗人。嘉庆六年进士，改翰林院庶吉士。七年四月，散馆，授检讨。七月，擢国子监司业。八年四月，迁右春坊右庶子。十月，转左庶子，寻充日讲起居注官。九年，升翰林院侍讲学士。十年，转侍读学士。十一年三月，擢詹事府詹事，寻兼公中佐领。十二月，升内阁学士兼礼部侍郎衔。十四年，擢盛京礼部侍郎。十五年，调户部侍郎。十六年六月，调礼部右侍郎，授镶黄旗蒙古副都统。九月，调吏部右侍郎、教习庶吉士。十一月，调正红旗满洲副都统。十七年六月，充左翼监督。十二月，转左侍郎。

十八年三月，以承修泰陵宝城，凯音布于原估外更奏臌裂多处，上命副都统苏楞额等详勘，寻核勘除与原估相符外，另有应行增修工段，劾凯音布于承修工务未能核实，请严加议处，寻议褫职。谕曰："泰陵宝城应修工段派凯音布敬谨慎承修，凯音布赴工请训时，并未谕应修工段之外另行查勘，乃凯音布于到工后，即率意欲上宝城查勘，其罪一也；查勘后遂称原估工外另有臌裂二十四丈有余，裂缝五道并有通身满裂一道，且称上台面砖块间有沉垫不平，缘荷叶沟浸水所致，言之骇听，其罪二也；伊于奉派承修之先，果闻知工段情形甚重，何不于陛辞时先行奏明，乃先无一言，迨后浮开工段，张皇入告，而于实应增修之工转未勘出，并于召对时，妄举不经之词，云闻得墙身裂缝竟可用竹竿探试，矢口漫说，尤属妄诞，其罪三也。有此三罪非革职可以蔽辜，著发往盛京充当披甲，以示严遣。"六月，左翼监督文孚奏短收盈余银两，自请议处。上以此次短收银两在凯音布经管期内，命凯音布照数赔缴。二十三年，释回。二十四年，以主事起用，分户部。二十五年九月，授工部宝源局监督。十月，擢都察院左副都御史。

道光元年，充十五善射。四年三月，升理藩院右侍郎。七月，授镶白旗蒙古副都统，寻调兵部右侍郎。闰七月，调刑部右侍郎。八月，转左侍郎。十二月，以御史万方雍奏参刑部误引律例，罪名失当，降三级留任。五年，调吏部左侍郎、正红旗蒙古副都统。六年，充右翼监督。七年八月，署仓场侍郎。十月，议复海运事宜，于米石到津从起卸后仍照上届章程，由直隶派委员弁分拨押运，以专责成。并严禁书役挑斥米色，于轻重斛收之中籍端需索。从之。八年八月，充顺天乡试监临官，以士子入场拥挤，擦损试卷至三百余本之多，凯音布未能先事豫筹，下部议处。十一月，调盛京礼部侍郎。

十年三月，因将军奕颢演戏宴乐，凯音布近在同城，并未奏及，部议镌二级留任。八月，兼署刑部侍郎。十一年正月，调户部侍郎，兼署管盛京内务府事务。二月，兼署工部侍郎。七月，调刑部侍郎。九月，召来京，授刑部右侍郎。十二月，转左侍郎。十二年正月，调兵部左侍郎。二月，兼正白旗满洲副都统。九月，复调刑部左侍郎。

十三年四月，因疏防官犯李相清越狱，降四级留任。十一月，署察哈尔都统。十四年，实授。先是，察哈尔所属右翼马群被灾，倒毙甚多，凯音布奏请借帑抚恤，得旨赏借银二万两，除买补马匹外，作为被灾官兵置产之费。又未经买补马匹银一万六千五百两，均由该官兵俸饷内坐扣，予限十年扣缴完款。至是奏言："牧群官兵均赖俸饷当差，扣项较多未免拮据，请将此项自十三年为始，按年先扣户部马价银一万六千五百两，二十三年完款后再接扣口北道库银二万两款项，至三十二年归完，以纾兵力。"从之。十六年七月，授都察院左都御史，寻补镶蓝旗蒙古都统。九月，充武会试监射大臣，旋授成都将军。

十八年，奏剿办夷匪，请厚集兵力，多筹粮饷，以张挞伐。谕曰："四川夷匪连年出扰，屡经降旨饬令该将军总督，或剿或抚，认真妥办，乃循因数年，糜饷劳师。凯音布始则随同鄂山将就了事，兹复会同苏廷玉冒昧陈请，遽筹大举，此等小丑跳梁，重烦兵力，多糜粮饷，殊属不值。且内地夷匪滋事，从来无此办法，总缘积年经理不妥，日久愈费周章。该将军等种种纰缪，实属有辜任使，著交部严加议处。"寻议革职。上加恩降二品顶戴，拔去花翎，仍带革职留任，寻兼署四川总督。十九年正月，以降补臬司苏廷玉亦因办理夷务不善革职留任，并褫花翎，禀请代奏谢恩，凯音布据情入奏。上以苏廷玉见任臬司，本有奏事之责，前降补臬司时，曾经自行具折。凯音布不即将原禀驳回，据情代奏，亦属冒昧，下部议处。寻议降二级留任。三月，卒。遗疏入，谕曰："成都将军凯音布由左都御史擢任将军，宣力中外有年，持躬清慎，任事实心，方资倚任。兹闻溘逝，殊堪矜恤，著加恩例赐恤，准其入城治丧，任内一切处分悉予开复，应得恤典，该衙门察例具奏。"寻赐祭葬。

子，保麟，理藩院笔帖式；卓麟，山东济南府同知；恩麟，刑部学习笔帖式。

——《清国史》大臣画一续编卷五〇

乐　善

乐善，博尔济吉特氏，满洲正黄旗人，一等恭诚侯永德子。乾隆五十四年，由官学生考取翻译笔帖式。

嘉庆元年，一品荫生。四年，引见以员外郎用，分刑部。七年，补官。十年五月，袭勋旧佐领。十二月，袭一等侯爵，赏给二等侍卫，在大门上行走，二十二年二月升头等侍卫。道光元年六月，擢镶白旗汉军副都统。七月，授伊犁领队大臣。四年，命赴哈萨克游牧封汗赐奠。时爱毕勒达来迎，被俄罗斯勒索租赋，中道截回。乐善未能前往成礼，偕伊犁将军庆祥奏入，并自请议处，上宽免之。

五年七月，回京。十二月，管理左翼四旗。六年五月，授察哈尔副都统。六月，赏副都统衔，并戴花翎，充库伦办事大臣。十一月，授正黄旗蒙古副都统。九年七月，调正白旗汉军副都统。十一月，调镶黄旗满洲副都统。十年，擢乌里雅苏台将军。

十三年，调福州将军。十五年四月，暎咭唎夷船驶入熨斗内洋停泊，乐善会同闽浙总督程祖洛等调派文武员弁驰往查禁，驱逐出洋。奏入，谕曰："夷船在洋游弋，如果去而复来，不遵法度，不服晓谕，即不能不慑以兵威，总在该将军察看情形认真防范，固不可妄希邀功，致滋事端，亦不得以驱逐了事，遂尔废弛。当严饬文武水陆各员弁，防守口岸，杜绝接济，俾该夷不得逞其伎俩，以惩奸诈而靖海隅。"十二月，调吉林将军。十六年四月入觐，命留京当差，署镶蓝旗汉军都统。五月，授镶蓝旗蒙古都统，寻调察哈尔都统。十七年，授荆州将军，召见，谕曰："荆州将军乐善现患目疾，视物不清，难胜将军之任，著开缺安心调理。"十九年，卒。

子，景亮，科布多参赞大臣；景祥，头等侍卫；景和，三等侍卫。

孙熙光，承袭一等侯爵，兼二等侍卫。

——《清国史》大臣画一续编卷四七

赛尚阿

赛尚阿，阿鲁特氏，蒙古正蓝旗人。嘉庆二十一年翻译举人。道光三年，由理藩院学习笔帖式，充军机章京。五年，补官。七年，升主事。八年，上命军机大臣将满汉章京编列等第，赛尚阿名列一等，得旨照军功例优叙。九年，擢员外郎。十年，迁郎中。

十一年二月，京察一等，记名，以道府用。三月，升内阁侍读学士。七月，吉林将军福克精阿以克扣兵饷，私役官兵，为佐领永奎所控，齐齐哈尔副都统硕德疏劾之。上命赛尚阿偕将军富俊前往查办，寻查明福克精阿被控各款属实，奏请革职。从之。十月，赏头等侍卫，充哈密办事大臣。十一月，擢内阁学士，兼礼部侍郎衔。十二年五月，丁父忧，命回旗守制，旋留京当差。闰五月，充国史馆蒙古总校。十二月，充右翼监督。

十三年四月，迁理藩院右侍郎。五月，授镶白旗蒙古副都统。十月，署镶红旗蒙古副都统。十一月，署刑部左侍郎。十二月，山海关协领六十一等捏词呈控副都统孟魁信任防御德庆各款，命偕盛京将军宝兴驰往查办，寻鞫实。六十一等坐诬告，夺职遣戍。十四年正月，调工部右侍郎，兼管钱法堂事务，仍兼署刑部左侍郎。二月，充国史馆副总裁。六月，御史曾望颜奏参署广州府知府金兰原办灾虚饰，命偕都察院左都御史昇寅前往查办，寻查明金兰原听信绅士之言，派捐铺租，虽无抑勒，而省城铺户非比佛山殷实，一律照派，以致不协与情，应请严议，并密访雷州府知府王玉璋暨湖南攸县知县叶起鹏等劣迹，分别疏劾。俱如所请行。

十五年三月，察哈尔总管倭什洪额以副都统苏苏勒通阿拣选不公，胪款呈控，命偕都察院左都御史恩铭覆查得实，论如律。四月，充翻译会试蒙古考官。六月，充稽察京通十七仓大臣。七月，命在军机大臣上学习行走。九月，以骁骑校海灵阿箭不中的，赛尚阿原保勘充守备，部议降二级调用，恩予留任。十六年七月，署稽察会同四译馆大臣。十一月，调户部右侍郎，兼管钱法堂事务，寻以查办广东案内于粮差诈赃未能审实，下部议夺俸。十七年七月，授察哈尔都统。

十八年二月，疏陈官马出青章程七条，下部议行。八月，署理藩院尚书，兼正白旗汉军都统。十月，充稽察内七仓大臣。十一月，赐紫禁城骑马，署镶黄旗蒙古都统，崇文门副监督，调镶黄旗汉军都统。十二月，充经筵讲官，补理藩院尚书。十九年二月，充左翼查城大臣。四月，署刑部尚书。十一月，兼署镶蓝旗汉军都统。二十年，以裁撤哲布尊丹呼巴图克图旗伞，未经奏明，降二品顶戴。又以失察司员惠麟得赃，降三品顶戴。四月，充翻译会试正考官。五月，调镶蓝旗汉军都统，赏还二品顶戴。六月，署镶红旗汉军都统。八月，署兵部尚书。十月，兼署刑部尚书。十二月，充国史馆副总裁，命监修东陵。

二十一年正月，命在军机大臣上行走。时英夷入寇，诏赴天津及山海关一带查办炮台。二月疏言："查阅宁河、北塘及丰润、滦州、乐亭、昌黎、抚宁、临榆各州县海口形势，或增筑炮台，或添设土垒，或停办砖石，或拆去旧台，经督同文武各员相度机宜，虚衷商定。至安设沙墩、土垒于炮台前筑坝挖壕，既足御炮拦潮，兼可伏兵陷贼。惟各兵枪炮技未精熟，尚宜勤加训练。"又言："秦王岛各口地势险要，须相度地势办理，澄海楼等处应设台安炮，现在满洲绿营炮位不敷分布，请酌拨运送，以资防守。"均如所议行。四月，军机大臣、内务府会奏筹议生息银两，于圆明园添设兵额四百名，命赛尚阿偕都察院左都御史恩桂督率训练。寻调工部尚书管理理藩院事务。

十月，命偕御前大臣僧格林沁等赴天津一带查阅海口，谕曰："见在天津各海口所铸大炮，讷尔经额谅早演试，所奏设立标杆开炮取准，是否确有把握，著僧格林沁等于查阅海口之便，就近将新铸大炮抽查，于空旷处所试演，能击远近若干里，并用废船装载柴笔各件，其高低仿照夷船尺寸，从上流放下，引至标杆之处，我兵觑准用炮轰击，果否发无不中，抑或微有参差，如能演试纯熟，实有把握，军心自固。著该大臣等即与讷尔经额会商妥办。"又以山东巡抚托浑布奏言，海丰县大沽河一道近口海滩十余里有拦沙横阻，谕赛尚阿等履勘具奏。寻奏言："大沽海口天险，恃业于横沙内布置各炮台，声势联络，兵丁技艺纯熟，惟防兵稍单，拟将西沽新城驻扎兵勇调归大队，以厚兵力。至施放大炮，尤须运用灵捷，方能致远摧坚，已于兵中择技艺最精者，分拨炮台施放大炮。其次分拨土埝施放小炮，按期演习。"疏入，得旨嘉奖，赏皮马褂。寻谕曰："前据哈哴阿、富僧德先后具奏，山海关防堵情形，现在僧格林沁等计已到关，著详细履勘，所办是否周妥？"

十一月，偕僧格林沁覆奏："请于祁口河等处分设重兵，并以直东接壤之通海河一道，河口较宽，难保夷船不从此窜入，且恐饰作商船，混迹窥伺，仅驻兵数百，安炮数尊未能得力。请募练乡勇，于沿河添设马拨。"如所议行。旋事竣回京，命管户部三库事务。

二十二年，英夷扰江苏海口，特颁钦差大臣关防，命赛尚阿赴天津防堵。寻钦差大臣耆英奏该夷有约地会商之语,上以逆情叵测,全不可恃,戒耆英等不可前往会晤。并谕赛尚阿,"倘逆船北驶,即相机剿办,慎勿稍存游移之见。"又以江苏巡抚牛鉴奏有夷船四十余只北驶,命赛尚阿、讷尔经额加意慎防,无稍疏懈。谕曰:"天津为畿辅重地,关系紧要,赛尚阿到津后自能与讷尔经额和衷商榷,期于共济,惟讲求固须尽善,而责成不可不专,所有军营一切调度,讷尔经额应与赛尚阿分同商酌,而责成则专在讷尔经额。马队一切布置,赛尚阿应与讷尔经额共同商酌,而责成则专在赛尚阿。不可推诿,亦不可将就。"

上复以逆夷登岸必用车载炮,天津海口一带泥淖不能行车,其海岸可以行车之处应如何防范堵截,命赛尚阿、讷尔经额会同察看妥办。六月,扬威将军奕经奏夷船北驶,逆夷到处暗遣汉奸布谣探信,道引接济。谕赛尚阿等设法严查,以杜混迹。旋奏沿海泥淖无可行车,其大沽迤南迤北,并北塘北岸等处与丰润之李八厂各拨,兵分驻有差。谕曰:"自海丰至山海关,道里绵长,岂处处尽属泥淖,倘该逆用小船装载炮车从偏僻地面陆续上岸,亦未可定,断不可以泥淖难行、炮车笨重,遂信谓无从登陆,稍涉大意。"又谕曰:"昨因耆英等奏,英夷出有伪示有直达京师讲话之谣,因思天津沿海均有拦江沙,大船不能驶进,其火轮杉板等船乘潮皆可拢岸,设使该逆主使汉奸,假扮商渔混入探道,或邀截商渔船只,胁诱使用,必应严行防范。著赛尚阿、讷尔经额设法筹防,会商议奏。"

寻奏言:"察哈尔官兵已归数到齐,拟拨大沽北塘五百名,其一千五百名仍在新城一带游牧,以资休养,该处距各海口不远,一经调遣,呼吸相通,令巴清德移扎新城,安设马拨五十余处,昼夜传签,足资守望。又添马队会哨稽察益密,至沿海滨皆泥淖,如果乘间上岸,有传签会哨兵丁可期兜剿夹攻其。吉林、黑龙江兵前分驻李八厰等处尚未周密,拟酌拨二百名在适中之洋河地方屯扎。"牛鉴所奏英夷欲用马车运炮,肆扰天津,早经讷尔经额挖掘陷坑,不至任其驰驱,并沿海十处,及北塘迤南盐沟等处均设法埋伏矣。时御史苏廷魁等奏请严禁天津货船出入,以免漏泄军情,兼以逆夷惯用炸炮,宜以散队进攻。下赛尚阿等,议如所请行。谕曰:"陆路与逆夷接仗,当以大小炮位为先,继以抬炮、抬枪,又继以鸟枪,至短兵相接,必先能御其火枪为要,欲御其火枪,我兵各执两层藤夹,以牛皮之牌用水浸透,一手执钩连枪,蜂拥前进,有藤牌以敌其枪箭,复以钩连钩取逆匪足胫,令其颠仆,继以刀矛手奋勇砍扎,似能得力。著仿照前说,认真演试练习。"

七月,英夷就抚,赛尚阿撤防回京,充崇文门正监督。十月,上阅武枪队整齐,以赛尚阿督率有方,赏戴花翎,寻调正黄旗满洲都统。十二月,奏整饬税务,严禁绕越,并请于顺义县扼要地方设立税局。下部议行。二十四年,会同刑部覆按通州民妇康王氏勒毙亲姑狱,知为坊官逼供诬认,鞫实,疏再上,卒白其冤,并请将指挥袁继厚等讯办如律。寻调户部尚书,偕刑部左侍郎周祖培诣江南查看江防善后事宜。七月,授阅兵大臣。二十六年九月,署吏部尚书。十一月,管理户部三库事务。二十八年正月,充经筵讲官,署步军统领。十一月,署镶蓝旗满洲都统。三十年二月,署镶白旗汉军都统,充实录馆总裁,兼充蒙古副总裁。七月,授步军统领。十月,以户部尚书协办大学士。

咸丰元年正月,擢大学士管理户部事务。二月,授文华殿大学士。三月,粤匪肆扰,命赛尚阿为钦差大臣驰赴湖南防堵,并敕户部暨广储司各拨银一百万两充军需。五月,奏调湖南在籍知县江忠源、把总董荆山赴营差委,允之。广西钦差大臣李星沅因病回籍,上命赛尚阿驰赴接办,寻疏言:"象州之匪甲于各处股数,虽巨万而裹胁之民、乌合之游手居半,象州得力则各股自成破竹之势,现在兵力不为不厚,粮饷不为不充,而尤以绅勇团练为要务,已酌拟激励乡团,解散胁从。十二条商之新任抚臣邹鸣鹤斟酌办理,至坚壁清野于今日实为切中,业经遵旨寄知该督抚认真照办，并刊布告示，所有胁从之人均予网开一面，倘有杀贼来降者，仍加优赏。"

六月，授内大臣，寻陈汰兵勇、明纪律、购间谍、散胁从、断接济各条。奏入，赐黄马褂、荷包、燧囊。谕曰："该大臣等到粤之始即能通筹全局，条理秩然，深慰朕念。"赛尚阿旋檄提督向荣等攻贼于中坪村，败之。七月，疏陈粤匪实在情形，略曰："粤西股匪甚多，冯云山、洪秀泉、凌十八等俱天主教，凶很尤甚。冯云山由金田而东乡，由东乡而庙旺，由庙旺而中坪，屡次奏牍，但言众蹙思窜，其实从容来去，官兵壁上环观，有无可如何之势。现拟先用全力攻剿冯云山等，最悍大股，一经得力，则分兵剿办，方免顾此失彼之虞，省垣存兵无多，奸匪遍地通信，四门戒严，计惟暂驻省城，居中调遣，分派巴清德、达洪阿带兵进剿呼应，较为灵便。"上嘉其调度合宜。时逆匪窜桂平之新圩，向荣督兵屡破之。赛尚阿复饬副将乌兰泰潜渡江设伏，毙贼无算，得旨嘉奖。

八月，赛尚阿以贼踞紫荆山，以新墟双髻隘为门户，檄达洪阿、乌兰泰等攻双髻，拔之，毁其巢。捷闻，赐御用荷包、搬指、小刀、燧囊。闰八月，乌兰泰、向荣等叠破贼于莫村林社等处，赛尚阿疏言："新墟一带地势，竹木茂盛，沟塍极多，一时未能攻入。现闻该匪造船拆屋，冀由石胄渡江南窜，饬乌兰泰严为堵截石胄大黄江一带。处处设伏，该匪断难飞越，现在日日进攻，若能直捣巢穴，固可指日荡平。否则逼使窜出，官军前伏后追，尤易为力。并以军需浩繁，请饬部速筹接济。"允之。

旋官兵进剿，贼由新墟焚巢而逸，官军遇雨失利。时乌兰泰一军尾贼后，鹏化团练扼之于平南，巴清德等复逼其浮江东下之路，贼不得逞，遂窜永安州，陷其城。上责赛尚阿调度失宜，下部议褫职，加恩降四级留任。谕曰："此时贼匪困守孤城，正可并力攻剿，聚而歼旃，其水陆各军均著严防痛剿，无令逃逸，倘未能擒获首逆，以致匪焰日张，该大臣等其能当此重咎耶？"寻赛尚阿令乌兰泰等设伏接应，叠获大捷。千总张国梁计诱匪首颜品瑶，斩之，赛尚阿奏张国梁投诚以来，效命行间，屡能杀贼，此次用间出奇，厥功尤伟，请加优奖。从之。

九月，奏乌兰泰攻拔水窦贼垒，谕令乘势进攻，勿留余孽。寻又谕曰："现在逆匪窜踞永安，正如釜底游魂，暂偷视息。赛尚阿出省亲督各路官兵环攻会剿，自不难克日荡平，当此贼势穷蹙士气奋扬之际，统兵大员等自当多方激励，严明赏罚，遇有保举参劾，尤须核实平允，庶人人知奋知感，迅奏肤功。"十二月，充国史馆总裁。时官兵环攻永安，向荣、乌兰泰等截剿叠胜，而州城未复，谕曰："现在南北两路移营进逼，叠获胜仗，蕞尔孤城，自不难指日攻克。朕于赛尚阿出京时颁给军营备赏各件，又特赐御用遏必隆刀，期于信赏必罚，以振军威，而作士气，当次各兵合剿，贼匪穷蹙之时，尤当号令严明，俾我将士并力争先，庶克一鼓歼擒，肤功迅奏。赛尚阿现驻阳朔统率诸军，昼夜筹办，与朕同此焦劳，著再传旨谕知在事文武员弁，务各齐心协力，奋勉图功，断不得日久生懈，即将前颁赏件传旨赏给以示褒荣，其有临阵退缩，不能用命，或守御不严致贼窜逸者，该大臣即用朕所赐遏必隆刀立正典刑，以肃军纪。"二年正月，奏亲赴永安督战，兵心鼓舞，速获大胜，请速筹拨军饷。允之。二月，破那勤贼巢，擒逆党颜三等，南太一路肃清。

三月，复永安，擒逆首洪大泉槛送京师。而乌兰泰等以锐进失机，总兵长瑞阵殁，赛尚阿下部议夺职，加恩降四级留任。谕曰："现在贼势涣散，省垣重地自应严加防守，该大臣现带兵勇分路截击，著邹鸣鹤激励团练、绅民，随地堵剿，毋令窜逸。"时贼已窜逼桂林，赛尚阿进驻阳朔，檄向荣间道绕贼前，星驰进省，乌兰泰军由荔浦尾追，为内外夹攻之计。乌兰泰追贼至将军桥，猝被炮伤，军退至六塘，因疏言："桂林北门倚山为固，恐为贼踞，则城守益危，已咨两湖拨湘兵一千星速来援。"又以"省垣被贼攻扰，逆焰方张，城大兵单必痛加剿洗，方能解围。

现拟谋定后战，以保万全。"

四月，以贼情叵测，鏖战两旬未能挫其凶锋，且贼不获逞于省垣，恐由平乐、梧州北窜，军务日久未能蒇事，自请治罪。谕曰："赛尚阿自督办广西军务以来，先曾调度得力，自贼匪窜入永安数月未能攻克，及至突围北窜，又误军机，实难辞咎。昨已降旨令其戴罪以观后效，若徒以请罪塞责，于事何济？现饬徐广缙拣带精兵驰赴广西会办军务，赛尚阿惟当激发天良，力图补救，勿徒事虚文自劾为也。"寻贵州镇远镇总兵秦定三等破贼于花园里，毁杨家牌等处贼巢，贼由水陆来犯，复焚其船，贼宵遁，省城围解。贼陷兴安、全州，赛尚阿进驻省城，饬四川川北镇总兵刘长清、前任湖南提督余万清带兵追击。上命与楚省文武合力攻剿，寻艇匪扰苍梧、藤县一带，檄左江道杨彤如及张国梁夹击，破之。

五月，进攻全州，刘长清败贼于飞鸾桥，江忠源败之于塔山七里桥等处，斩伪西王萧朝贵。贼弃船遁湖南，绥靖镇总兵和春带兵进剿，贼已窜入湖南之水西桥，旋陷道州，余万清闻贼先遁。上以湖南军务紧要，命赛尚阿扼要驻扎，会同湖广总督程矞采相机调度。赛尚阿抵衡州，督诸军移营进攻破贼于五里亭，贼仍踞城抗拒，赛尚阿分遣官兵四面进逼，和春驻道州城北，联络东面声势，刘长清等各带重兵分扼西南。疏入，上嘉其布置尚妥。六月，逆匪诈称潮勇陷江华县城，旋窜陷永明，适秦定三等三破贼于桃花井、五里亭、龙安桥等处，道州复。永明、江华之匪亦弃城逸，赛尚阿饬诸军赴嘉禾、蓝山扼剿，而贼已入嘉禾，和春等督军追剿，贼弃城遁，陷桂阳州，诸军急追之，贼复弃桂阳陷郴州。上以赛尚阿调度乖方，下部议革职留任。

八月，逆匪踞郴州，分窜攸县、醴陵，各土匪蜂起响应，逆氛日炽，赛尚阿饬各路堵截，贼已直逼长沙，前湖北巡抚罗绕典以闻，谕曰："逆匪自窜踞郴州以后，胆敢绕越衡郡，直扑省垣，该大臣等果能迎击，何至令其肆行冲突？即使该匪冒险突入，亦应发兵迅速救援,将现在攻剿情形详悉奏闻,何以半月以来并无章奏,赛尚阿著摘去顶戴,拔去花翎。"

寻奏,现派和春等赴援长沙,叠败大股贼匪,军民商旅赖以镇定,命与罗绕典等协同剿办,迅解省围。寻谕曰:"自广西军兴以来将及两载,因大学士赛尚阿人尚朴诚,能任艰苦,特命为钦差大臣前往督剿,又虑其秉性慈柔,特赐遏必隆刀,冀其随时振励,以肃军威。上年大军围贼于新墟、紫荆山等处,初犹屡次获胜,迨贼窜踞永安,蕞尔一城围攻半载有余,迄无成效,转致损将折兵,任贼鸱张围扑桂林省城,旋又窜掠兴安,攻陷全州,继复任贼窜入楚境,连陷数城,现又分股围扑长沙省城。赛尚阿身为统帅,调度乖方,总由号令不严,赏罚失当,以致劳师縻饷,日久无功,实属辜恩,大负委任。赛尚阿著革职拿问,解交刑部治罪。"寻官军复永兴,逆匪自郴州窜出,经大军迎截围扑,长沙之贼亦屡经大军攻剿,歼贼无算。赛尚阿奏闻,上以赛尚阿业经获罪,命署湖广总督徐广缙迅速赴省与罗绕典等合力攻剿。

十二月,赛尚阿到京,命大学士裕诚等共同讯问,上传谕:"询其因何办理太软,抑或被人欺蒙,"赛尚阿伏地流涕,自言:"不忍杀人,并无人敢欺蒙,实系辜负圣恩,求从重治罪。"三年二月,籍其家。三月,军机大臣会同刑部拟罪斩监候,诏如所议,并褫其子銮仪卫冠军使崇绪、礼部主事崇熙、工部主事崇绮、吏部员外郎崇绚职。五月,上念军务紧急,赛尚阿反置身事外,命发往直隶,交讷尔经额差委,寻命留京随同僧格林沁等办理巡防事务。五年,僧格林沁以赛尚阿当差愧奋,奏请免罪,命发往军台效力赎罪,寻释回,交署察哈尔都统穆隆阿差委。六年三月,命操练察哈尔蒙古官兵。十一月,谕令回京。十年,赏五品顶戴,交僧格林沁差委,旋留京总统左翼巡城事宜。八月,赏侍郎衔。十一年二月,授正红旗蒙古副都统。三月,署正红旗满洲都统。五月,因病奏请开缺,允之。光绪元年,卒。

子,崇绪,原任銮仪卫冠军使;崇熙,伊犁领队大臣,同治四年殉难，赏骑马都尉兼一云骑尉世职，自有传；崇绮，同治四年一甲一名进士，三等承恩公，前吏部尚书，同治十一年，奉旨揖入满洲镶黄旗；崇绚，广东雷琼道；崇纲，驻藏帮办大臣；崇凯、崇勋，均理藩院郎中；崇需霈，候选通判。

孙，霖康，直隶候补知县；克昌，袭骑都尉兼一云骑尉世职、太仆寺候补主事；保初，袭三等承恩公，委散秩大臣。

——《清国史》大臣画一列传后编卷九一

布彦泰

布彦泰，颜扎氏，满洲正黄旗人。父珠尔杭阿，镶蓝旗满洲副都统，嘉庆八年赏骑都尉世职，自有传。布彦泰由荫生于十二年赏蓝翎侍卫。十二月，袭职。十三年，升三等侍卫。二十三年，授二等侍卫，充伊犁领队大臣。

道光二年，擢头等侍卫，调喀什噶尔参赞大臣，旋授办事大臣。三年，回京当差。四年，充考试翰詹监试大臣。五年四月，在尚茶正行走。六年，复授伊犁领队大臣。八年，赏副都统衔，调乌什办事大臣。九年正月，擢喀什噶尔总兵。六月，因病开缺。十年闰四月，赏副都统衔，头等侍卫，在乾清门行走。五月，授哈密办事大臣。八月，调西宁办事大臣。时伊犁边外不靖，将军玉麟以布彦泰前曾两任领队大臣，情形熟悉，请调赴伊犁藉资助理。诏如所请。寻授伊犁参赞大臣。

十一年正月，因浩罕在吹塔拉斯筑城，疏言："吹塔拉斯在伊犁西南卡外，恐逆匪据为巢穴，似宜及早查办，请敕扬威将军长龄等于派兵出卡捕拿逆匪之便，顺赴吹塔拉斯确切察勘，如实有筑城聚众之事，无难藉南路兵力使该处震摄军威，庶卡外边内千余里之地可期清肃。"旋擢镶红旗满洲副都统。是月，疏陈新疆茶政及夷商贸易情形，请酌复旧章。从之。十二年二月，调塔尔巴哈台参赞大臣。七月，疏言："塔尔巴哈台所属巴尔鲁克蒙古内之额鲁特、察哈尔、哈萨克各部，咨请酌添佐领三员、领催五名、官兵五十名。其巴尔鲁克坐卡官兵只领给本身口粮，将伊犁换防蒙古官兵例支跟役口粮全行裁汰。"如所请行。十三年十月，调伊犁参赞大臣。十一月，以副将金和详揭布彦泰办理平粜前后不符，经伊犁将军特依顺保查明入告，得旨降四级留任。十四年四月，因病开缺回京。十八年，署正蓝旗汉军副都统，旋升察哈尔都统。二十年三月，擢伊犁将军。四月，入觐，命在御前行走。五月，赴将军任。二十一年二月，授镶黄旗蒙古都统。

二十二年疏陈开垦事宜，略言："惠远城东三颗树地方，计可垦地三万余亩，请就本地民户选择安设种地输粮。阿勒卜斯地方，计可垦地七十余万亩，即请责成阿奇木伯克等筹计户口之数，酌量匀拨。"谕曰："民户如何选充授田，回屯应如何插移住以及筹备牛具籽、种各事宜，仍著该将军饬令委员等赶为布置。"

二十三年，以天津添设总兵，谕令体察新疆兵制情形，可否裁改，寻疏言："查伊犁总兵驻扎绥定城，系伊犁所辖八城之一，不与将军参赞同城。近来卡外夷情与从前迥不相同，设遇裁官减弁，吏必妄生揣测，澜播谣言，似与镇静边远防大有关系。该镇兵丁以耕种为糊口，俱各安土重迁，势难骤予裁移。倘将总兵易为将领，若兵数仍旧，则于营制不符。兵数稍裁，又与屯务有碍，不敢迁就目前致贻后患。惟天津既须添设总兵，自应于各镇中量行裁改，兹就西路一带而论，口外实难议撤。惟陕西西安镇总兵本系将军标中军副将，嘉庆年间改为总兵，查陕西全省情形以南山为最重，现有汉中、陕安二镇重兵驻守，北山临边一带亦有延绥镇足资控制，其西安省会有将军、巡抚、副都统驻扎，满营兵丁六千余名，抚标、参将、城守营参将各一员，满汉兵丁不下万名，大员不为不多，兵力不为不厚。且该镇辖境俱在平原，与其裁撤边陆重镇，致费周章，似不若议裁此缺，移置天津，较为妥便，应请敕下陕甘督臣富呢杨阿悉心筹议，据实覆奏。

再查嘉峪关外共设总兵三员，除伊犁镇外，一为巴里坤镇，实缺总兵，系乾隆二十七年由西安移驻。一为喀什噶尔换防总兵，系道光八年以换防副将改设，巴里坤界在哈密、乌鲁木齐之中，系属腹地，较之伊犁镇情形轻重稍有不同。喀什噶尔改设总兵原因彼时换防兵丁多至六千五百名，是以必须改协为镇，方资表率。十余年来防兵陆续裁减，仅存三千五百名，较之从前多寡悬殊，若将该镇仍改为换防副将，归于该城领队大臣统辖，与体制边防，均有裨益，即将该镇换防总兵改为巴里坤换防总兵，在该镇以额缺作为换防，体制无异，即可腾出一缺，移置天津，亦尚简易。惟是新疆重地，外夷环列而居，一切机宜总宜率由旧章，方为镇定。庶几中外贴服，历久相安。"疏入，下部议行。十二月，疏陈开垦地亩，分安民户回屯，核办章程，下部核议。

二十四年二月，疏报塔什图毕等处开垦地亩叠著成效，上嘉其忠诚，为国督率有方，赏加太子太保衔，仍交部优叙。又以乌鲁木齐未垦之地未据都统奏办，命布彦泰会同该都统惟勤体察情形，派员确勘，并详查伊犁已开地亩外，及各城地方。如有旷地可以招垦，一律奏办。寻疏言：伊犁各城旷地，向于操兵查马之便，留心相度，并与文武员弁加意讲求，令其广谘博访，如有可垦之地，即行呈报，是以节次奏明办理之案，幸皆有成。此外未经开垦者大抵窒碍多端，不能确有把握，缘新疆地多砂碛，雨泽又稀，专赖人力灌输，无论石碛碱地，不堪开垦，即或土本膏腴而无水泉可引，则亦不能耕种，终致荒芜。现于未垦各荒地中不得已而思其次。查惠远城东六十余里之阿齐乌苏有废地一区，颇为宽广，嘉庆八九年间，经前任将军松筠奏拨八旗闲散余丁赴地耕种，许以作为己产，未几乏水接济，遂即废弃，该旗人久经散去，此项废地已与旧派旗人无干。其所以废弃之故，系因当时未开水利，仅恃巴燕岱灌田之外暂行分溉，其势自难为继。

今欲重行垦复，必将该地迤东各屯原用之水逐段开渠，引而西下，递相转输，其极东须引哈什河水，方可用之不竭，如此设法挹注，则各屯田地皆可浇灌，不致顾此失彼。而阿齐乌苏荒地亦得灌溉成田，似可以垂久远，惟统计递开渠道，须绕越五百余里，其间横崖断涧，土石参差，即使人力可勉而成，而经费浩繁，较前次各案开垦之资，不啻数倍。伊犁为极边僻壤，瘠苦异常，迥非内地劝捐可比。臣虽倡率捐廉，而一时未具规模，不敢遂行入告，兹叠奉宸谟指示，益切服膺见委，历次总办开垦之抚民、同知庆辰、印房章京塔那泰等前往佔勘，一面通盘筹划，俟立定章程，即当专折奏办，倘该处实多格碍，亦必设法另筹，总期地利无遗，获收实效。至前次开垦案内捐办各员，经吏部奏请敕查，所捐银数及所垦顷亩若干，固为核实起见。

惟查伊犁历届捐垦成案，皆系收工而非收银，口外办公与内地情形互异。内地人员众多，每过大工由总局汇收经费，发交工员领用，雇夫购料皆可专司，即工匠人等亦有行市，总头承领雇募，故捐银者不必经手工程。若伊犁则管理地方者只有厅员、巡检，在官人役亦属无多，若捐工之员交银即为了事，则办理乏人，是以所派工员不但捐资，并皆出力，始敢奏请鼓励。且垦田必以开渠为第一要务，其挑挖出土有力者皆当能之，而筑坝造桥安插建屋则非土木工匠不能如式造成，倘不各认各工各雇各匠，即恐互相观望，催促不前。

即以挑工而论，除回夫一项，每夫照案发给盐菜银五分外，其他民匠、民夫雇资每增至数倍，缘回夫有限，当各员一体开工，不能不于民人或遣犯中各自择人议价。而道里之远近，工力之优绌，亦伸缩不齐，故每日工价止能听各员自行给发。其督工、监工之员但能核计工数，而银钱非其经手无从查悉其详，臣赴工验收，亦惟核其已办工程，作为定准，且各员尚有给予夫匠饭食制办器具以及格外犒赏，不一而足，彼此相形之下，踊跃争先，倍易刻期集事。又如所捐木料树株等事项，大小价值不同，远近运脚亦异，与捐给之牛具、籽种均难琐屑核开，并因历奉上谕，捐办之工概免造册报销，是以兴工之初即奏免造报，奉旨允准。今若事后仍令开造，不惟记忆难周，且恐经手丁胥倚恃工已验收，任意浮报，徒烦驳饬。

窃惟办工以工为主，计银似不如计工之直捷，亦不如计工之核实，所有前次用过夫匠五十三万四千工，业经于开垦完竣，折内奏明确数在案，可否仍遵前奉谕旨，免其造册报销。至所垦顷亩之数，查三棵数、红柳湾共实得地三万三千三百五十亩，阿勒卜斯实得地十六万一千余亩，亦经前次奏明在案，但荒地之开垦成田由于渠工之挖通水利，故开渠虽各分工段，而著效则一气呵成。似不能划出某项某亩为某员所捐办者，此系工次实在情形，不敢稍有隐饰，如蒙圣慈俯鉴，并乞恩免饬查。疏入，从之。时上命布彦泰传谕前两广总督林则徐前赴阿克苏、乌什、和阗周勘可垦荒地，并选派明白晓事之协领一员随往勘视。布彦泰以此次勘地须体察回疆一切情形，何处可招户民认种，能否相安，何处只应拨给回子耕种，有无流弊，全在揆情度势，务为久远良图。旗管协领各员识力未周，职分较小，疏留喀喇沙尔办事大臣全庆暂缓更换，与林则徐会同履勘。允之。

二十五年四月，英吉沙尔有布鲁特滋扰，图木舒克卡伦派兵击走之。九月，疏报查勘新疆开垦事务完竣，得旨嘉奖。十一月，升陕甘总督。二十六年正月，以伊犁新开渠水畅旺，灌溉匀沾，奏奖出力人员。六月，以黑错寺番匪滋事，派兵剿毁，具疏以闻，谕曰："布彦泰奏官兵剿毁番匪，所办可嘉之。至该处番族众多素称犷悍，其胆敢出巢肆抢者历有年所，从前总督、提镇等办理番案一味因循迁延，敷衍了事，以致该番等习为故常，肆行无忌，此次黑错寺番族恃强抗拒，经该督等示以兵威，添调官兵带领进剿，经过番庄，随烧随进，毙贼多名，该匪皆奔窜逃命，现经查拿余匪缉捕汉奸，酌量撤兵，办理妥速，布彦泰等调度有方，均著交部优叙。"寻疏言："黑错寺败匪窜匿果岔地方，经官兵穷追搜捕，业已歼擒殆尽。现在拉布鲁寺僧众收合散还番族带领来营，匍匐乞命，当为严立条约，准令悔过自新，官兵即日凯撤。"上嘉奖之。先是英吉沙尔拿获逆犯胡完,解经布彦泰覆审,供词不符,奏请提讯,得旨交伊犁将军萨迎阿覆审。至是讯名胡完本名萨密斯顶,并非逆子布孜尔罕,亦无从逆情事。上以布彦泰首先平反冤狱,交部优叙。

二十七年正月,命查陕甘营务。三月,以保送甘肃学习期满之云骑尉湃魁箭射无准,降一级留任。六月,复以保送陕西宁羌营年满,千总邹步云箭射无准,下部议处。八月,驰奏喀什噶尔卡外安集延、布鲁特纠约本地回子屯,聚城外寻衅肆扰,刻已咨会提督即行带兵出关,一面带兵亲赴肃州策应。奉谕安集延、布鲁特等回众性类犬羊,反覆靡定,胆敢煽结近城,回众固踞城垣,藐法已极,必应速伸天讨,以靖逆萌。布彦泰著授定西将军,军务一切悉听节制,奕山著作为参赞大臣襄办军务,均著豫给关防,其所需军饷即由陕西甘肃两省藩库支发,该将军等务宜激励将弁,除暴安良,一切相机剿办,迅速蒇事,俾根株尽绝,边圉肃清,以副朕望。九月,以大兵获胜二城解围,命仍回陕甘总督本任。十月,以军务告竣,请撤军需局,并请将现存银二十八万两分拨新疆各城。从之。

二十九年七月,因病请假,嗣病势增剧,频请开缺,许之。时布彦泰为固原州知州,徐采镇禀讦,上命协办大学士、户部尚书祁寯藻会同陕甘总督琦善查办。三十年正月,查明覆奏,谕曰:"此案,布彦泰虽查无赃私重情,惟封疆大吏,关防不密办理清查,致多歧误,并令属员虚报到任,任听家人售卖衣物,种种粗率,殊负委任,著交部严加议处。"即行回京听候部议。寻得旨:"布彦泰著照部议,降四级调用,任内本有革职留任之案,著即革职。"三月,赏二等侍卫,充叶尔羌帮办大臣。五月,以前在陕甘总督任内派委人员不实,降二级留任。十一月,调伊犁参赞大臣。

咸丰元年六月,以俄罗斯请赴伊犁会议通商,上命将军奕山与布彦泰熟筹具奏。八月,布彦泰等拟定章程奏入,谕曰:"此次俄罗斯使臣来伊犁会议通商事宜，该将军、参赞公同酌定条款内，如卡外抢案中国不管，及在内地窃案分别酌办等情，所议均属周妥，并将喀什噶尔不准通商一层据理折辩，该使臣无可置对，给予文凭以为回国销差之据，文内乃正色拒绝杜其日后请求办理，尚属妥协。现在该使臣已回本国，所有伊犁塔尔巴哈台二处贸易是否即自明春试办，其办理通商安插情形如何，分别奏咨存案。并内地商民如何稽察约束一切未尽事宜，仍著该将军等悉心妥议具奏。单内第二条，商人与夷商交易，彼此设官照管，由营务处派员前往，各自秉公办理，经此次议定后，常时贸易全赖所派之员弹压抚绥，管照一切，遇有争斗小事公同剖断，不至因小酿大。边防所系最为紧要，必须遴委廉明公正之员，通晓事理而不贪小利者，方能办理得宜，彼此历久相安，免启外夷轻侮。该将军、参赞及塔尔巴哈台大臣遇派委时，切宜加意慎重，如何和酌定年限轮替之处，详晰议奏。"

另片奏："会议将来有犯罪名一条，倘遇人命重案，即照恰克图现办之例办理，措词尚为得体。至折内所称嗣后遇有杀伤俄罗斯人等犯均解往陕甘总督衙门讯办等语，甘肃相聚辽远若将人犯均解往讯办，转多未便，应否仍由该将军、参赞等就近讯明定罪，再行解往甘肃办理之处，一并详议具奏。"十一月，赏副都统衔。先是上命奕山等将俄罗斯贸易章程再行妥议，并国子监祭酒胜保奏宜思患豫防严定限制，一并妥为筹计。至是布彦泰偕将军奕山覆奏，语详《奕山传》。

二年正月，授正白旗汉军副都统，仍留伊犁参赞大臣任。六月，以夷匪铁完库里，先后窜扰喀什噶尔、乌什卡伦，上命布彦泰驰赴叶尔羌确查。七月，复奉寄谕："奕山等奏称六月初九日又有逆裔倭里罕带领布鲁特贼匪自图舒克、塔什卡伦窜入，经官兵追至巴尔昌卡伦逃出，是该匪等仍在卡伦窥伺，并未远扬，守卡官兵何以任其出入，毫无抵御，著布彦泰仍遵前旨，速赴叶尔羌逐细详查，相机妥办，并讯饬各城一体严防，务期弭患未萌，毋稍疏懈。"三年二月，以捐银一千两交部议叙。九月，命回京当差。

四年正月，到京，旋奉谕前有旨，令布彦泰驰赴王庆坨军营，因该员患病，赏假著即加紧医治，迅赴军营，毋稍迟缓。旋以捐银五千两，赏戴花翎。复以病难速痊，恳请开缺，诏允之。布彦泰先后在新疆呈进马匹，赏蟒服文绮等件凡四次。光绪六年五月，卒。遗疏入，谕曰："前任陕甘总督、正白旗汉军副都统布彦泰由嘉庆元年荫生蓝翎侍卫，历升喀什噶尔参赞大臣、伊犁将军、陕甘总督，宣力有年，嗣因案革职，旋补正白旗汉军副都统，于咸丰年间因病奏请开缺，在旗养疴，年届九旬，兹闻溘逝，轸惜殊深，著加恩照都统例赐恤，任内一切处分悉予开复，应得恤典，该衙门察例具奏。伊子，候选主事松岫，著俟百日孝满后由该旗带领引见，以示笃念耆臣至意。"寻赐祭葬。

——《清国史》大臣画一列传后编卷一一三

敬　穆

宗室敬穆，镶白旗人，和硕肃恭亲王永锡子。嘉庆十四年考封三等镇国将军，旋赏二等侍卫。道光十一年，擢头等侍卫。十八年十月，署正白旗蒙古副都统。十一月，授正红旗汉军副都统，寻调察哈尔副都统。二十年，署察哈尔都统。二十二年四月，偕都统铁麟遵旨酌拟稽查废员章程：一、定出口限期以免逗留；一、责成该管官员随时查察以杜逃逸；一、另令蒙古官员就近稽察以昭详慎；一、进内地置买口粮及因病就医，宜予限期以便催回；一、钞黏姓名、年貌、籍贯以备稽察；一、晓谕居民旅店不许容留，以绝栖止。疏入，诏行其四。六月，奏捐资添设鸟枪四百杆分给兵丁，请免造册报销。

九月，以察哈尔八旗鸟枪全行带往天津防堵，复奏捐资添设鸟枪四百杆。均得旨俞允。十二月，调福州副都统。二十三年，偕将军保昌奏鸟枪、抬炮火药力薄，未能致远，捐制抬枪一百二十杆，督工购造，给八旗水陆各营分日演习，如所请行。又以各省驻防改应翻译考试，请将福州八旗汉文书院裁撤，上是之。二十四年二月，署福州将军。六月，以雨水较多，满营间被淹浸，请计口给赈，并借支俸饷将坍塌兵房妥为修理，得旨允行。十二月，迁福州将军。二十五年，查明驻防成丁闲散尚多，奏请续捐抬枪四十杆以资操演，报闻。二十七年二月，奏各营缺额，师船未经补造不敷巡缉，请饬下督臣赶紧筹补足数，旋命总督刘韵珂督饬藩司赶办。六月，卒。

子，锐庄，辅国将军，三等侍卫；锐艺，辅国将军；锐芬，辅国将军，三等侍卫。

——《国朝耆献类征初编》卷三二五

壁　昌

壁昌，额勒德特氏，蒙古镶黄旗人。父和英，刑部尚书，自有传。壁昌于嘉庆九年授工部笔帖式。十二年，京察一等。十四年，保送知县。十五年，京察一等，以同知通判用。十七年，选河南阳武县知县。十八年，滑县教匪平，壁昌以办理粮台出力，赏戴蓝翎。二十一年，调孟县知县，旋以回避胞兄归德府知府奎昌，调直隶候补。二十二年，丁母忧，回旗。二十三年，仍任工部笔帖式。

道光元年，丁父忧三年，服阕赴直隶候补。四年正月，署多伦诺尔理事同知。七月，补枣强县知县。十月，升开州知州。六年七月，以办理大名等处赈务出力，赏加知府衔。十二月，升天津府知府。七年正月，调大名府知府。十一月，以回疆平定，随钦差大臣那彦成往喀什噶尔办理善后事宜。十二月，以前在大名府任内缉捕出力，下部议叙。九年正月，赏头等侍卫，署叶尔羌办事大臣。二月，回疆善后事竣，赏换花翎。七月，奏："叶尔羌喀拉布扎什军台，西至英吉沙尔察木伦军台，中隔戈壁，长百数十里，驰递文报，马力难支，请于黑色热巴特地方添设军台，由东路所改省两台内拨马十五匹，并回户车牛以备递报运饷。"允之。九月，奏："叶尔羌新开塔塔尔及和沙瓦特一带勘出地亩百五十余里，垦种有效，安置穷苦回户，请免本年纳粮，俟次年秋成后升科，其未尽开垦之地尚可添移回户，以次垦种，随时定赋。"上嘉之。

十月，奏："叶尔羌新城商贾辐辏，倍于往昔，请将回城内旧有房基官园易换新城，南关外地基俾商民等盖房设市，聚族贸易，以便稽察弹压，房租充作公用。"十二月，以叶尔羌各处印房额设书吏九名，向只议叙二缺，近年来公事增多，奏请将九缺一体议叙，俱允行。旋充叶尔羌办事大臣。

十年八月，塔什干、爱曼布鲁特、别什噶尔纠结浩罕安集延、爱散等入卡滋事，犯喀什噶尔、英吉沙尔二城，叶尔羌所属色呼库勒地方亦有安集延贼匪肆扰，上命伊犁参赞大臣容安、乌鲁木齐提督哈丰阿等率兵赴援。壁昌先期派员带兵堵御，并分守军台卡伦等处。寻以叶尔羌迤西军台被贼截断，东路援兵未到，恐城内回众疑惧生变，遂传集剀谕，并饬扎各邀隘，同力守御。又奏："喀什噶尔调兵进剿应需粮饷，请由陕甘拨解银两备用。"上嘉允之。

又奏："叶尔羌卡伦隘口繁多，其最要者西路与喀什噶尔、英吉沙尔交界，科科熟巴特回庄系咽喉之区，西南通色呼库勒之路八千里，亮噶宁卡伦以外为散布鲁特游牧所居，巴尔楚克为树窝子岔路，并恐贼由此截我后路，俱派员弁带兵，及伯克回子等分路防堵。"上嘉其布置周密。时叶尔羌东北奎里铁里木回庄有由喀什噶尔潜来贼匪，勾结滋扰，署守备黄泰、五品伯克皮鲁斯等奉檄搜捕，行至沙滩遇贼谍百余，歼数十名。寻复调守备邵惠等偕黄泰伏汉城西北两门，参将任贵邦、守备王瑗等于东门外列队，并拨回众于回汉两城适中之路堵截，会贼万余分扑回汉两城，我兵并力攻击，歼俘二百余名，贼窜南关，把总罗延截击戮数十人，贼又扑回城西门，经本城回众俘馘多名，奏入，谕曰："援兵未到之先，即获全胜，足以破贼胆而张国威，该大臣调度有方，著加恩赏给副都统衔。"九月，谍知西路英吉沙尔所属黑孜尔庄，及西南东北两路均有贼屯聚，奏请添派兵回严密防堵，上嘉其所办周妥。时叶尔羌所属舒克舒回庄有喀拉提锦布鲁特贼匪潜来抢劫，其东北路并黑孜庄各匪亦先后窥伺滋扰，叠经壁饬任贵邦及阿奇木伯克萨依特等击败，并遵旨严防固守，以待援兵。

十月，授镶黄旗汉军副都统。时贼复句结朵兰回子在叶尔羌附近掳掠，并聚骑步贼六七千人屯扎东北之内亮噶尔，遂扑回城。壁昌饬副将任贵邦偕伯克等迎剿，并督兵回出城奋击，大败之。复跟踪追剿，擒斩多名，奏入，谕曰："叶尔羌屡次贼众来攻，出敌兵民仅有八百余名，以少胜众，该大臣调度有方，迎剿得力，甚属可嘉，著赏给白玉烟壶、搬指、大小荷包，仍交部从优议叙。"又奏贼数百人由黑色热巴特军台东来犯，派员弁勇伯克等击败之。

十一月，西路科科热巴特军营由贼千余骑自英吉沙尔来扑，并暗约城东贼及朵兰贼屯城南北各回庄，犯回汉两城，均派兵击退。贼犹屯西南附近回庄，适提督哈丰阿等带兵至由城东南进攻，壁昌派兵接应，大败之。余贼西窜，复督本城官兵守回汉两城以备东路，仍选伯克回子探引大兵进剿西路，其西南卡外色哷库勒之贼，饬库尔察克等出卡招纳，未叛之布鲁特等共力搜拿，并传谕布鲁特等赴英吉沙尔卡外查拿窜匪，奏入，上嘉之。十二月，以英吉沙尔、喀什噶尔被围日久粮阙，奏请将叶尔羌存粮动用，并买麦协济口粮，二城旋解围。十一年二月，调喀什噶尔参赞大臣。三月，奏叶尔羌、和阗出力回户，应交本年粮赋请分别豁免，允之。

九月，奏筹各城善后事宜，以喀什噶尔、英吉沙尔补调旧额防兵换撤完竣，请将叶尔羌、和阗二城旧额绿营兵前定五年更换之例，照喀什噶尔、英吉沙尔改为三年，其防兵已届班满者，并照喀什噶尔、英吉沙尔二城撤防章程，按军营例一律给盐菜口粮，以示体恤。如所议行。时扬威将军长龄奏筹喀什噶尔屯田事宜，上命长龄偕壁昌等再行详议章程。壁昌寻奏："见扎大营之喀拉赫依地方垦田招种，复疏言屯田兴办之始，水利为先，立界为要，查喀拉赫依城南至小河北，至七里河东，至渠西，至大路约计二百余顷，立定牌界，并不侵占回地。其创办资本必藉资民力，当委已革甘肃同知周廷芬专办屯田事务，仍责成粮饷章京福奎督同兴办，并令绅商等及招徕民户妥为丈量，按名分地。经周廷芬等修渠筑坝共开屯地二万二百四十亩，招种五六百人，惟地处极边，小民远道而来，平垒通沟，与开荒无异，应请俟明岁试种一年后再按亩纳粮，以纾民力。又查城南有旧河湖一段，尚有开垦稻田，俟春融开种入册办理。

此外尚有巴尔楚克之毛拉巴什赛克三一带荒地甚多，见饬周廷芬带有力商户查勘开渠，引水分投料理。又南路各城向只设水磨于城外，上年各城被围，城内兵勇煮麦时办旱磨二十盘，应仍分设各城，以备急需。"奏入，上以筹备妥协，均如所请行。

十二年七月，和阗、塔瓦克假捏玉努斯名目，纠众谋逆，戕伯克多拉特依斯、玛伊勒等，壁昌于审明后，将塔瓦克等二十一犯按律治罪，并枭示和阗，上嘉之。十月，以陈递贺折擅发四百里，部议降一级调用，召来京暂停开缺。先是，奏筹善后事宜，以巴尔楚克新设防兵三千名，到防时城工未竣，请将先到一千名驻巴尔楚克，余两千名暂分驻叶尔羌、喀什噶尔，俟修城完工，再行迁驻。至是十一月，复以喀什噶尔、叶尔羌二城较他城紧要，必须兵威稍壮，始能得力，奏请："将暂驻二城之巴尔楚克防兵各一千名作二城防额，毋庸再议迁驻，其巴尔楚克驻防兵一千名分为中营城守二，营设游击二员弹压，其喀什噶尔原有伊犁满兵五百名，此次已减旧额，增练营防兵三千五百名，即分驻七里河营盘地方,作为前营,以成犄角之势,并添前营游击、守备各一员。

其叶尔羌添乌鲁木齐满兵五百名、绿营新旧防兵二千五百名,向分中左右城守四营,令增绿营防兵一千名,应添前后两营,共为六营。添前营都司守备各一员管带操练,二城回户众多,计每年额征粮石改征小麦支给,有赢无绌。"疏入,如所议行。十三年正月,以叶尔羌、喀什噶尔、英吉沙尔三城秋收歉薄,奏请缓征零星回户口,允之。七月,遵旨来京,前议降调加恩,改为降二级留任,旋署镶蓝旗蒙古副都统。十四年二月,署正黄旗汉军副都统,充乌什办事大臣。九月,调凉州副都统。十七年,命以副都统衔,充阿克苏办事大臣。十八年,授正白旗蒙古副都统。

二十年三月,升察哈尔都统。六月,以保阿克苏粮饷章京那清阿,有心含混,降三品顶戴,仍降五级留任。十二月,赏都统衔,充伊犁参赞大臣。二十一年,偕将军布彦泰奏伊犁三道湾续垦地亩共交三色粮二万四千石,请将承办监工各员鼓励。二十二年正月,偕布彦泰将领队大臣佛麟与已革署库尔喀拉乌苏、粮员德庆互相揭控各案讯明奏结,具如所请。三月,授陕西巡抚。四月,以乌什办事大臣瑞元等劾城守营都司徐庆元在营放债,勒扣名粮,并挟嫌禀揭各情,上命壁昌赴阿克苏偕乌鲁木齐都统惠吉提讯,寻鞫实,按治如律。九月,擢福州将军。命顺道查核陕西西路驿站情形,复以渭南县已革武进士禹元魁京控狡展,遵旨按讯,惩办如律。

二十三年正月,入觐,旋赴闽任。三月,署两江总督。五月,奏请修筑宝山县大石塘等处土石塘工。又奏英夷就抚江苏筹办善后事宜,请将扣存浙省军需银款留备拨用。又请于福山地方添水师总兵一员,以福山原设弁兵为中营中军,改苏松镇奇兵营弁兵为左营,杨舍营陆路弁兵为右营,以资防御,均允之。六月,以违例奏请补运判员缺,降二级留任。七月,议覆御史田润奏请团练乡兵，疏陈平时乡团易滋扰累，上韪其言。闰七月，遵旨议严江防，奏请试造阔头舢板船，设母炮三尊，子炮二十个，劈山炮二尊，红彝炮二尊，分布头尾四角，并令各水师弁兵常川驾演。如所议行。十一月，以江苏沭阳等处被水旱灾，请分别蠲赈，允之。

二十四年正月，命回福州将军任。二月，复署两江总督。四月，奏校阅省标各营技艺，略言："演阵以练步法，而枪炮尤为利器，总以灵熟有准为尚，嗣后按期以五炮为联，每炮以三人轮放，中者赏，空者罚，如此练熟于江南地方，田埂小路分合可用。"谕曰："此系人所未讲者，汝能见到甚好，加以长枪随护尤妙，具酌之。"又奏请迁建京口右营大药局，从之。五月，御史曹履泰奏称制胜之具，惟抬炮、藤牌二种，上谕壁昌曰："应如何分别演练，以期习熟，究竟藤牌一项临能否适用，著妥议具奏。"

六月，奏言："抬炮一项亦为夷人所畏，惟查各营抬炮均以一人在前扛炮，一人在后施放，平日虽连环接续，恐临时仓卒，不能有准，且分合亦未得法，应请以后悉照西疆法，每五炮为一联，每炮以二人肩扛，在后者觑准星斗，不用火机，以指按为号，旁立一人持大绳为施放，三人轮演，便于更替装药下子，每五炮以十五兵为一队，各营选弁兵十数名，与省标各队亲加训练，俟纯熟后回营教习。其藤牌一项，本用之平原，以破马队，若江南仄径密菁，不能恃为制胜之具。至刀矛之用虽不如枪箭之及远，然用护枪炮必不可少。"报闻，寻因违例奏请调署华亭县缺，下部议处。又奏："沿江南北两岸应设兵炮以固民心，请于五龙、北固两山及圌山、关鸢鼻觜等处建炮墩炮堤，以资防御。"允之。寻复谕以防守事宜能否确有把握，著再行详议。

七月，将各处驻筑堤安炮，责成各营督兵演习，并于炮堤后派陆路官兵就毗连汛地接应，详议各条覆奏，均如所请。十一月，复查奏濒江港口及沿江形势，分别筹防，并添筑炮堤各事宜，亦得旨允行。又奏变通水师操巡章程，略言："查原议操巡兵三千二百八十五名，以三月为一班，周而复始。请即于三月一班之内分为三队，每月以两队出巡，一队留营，轮流更替，逢闰月前半月以上月兵接巡，后半月以下月兵豫巡，仍照巡洋章程，分派总巡、分巡、专巡、协巡等官教练统率，按季造册咨部。再查舢板船一只，载兵四十人以内，计巡兵二千一百九十名，应给正船五十八只，备船五十八只，出巡留防正备船按月更迭，遇修补修时亦敷轮流配驾之用。又放大舴船与巡查海洋相宜，其尺寸与大舢板相似，而船舱入水较深，如驾驶合用仍照舢板船再为多造。又江南营外分旧有小舢船板，每只载兵二十人以内，即以两只抵大舢板一只之用，均无庸更张。又巡洋各分班次，其轮巡外洋，以苏松镇中左右三营、福山左营、川沙吴淞二营共六营，派将备二员作为总巡分巡，按季轮流。六年，周而复始，仍归苏松镇统巡。其轮巡内洋仍以苏松镇中左右三营，及福山左营共四营，派将备二员作为总巡、分巡。四年，周而复始，所有内洋统巡请自苏松镇所辖。铜沙以内汛境定为苏松、福山二镇轮管统巡，查苏松镇每年五月例与浙江定海镇会哨，不克兼顾内洋，请春夏两季归福山镇统巡，秋冬两季福山镇有会哨事宜，内洋仍归苏松镇统巡，每于季终造册咨部，至总会哨，苏松、福山两镇请定于每年三月内在苏松镇洋面会哨。八月，内狼山、福山、京口副将在交界之青草沙江面会哨。"疏入，下部议行。

又议覆御史江鸿升奏请饬水师巡洋于各省交界处会哨并添弁兵练习。疏言："江南洋面东与浙江，北与山东连界，西为吴淞口岸，每年梭织巡哨，旧章尚属周密，应请毋庸另议。"允之。八月，以江广漕船抵龙江关税局查验办理不善，降一级留任。十月，御史刘良驹以淮北改行票盐著有成效，奏请推广于淮南试行，再推及江西、湖广。壁昌遵旨议奏，略言："淮南地广引多，价昂课重，行销之远近不齐，堵缉之难易迥别，灶户成本不能骤减三四倍之数，即民贩更非一时可集，而课项皆常年要需，若改票议行，应纳课银孰肯再缴，应追积欠即须豁除，并此后应摊应带钱粮亦当尽停。为今之计，但能肃清场灶以杜偷漏之源，整饬口岸以广行销之路，严禁浮滥以除在官之蠹，顾惜成本以冀商力之纾，广淮蹉渐有起色。"诏如所请。

十二月，实授两江总督。二十五年，以京口营拿获盗犯解至丹徒被夺伤毙弁兵，降一级留任。二十六年八月，以江苏海州等境内六塘河并蔷薇河淤垫冲缺，田畴受淹，奏请借款修筑，从之。二十七年三月，入觐，命留京充内大臣管理健锐营事务。四月，璧昌七十生辰，御书"福""寿"字及文绮珍物赐之，并赐紫禁城骑马。六月，复授福州将军。十月，奏："查闽海关税课短绌，实因夷贩占销华货，经部议将夷税每年应补常税银两酌定数目，复奏请于二十七年所征夷税银二万九千余两内拨二万五千两作为定数，以备常税，即自二十七年始按年拨补，再有不敷，著落管关之员赔缴。"下部议行。

十一月，以老病奏请开缺回旗调理，允之。咸丰三年以粤匪由湖北窜入河南，逼近畿甸，特命为巡防大臣，管理火器营事务。旋遵旨进所撰《兵武闻见录》稿本。

四年，以旧疾加剧，陈请休致，上温谕留之。旋卒，遗疏入，谕曰："内大臣璧昌由知县于嘉庆年间在河南滑县军营出力，恩赏蓝翎，荐升知府。道光七年，派往回疆办理善后事宜，蒙皇考宣宗成皇帝特恩赏给头等侍卫，作为叶尔羌办事大臣，因回匪滋事，守城击贼屡获胜仗，赏加副都统衔，换戴花翎，历任新疆各城大臣十有余载，镇抚得宜，蒙恩特授两江总督筹备江防，不遗余力，整顿地方营伍，不染习气，嗣以年届七旬，吁辞重任，蒙恩授为内大臣管理健锐营事务，复简任福州将军，因病开缺回旗。上年经朕特派办理巡防，并管理火器营事务，均能黾勉从公，实心经理。本年春间以旧疾加增，奏请开缺，谕令安心调理，遂闻溘逝，悼惜殊深，著赏给陀罗经被，派醇郡王奕𫍽带领侍卫十员即日前往奠醊，并赏加太子太保衔，照尚书书例赐恤，任内一切处分悉予开复，应得恤典，该衙门察例具奏。伊子恒福现在耆善军营，著回京穿孝。伊孙锡佩、锡璋均著服满后带领引见。"寻赐祭葬，予谥勤悫。

子，恒福，直隶总督，自有传；同福，候补笔帖式。孙，锡佩，四川川东道；锡璋，理藩院员外郎；锡珍，通政使司通政使。

——《清国史》大臣画一续编卷一〇七

阿彦泰

阿彦泰，翰根呢氏，蒙古镶黄旗人。由印务笔帖式于嘉庆二十五年补骁骑校。道光四年，补印务章京。五年，补公中佐领。十八年，补副参领。二十年七月，升参领。十月，记名以副都统用。二十一年，补镶白旗汉军副都统。二十二年五月，充武职六班。十二月，调察哈尔副都统。二十四年五月，署察哈尔都统，旋因兵部奏请将八旗各营出青马八百匹，直隶各镇协营出青马三千一百七十匹一并裁撤，交察哈尔永远牧放。阿彦泰以马政紧要，拟章程七条奏闻。又奏："察哈尔八旗调拨官六十员、兵三千名，跟役兵三百名前往天津防堵，所带帐房六百四十七架在津日久，栖止九十余日，雨淋地蒸，均被霉烂，请修补整齐，以重武备。又上年五月，由旗入口。九月，由口赴旗，往返驰运军装器械、行囊，八旗无额设官兵，均系雇驼载运，所有脚价并修补帐房银两若责成官兵垫备，未免与蒙古生计有碍，请旨由从前奏准借给察哈尔八旗官兵银三万两息银项下照数动支，以示体恤，而纾民力。"允之。

十二月，因减军绞犯未遣致毙，阿彦泰查出自请议处，部议罚俸六个月，销去纪录一次。二十五年，丁母忧回旗，上嘉其在任勤劳，谕百日孝满后，仍回任接理察哈尔副都统事务。二十六年，因病奏请开缺。二十八年，病痊。二十九年，补镶红旗汉军副都统，并管营房，旋补武职六班。咸丰二年，署正红旗满洲副都统，复充武职六班。三年，赐紫禁城骑马，寻以捐备经费赏加一级。九年，卒。子，伯启，蓝翎侍卫。

——《清国史》大臣画一续编卷一四二

裕　诚

裕诚，佟佳氏，满洲镶黄旗人。父舒明阿，袭一等公爵，杭州将军。裕诚由荫生于嘉庆十四年授三等侍卫。道光元年，授二等侍卫。四年，擢头等侍卫。六年，袭一等公爵，赏散秩大臣，在乾清门行走。七年七月，授正红旗汉军副都统。十月，授内阁学士，兼礼部侍郎衔。十二月，充左翼监督。八年，逆回张格尔就擒，裕诚以在奏事处接递文报，交部议叙。十年六月，调镶白旗满洲副都统。八月充崇文门副监督。九月补武备院卿。十一年正月，兼镶蓝旗护军统领。十月，授兵部左侍郎。十二年正月调工部左侍郎。二月，调右侍郎，兼管钱法堂事务。四月，充翻译会试副考官。十三年四月，调正白旗护军统领，命恭理孝慎成皇后丧仪。五月，偕惇亲王绵恺等议奏军民薙发及停止宴会，例义未协，并妄引经文"百姓如丧考妣，四海遏密八音"之语，下部严议。寻降四级留任，夺护军统领，退出乾清门行走。

十四年正月，复调工部左侍郎。四月，兼正蓝旗护军统领。十一月，赴盛京恭勘永陵及福陵工程。十五年闰六月，调正黄旗护军统领。九月，上谒陵礼成，下部优叙。是月，上阅视两翼八旗护军等步射，正蓝旗弓力过弱，以裕诚未能认真训练，命镌级留任。十二月，孝穆成皇后、孝慎成皇后奉安礼成，加二级。十六年四月，充翻译会试副考官。五月，上祀天神坛，以对引失仪，夺俸。十七年，调户部右侍郎，兼管钱法堂事务。十八年四月，授总管内务府大臣。闰四月，奏户部宝泉局炉役史瑞等胁众停炉罪状，查办如律。寻管奉宸苑、造办处、总理工程处事务。

五月，兼镶红旗蒙古都统，仍兼散秩大臣。七月，管理圆明园事务。九月，历充武闱监射、考取国子监助教大臣。十一月，赐紫禁城骑马，擢都察院左都御史，升兵部尚书，兼镶红旗满洲都统，调正白旗汉军都统。

十九年四月，甄别不职之兵部郎中庆纲等奏请勒休，上韪之。五月，遵拟已撤护卫曾授诰封者补官章程，请头等护卫以副骁骑、参领用，二等护卫衔、四品典仪以印务章京用，三等护卫、五品典仪以骁骑校用。于撤出后先令回旗学习行走，责成该都统等考察。如果留心旗务，行走勤奋者，俟本旗出缺后，候旨补用，从之。七月，景陵茶膳房失火，工部郎中宗室敉功等承审失入，交吏、兵二部严议。裕诚等议律轻纵，降四级留任。寻历充稽察三库大臣、崇文门监督。二十年正月，管太医院、茶膳房、精捷营事务。五月，上驷院员外郎兼正白旗佐领德春于领催接替时，回明隐匿钱粮，仅令裁汰，并不呈堂查办，裕诚坐失察夺俸。十一月，以恭孝全成皇后丧仪，下部议叙。二十一年正月，管理户部三库事务。二月，广储司被窃，裕诚坐失察，镌级留任。寻获贼犯，恩予宽免。十二月，以失察库员办理折赏缎匹舞弊，降级留任。二十二年三月，上幸南苑，谕曰："京师南苑，为我朝肄武习勤之地。前因围场牲畜寥寥，将该管大臣议处，改派载铨、裕诚管理奉宸苑事务。本年朕驻跸南苑，行围所至，渐复旧规。该王大臣等经理认真，著有成效，甚属可嘉！裕诚等均著加恩交该衙门议叙。"

九月，两广总督祁𡎴奏称粤海水师乏员，请于陆路及世职人员随营武举内，择其谙晓洋面事宜者，调饬出洋实验补用。裕诚遵旨议奏，略云："海外水师，与陆路不同。今因水师乏人，应准其于陆路将备内，酌保游击、都司各一员，守备、千总各二员，仍令带赴外洋试验。一年期满后，果能杀贼立功，熟谙水性，准该上司出具切实印结保题，遇缺轮用，与陆路呈改各员，统较题准先后日期挨捕。至云骑尉、恩骑尉及随营武举，如果熟悉水性，愿改水师者，应准随时呈改。果能擒贼立功，熟谙水性，武举按三年期满，世职按五年期满，核计题准先后日期轮缺补用。"如所请行。十一月，以造办处新造炮位不能如式，降级留任。十二月，复以总管内务府任内失察库掌斑璋等假印冒领，革职留任，仍罚俸一年。

时两江总督宗室耆英奏陈水师管将备，应照例专取枪炮而略骑射，并请将赴部之员先行阅看鸟枪，下部妥议。裕诚等奏言："沿海省分，考验水师，专以练习枪炮为要务。一切洋面事宜，或善操驾舟楫，或能缉匪擒贼，或惯遭风涉险，均于平日逐一考验，分别等第。弁兵随时存记，遇有缺出，按照等第拣拔，将备随时报部注册，遇有缺出，亦援照咨部记名之案，于题本内切实声明。如系例应引见之员，请由部臣先行阅看鸟枪，如果精熟有准，再准带领。惟是陆路施放鸟枪，与驾舟楫不同，全在带领巡哨各员随机应变。应由山东、江苏、浙江、福建、广东各督、抚、提、镇严饬所属，勤加训练，于考拔弁兵时，即以讲求水务为去取，于题升将备时，亦以讲求水务为黜陟。如此认真办理，方于水师有益。"上韪其议。

二十三年四月，户部银库库丁张成保偷盗库银，裕诚坐失察，议降一级调用，上加恩改为降二级留任。是月，盘查库款，计短银九百二十五万二千余两，裕诚以现任管库大臣革职留任，八年无过，方准开复。寻命审办库案、明定罚赔期限及嗣后盘查章程。九月，充满洲翻译乡试正考官。二十四年十月，以失察太监李得喜私刨畅春园官土山盖屋，下部议处。十一月，祁埙奏广东琼州、廉州等府，近接外洋，有匪徒在交界地方劫掠，经越南国会同擒拿，请嗣后侦有匪踪，即知会该国一体堵缉。下不会议，裕诚以"夷夏之防宜谨于未事，若以中国应捕匪犯，轻用外人兵力，既于体制未协，且恐沿边将士恃有外人协缉，废弛捕务，于海防转无裨益。"奏寝之。

二十五年，调工部尚书，仍兼署兵部尚书。四月，以银库罚赔银两全缴，恩予开复，充盘查三库大臣。寻以兵部违例派署掌印，又于司员索诈书吏，未能据实参办，降五级调用。九月，授太仆寺少卿。二十六年，授察哈尔副都统。二十七年，升都统。先是，察哈尔八旗蒙古官兵，都统及副都统隔年轮查。每旗仅选兵数十名，以备校阅。余均系该总管按月操演，隔年查旗之举，徒滋糜费。奏请改于查验军政之年，改都统等输流出口，全数校阅。此外年分责成各该总管认真经理，切实呈报。得旨允行。

二十八年三月，擢荆州将军。十月，调成都将军。十二月，署四川总督。二十九年二月，云南富民县知县广和音受本籍职员刘元吉银两，恐其告发，诬捏以烧香结盟情事，经总督程矞采访查，入于甄别案内，以府经历、县丞降补，广和疑系布政使赵光祖详揭，因撖款诬讦。命裕诚前往审办，寻鞫实，治罪如律。九月，召回京。三十年七月，授兵部尚书、总管内务府大臣。九月，宣宗成皇帝梓宫奉移慕陵礼成，加二级，复赐紫禁城骑马。自道光十八年至是年，迭次充经筵讲官。

咸丰元年正月，调户部尚书。三月，兼正白旗汉军都统。五月，命以兵部尚书协办大学士。六月，授内大臣。八月，充崇文门正监督，署吏部尚书。闰八月，充满洲翻译乡试正考官。二年正月，授文渊阁大学士。三月，宣宗成皇帝永远奉安礼成，命裕诚恭题神主，赏太子太保衔；又以恭理丧仪、慕陵值班，赏加三级。四月，历充庶吉士散馆阅卷大臣、殿试读卷官。九月，擢文华殿大学士，命遣官赐祭祖茔。十一月，管理理藩院事务，充临雍进讲大臣。三年三月，孝和睿皇后永远奉安礼成，赏加一级；又以恭题神主，赏御用袍一件。

时粤匪窜入江南，援师云集，裕诚请推广恩纶，劝捐裕饷，从之。四月，署理理藩院尚书。六月，充国史馆总裁，仍管三库事务，充崇文门正监督。十二月，以历次报捐军饷，交部议叙。四年二月，刑部主事王式言承审命案，听嘱失入，裕诚以会审大臣草率拟奏，下部议处。四月，充阅兵大臣。十月，管光禄寺、上驷院事务。十一月，充文渊阁领阁事。五年正月，伊犁将军奕山请酌裁伊犁镇总兵，以领队大臣兼任。裕诚偕军机大臣议，以边疆重镇，设立已久，更易旧制，流弊滋多，奏寝之。三月，偕恭亲王等遵议陕甘总督易棠奏请裁变马厂，疏云："甘省马厂设自乾隆年间，非徒以孳生之马拨补营缺，可以节省价银，亦以秦陇为形胜之区，而内地有惟甘肃可设马厂，原备一时缓急之用。今以撙节经费，遂议裁撤，于马政实有妨碍，应寝其议。"从之。

七月，恭理孝静成皇后丧仪。寻调正黄旗满洲都统。十月，恭勘慕东陵工程。十一月，孝静成皇后梓宫奉移慕东陵暂安礼成，加一级。六年四月，充庶吉士散馆阅卷大臣，殿试读卷官。十月，充玉牒馆督催官。十二月，补正黄旗领侍卫内大臣，调正白旗领侍卫内大臣。七年二月，充上书房总师傅。是月，孝静成皇后永远奉安礼成，加三级。先是，内务府承袭世职幼官，向不入官学肄业，及岁时不分优劣，概准支食全俸。裕诚以为不足以广造就，请照八旗定例，归入两翼官学肄业，以昭画一。如所议行。六月，以捐输采买米石，交部议叙。八年正月，京察届期，上以裕诚宣力有年，靖共在位，复下部议叙。二月，以顺贞门不戒于火，迅即扑熄，加二级。

五月，卒。遗疏入，谕曰："大学士裕诚植品醇正，办事勤能。器量渊深，老成练达。由荫生侍卫，嘉庆年间即在乾清门行走。叠蒙皇考宣宗成皇帝擢至正卿，供职内廷。缘事降调，复任都统、将军。朕御极之初，内用尚书，晋秩纶扉，仍兼管内务府大臣，管理都统旗务。扬历中外，懋著勤劳。前以微疴，给假调理，方冀就痊，正资倚畀。兹闻在园寓溘逝，悼惜殊深！著赏给陀罗经被，命恭亲王奕訢带领侍卫十员，即日前往奠醊。加恩晋赠太保，照大学士例赐恤。准其入城治丧，并赏银一千两。本月二十二日，朕亲临赐奠。任内一切处分，悉予开复。应得恤典，该衙门察例具奏，用示朕眷念耆臣至意。"又谕曰："大学士裕诚溘逝，业经降旨优加赐恤。本日朕亲临赐奠，见其遗孤幼稚，殊深怆感！因思裕诚人品醇正，扬历中外，奉职勤能。著加恩入祀贤良祠。伊子坤林，俟及岁时，由该旗带领引见，以示朕眷念荩臣，恩施优渥至意。"寻赐祭葬，予谥文端。

孙，克昌，袭一等公爵。

——《清史列传》卷四十

双　德

双德，吴雅氏，满洲正蓝旗人。嘉庆十二年，由蓝翎长升前锋校。道光元年，升副前锋参领。七年，升前锋参领。十七年五月，军政卓异，引见记名，寻委署健锐营翼长。十二月，升正蓝旗蒙古副都统。十八年闰四月，授镶蓝旗护军统领。七月，授密云副都统。十月，奏言："密云兵众二千，系属重镇，而打靶枪仅止四百八十杆，拟请添造牌枪共足六百杆之数，俾资熟练，以力操防，所需银数照例即在本处官兵俸饷银两内摊捐办理。"允之。二十年，坐失察防守尉英德指饷借支霸昌道库银，又指兵借银等事，下部察议。二十一年，奏称："密云兵多，抬枪仅有二十杆，请添制八十杆，加意训练，期与前次抬枪一律精熟，此项银两即在密云官兵每年应领俸饷平余款内动用，"如所请行。

二十六年，以驻防兵房倾圮，军器亦多腐朽，援案请每兵借给一年饷银，俾资修补，从之。二十八年，升察哈尔都统。二十九年，奏言独石口千家店官兵住防倾圮，请于口北道库闲款内拨借修补，诏如所请。三十年九月，奏称有劫掠头台马匹者，经副参领达米林、扎布等带兵夺回，并拿获重犯，得旨各官均予优叙。又奏："查军报发递有磨损拆动等弊，奉谕著兵部查明旧例，传知有驿站各省毋得磨损，以滋弊端。如有损失及拆动情形，一面加封递送，一面禀请该管上司查办，毋稍玩忽。"

十二月，以前在密云副都统任内借饷修理兵房，被已革马甲魁山赴京呈控，魁山下军机大臣会同刑部审讯，寻鞫实入奏。谕曰："据奏称海玉、苏克都亨等供，道光二十七年间报修营房六处，估银二千九百七十五两，海玉向藩库领出只以二千三百七十五两交库收存，其余六百两或称购料，或称部费，海玉、苏克都亨均向双德回明，双德并不查明究办，著双德据实回奏。"寻奏曰："估银二千九百七十五两，一时糊涂并未深究，交卸后工程均由副都统德顺办理，实不知情。"得旨，褫双德职，严讯。咸丰元年，谕曰："海玉以银六百两给户部书吏王雨田，希图分案核准。双德任听海玉付给书吏银两，闻顺德欲行参奏，措银补还库项，显系徇庇于前，消弭于后。双德著发军台效力赎罪，虽年逾七十，不准收赎，事犯虽在恩赦以前，均不准援免。"二年，释回。四年，故。子，忠和，头等侍卫；忠泰，候补笔帖式。

——《清国史》大臣画一续编卷一三七

恒　春

恒春，萨达拉氏，满洲正白旗人。嘉庆二十五年进士，以主事用，分刑部。道光四年，充提牢厅。六年，补官。九年，充宝泉局监督。十一年，升员外郎。十四年，仍留监督任。十八年七月，京察一等，覆带引见，记名以道府用。八月，转山东道监察御史。九月，授直隶天津府知府。十九年，擢永定河务道。二十三年，以永定河漫口，革职留任。寻以捐办藏功出力，开复。二十四年二月，擢山西按察使。自是年四月至二十六年，历署布政使。

二十七年二月，升陕西布政使。四月，入觐，八月，署巡抚。二十八年，擢刑部右侍郎。时御史戴绚孙奏定直省将弁协缉章程，恒春于署巡抚任内，遵议请将守兵马战及外委以上，均以获盗有功记拔，其协同州县缉获者，不准率行请奖；逾限不获者，严行惩处。如所请行。二十九年，来京。三十年三月，兼正黄旗蒙古副都统。四月，充庶吉士散馆阅卷大臣。七月，调正黄旗满洲副都统。咸丰元年二月,授察哈尔都统。五月,奏察哈尔官马亏短,请将各牧群孳生马匹留补,以符原额,从之。八月,调正蓝旗汉军都统。闰八月,授刑部尚书。十月,赐紫禁城内骑马。

二年二月,以拟补主事,与左侍郎书元意见不同,陈明请旨查办,经定郡王载铨会同吏部遵旨查议,寻议以书元固执己见,恒春未能执中果断,遂行陈奏,亦属不合。均下部议处。三月,崇文门获有囤积私酒人犯田大等,交刑部审办,经恒春等分别定议。上以所拟罪名未允,敕令另议。寻奏田大等实属无辜,请照原拟办理,允之。复谕曰:"嗣后如再有囤积过数者,必应严惩。恒春自任刑部以来,诸事废弛,近日尤甚,著降为三品顶戴。"时粤匪犯湖南,陷道州,恒春密疏:"大学士赛尚阿防剿不力,广西巡抚劳崇光及提督刘长清能谋能战,且籍隶湖南,谙悉地利人情,调往剿贼,可期迅奏肤功。"报闻。六月,给事中袁甲三奏参恒春前办私酒案,与侍郎书元听授定郡王载铨指示,上命查明回奏。疏入,谕曰:"恒春、书元审办案件,盛气相凌,俱在载铨府第私谒,并将审案略节面交,已据载铨奏明。乃恒春回奏,率称于随扈回京后从未谒见,并无送给案据之事,显系意存欺饰,著交部严加议处。"寻降四级调用。

三年正月,授奉天府府尹,寻迁大理寺卿。二月,充补行乡试覆试阅卷大臣。三月,遵查热河矿山情形,奏言:"矿洞不能一时并开,应于曾经开采处所,详加履勘。"上是其言。四月,擢盛京工部侍郎。五月,调刑部左侍郎。八月,兼正黄旗汉军副都统。时山西巡抚哈芬条陈河东盐务,命恒春偕署户部尚书朱凤标前往查办。寻授山西巡抚。会粤匪窜扰直隶,河南、山西戒严,命副都统佟鉴统带官兵炮位驰赴山西,与恒春会筹防剿。旋以贼窜临洺关,谕恒春暂驻正定府,相机布置。恒春已于九月抵平定州,接受巡抚盐政关防。奏入,诏毋庸折回,仍叠旨勉其严密防堵。十月,奏参前任巡抚哈芬移交河东道张锡蕃等捐备军需银款蒙混，应勒令赔缴，按察使郭用宾当省会戒严，于钦差大臣处禀报库款不实，应交部严议，如所请行。十二月，请变通河东盐务章程，以山、陕商运改为官运官销，河南商运改为官运官销，均于盐池纳税，先课后盐；又请裁铺司工食，以通省铺兵改为马递役递。均下部议行。寻以前在京堂任内两次捐饷，下部优叙。

四年二月，粤匪窜河南怀庆，恒春遵旨抽拨泽潞防兵一千名，赴黄河防堵。寻命改拨大名扼要防守。五月，贼由怀庆窜山西平阳一带，迭陷县城，恒春饬官绅练勇击却之。八月，以山西武职题缺无多，请将东路等营参将改为题缺，其都司以下亦量加裁改。又奏酌定捐免充商易银之法，请以收买之民铜铸成宝钱，颁发各州县，按户分给，劝令一枚易取库银四钱，每属发宝钱万余枚，可易库银数十万两，以济军需。俱报闻。十月，疏言："山西兵艰粮少，请照广西、江南、河南成案办理，酌折银两，免给本色。"又奏新安矿厂得沙定课章程。均下部议行。

十二月，擢云贵总督，兼署云南巡抚。先是，云南开化府属回匪马二花等构衅滋事，扰及寻甸等处，贵州桐梓县土匪复于郎岱厅署回匪，台拱、黄平苗匪，及清平匪徒，同时窃发，叠谕恒春调兵剿捕。五年五月，贵州匪首杨凤伏诛，余党窜四川边界，恒春遣知府朱右曾督师由怀仁堵截，参将蒋玉龙由桐梓九坝兜入，与副将特克慎等互为策应，歼匪二百余名，擒伪主公舒大、舒组等五十余名。六月，偕云南巡抚舒兴阿、学政扬式谷奏云南绅庶捐输军饷，请加学额，并乡试中额，下部议行。

时郎岱、镇宁夷匪仍屯踞养马、蜜蜂等寨，恒春饬将弁逐节搜捕，屡有斩获。九月，击滇匪谢茂南等于宾州、镇南、蒙自等州县，获之。十月，贵州下游苗匪自台清阑入丹江厅城。游击余瑞麟等赴援迁延，奏劾之，并自请交部议处。六年二月，以捐输黔饷，下部优叙。四月，郎岱厅属苗匪率众投诚，贵州上游廓清，得旨嘉奖。寻以都匀、清江、施秉先后被匪窜陷，自请治罪，命交部议处。七年四月，回匪复窜大理府，檄总兵福兆等分击之，诸路战皆捷，红岩等处逆巢悉平。上嘉其功。

五月，回匪由曲江勾结澄江回夷，突逼省城，于城外大肆焚杀，恒春自请严议，寻自缢。云南巡抚舒兴阿、贵州巡抚桑春荣先后奏入，谕曰："云贵总督恒春扬历中外，平日办事尚属认真。现因回匪逼近省城，虽事处危急，而城池并未失陷。该督应力筹防剿，乃甫经自请严议，旋于六月初一日夜，与其妻博禹特氏在署自缢。封疆大吏当时事艰难之际，不思力图挽救，辄以一死卸责，不惟无益国家，抑且贻误大局。死出无名，与效命疆场者不可同日而语。惟览其遗折，因防剿计穷，自怨误国殃民，一死不足蔽辜。且惓惓以国计民生为念，无一语涉及家事。其情亦属可悯！所有该督自请严议之处，著加恩宽免，仍毋庸给予恤典，以昭平允。"

子，英琦，候选同知。孙，宗培、宗晋，俱候补笔帖式。

——《清史列传》卷四二

西凌阿

西凌阿，果博勒氏，满洲正白旗人。道光十一年，由黏竿拜唐阿授蓝翎侍卫，洊迁二等侍卫。二十一年，英吉利扰浙之宁波、镇海。二十二年，扬威将军奕经往援兵衄，独西凌阿再燔其舟有功，晋头等侍卫，旋充尚茶正。二十九年，授镶黄旗蒙古副都统。三十年，授正蓝旗护军统领。

咸丰元年，擢察哈尔都统，寻疏言："察哈尔牧青马匹，兵丁被累，请归商都两翼太仆寺骟马群内分牧。"允之。二年正月，劾独石口防守尉祥崑遗失火药，废员富尔松阿擅离台所，罚遣如律。七月，以失察仆从婪索，降二级留任。时东南寇起，西凌阿输军饷银八百两，下部议叙。十二月，命带黑龙江官兵前赴河南军营，听候钦差大臣琦善调遣，并赏银一百五十两。

三年二月，粤匪陷江南省城，分遣逆党，连陷镇江、扬州，琦善自信阳州东援檄，西凌阿防浦口。三月，截贼小塔山。四月，贼从六合来，西凌阿遽退东葛驿，事闻褫职。既伪丞相丹详留逆目踞扬州，率党北窜安徽滁州，西凌阿追及之十里山冈，斩首数百。五月，贼窜河南，由睢州径扑开封，西凌阿与将军托明阿等倍道驰援，解其围。贼窜而西，陷汜水，复追至城下连战，克之。谕曰："西凌阿系获罪之员，此次剿贼尚属奋勉，若能赶紧追贼，当与善禄同邀恩赏。"寻以前在浦口失律，经琦善查奏，上念西凌阿在河南带兵，责令带罪自效。

六月，贼围怀庆急，西凌阿等由武陟进援，直冲贼队，刃伪帅二，得旨嘉奖。旋与总兵董占元督兵进攻，占元已抵贼垒，而黑龙江官兵忽勒马回，致自蹂。上命琦善查明参办。七月，贼分股来扑，西凌阿挥队迎击，贼溃。既官军屡捷，贼益蹙，投诚者数百人，诸军五路并进，西凌阿以突骑陷阵，歼贼四十余，纵火燔其栅，贼遁，怀庆围解。诏开复原官，仍赏戴花翎。八月，贼窜山西，由垣曲、济源、曲沃陷平阳府城，将北窜。西陵阿偕副都统松玉等由风门山口夺关入追，抵王屋镇、郡原镇击杀数百，连夜绕出贼前，扼平阳北关外，贼出队东关，西凌阿移师奋击，杀三百余，贼半退平阳，余皆奔洪洞，疾追之，遮击于洪洞北关外，复歼五六十名。未几，贼由洪洞突出东径，屯留潞城、黎城，入直隶境，踞永年县之临洺关，西凌阿蹑贼尾击斩甚伙。

上饬副都统维禄、总兵经文岱及盛京官兵均归西凌阿调遣。九月，贼窜赵州栾城，扑正定府，扰及定州李青果村，陷藁城县，西凌阿督经文岱急起直追，一鼓入城，殄贼二百余。寻命在钦差大臣胜保军营帮办军务，旋追贼至深州，胜保令西凌阿由南路进攻，贼大溃，乘夜遁献县，复窜泊头镇，遂渡河扑沧州，前锋贼已突天津。西凌阿连日尾追，阻阴雨落胜保后，奉旨诘责，并摘去顶戴，拔去花翎。时津防已固，贼退踞静海，分屯独流、杨柳青等处，西凌阿驰抵静海，会善禄攻其东南隅，败之，歼四百有奇，获贼船十。十月，复大捷于运河东岸，赏还花翎。

四年正月，复静海，贼奔王家口，旋踞河间东城村，分股扑桃园，西凌阿饬副将史荣椿以大炮轰却之。二月，贼陷阜城，分屯附近各村，与城贼犄角，西凌阿追至后康庄破之，殄贼数百。时参赞大臣科尔沁郡王僧格林沁督攻堆村、连村、林家场，檄西凌阿等分路接应，前后夹击，大败之，遂克三处贼巢。四月，贼踞东光连镇，跨河为营，西凌阿与胜保等分路进攻，破其垒并歼其两岸扑出之贼。时贼于镇北挖壕，兼筑炮台，派参将玉亮毁之。十一月，破韩家湾贼垒，进攻西连镇。

五年正月，克之，遂逼东连镇，焚其木城，毙贼甚众，林逆匿暗隧中，西凌阿搜获之，东镇平。赏二等轻车都尉世职、伊精阿巴图鲁名号。四月，会胜保等军克山东高堂州，河北一律肃清，赏三等男爵。旋授为钦差大臣，赴湖北督办军务。行抵河南，巡抚英桂奏称，投诚义勇不若撤令归农，命西凌阿妥议。寻奏言："此项义勇概令回籍，恐无家可归，仍行滋事，拟请愿归农者备文送归原籍，余令带兵各员严为约束。"诏如所请。旋奏称："大股贼匪麕集德安，逼近豫边，难保不窥伺北窜，以缓急而论，自应先清背面再攻武汉，其天门京山之贼，湖广总督官文已派兵扼要堵截，自能遏其横窜里河之路，应令该督照办。"上韪其言。六月，抵湖北随州。七月，由马坪镇移营长林冈，德安贼直扑三波港，复烧姜家湾民房。已革参将刘富成、总管德楞额战不利，勇营被毁，勇皆从贼。奉旨责以调度乖方，革职留任。寻以收集兵勇暂退随州，上念楚疆贼炽，命副都统都兴阿前赴西凌阿军营助剿，西凌阿仍进壁长林冈。

八月，贼千余出西门，抄掠烟墩集一带，知州严树森率团勇迎击，西凌阿前往策应，贼又出掠应山大路，督兵邀击，皆却之，进攻府城屡捷。先是，北路兵溃，上命官文查奏。九月，官文奏言西凌阿初到德安，不知底里，致有挫败。得旨即行革职留军营，交官文差遣。十月，随官文复德安府城，遂留驻以固北防。六年，英桂上言西凌阿督带马队赴河南剿匪，冲锋突阵，调度合宜，得旨开复察哈尔都统原官。七年，以屡次退败，不胜统率之任，交部议处。寻以军营劳绩加恩，改为革职留任。八年，饬赴山海关防堵。十年七月，授镶蓝旗蒙古都统。十二月，命帮办僧格林沁军务。十一年正月，以剿贼山东菏泽失利，下部严议。五月，追剿至东昌，焚孙家盛庄贼巢，克七级镇。六月，追至阿城闸，贼南遁，遂并力攻张秋镇，克之。十一月，攻曹州红川口土围，分兵越壕，入毙匪数百，追杀三十余里，殄贼渠二，进拔刘家桥郭家塘房，又败之大张寺。

同治元年，腿疾剧，请回京调理，允之。三年，授镶蓝旗汉军都统。四年四月，署正红旗汉军都统。八月，因病开缺。五年，卒。遗疏入，谕曰："前任察哈尔都统西凌阿叠经出师浙江、直隶等省，颇著战功，去年因病开缺，方冀调理就痊，藉资倚畀，兹闻溘逝，轸惜良深，著加恩照都统例赐恤，任内一切处分悉予开复，应得恤典，该衙门察例具奏。"寻赐祭葬，予谥勇毅。光绪十五年，慈禧端佑康颐昭豫庄诚皇太后归政，追念功绩最著诸臣，各赐祭一坛，西凌阿与焉。

——《清国史》大臣画一列传后编卷五五

阿克敦布

阿克敦布，梅勒氏，满洲正黄旗人。由翻译生员考取教习。道光四年，补西陵礼部笔帖式。五年，转刑部笔帖式。十四年，充国史馆纂修。十七年，升主事。二十四年，升员外郎。二十七年，充国史馆总纂。二十八年，迁湖广道监察御史。咸丰三年，转掌京畿道监察御史。五年，擢工科给事中。八年，转掌吏科给事中。十年，命抽查漕粮，阿克敦布以仓储紧要，奏请妥筹收运，下所司议行。又奏劾监督钟霖等贻误车辆，请交部议处，从之。

十一年，授大理寺少卿。同治元年二月，升大理寺卿，迁都察院左都御史。十一月，刑部右侍郎，兼正红旗蒙古副都统。时塔布囊丹巴及蒙尔金旗达拉玛等先后以苛派苦累等词赴都察院呈控，蒙古喇嘛林沁复来京申诉其事，命阿克敦布驰驿往热河，会同都统瑞麟查办。旋会鞫得实，与瑞麟和疏具奏，并条陈蒙古地亩差徭情形，请明定数目，不得丝毫增加，并添派委员会同卓索图盟长清查地亩，力除积弊。疏入，俱如所请行。二年，授察哈尔都统。十月，请将欠放兵米量为变通，岁可省经费三千余两，敕部议行。

十二月，甘肃回匪叛陷宁夏灵州、蒙古草地一带，可通甘省之路甚多，谕阿克敦布广设侦探循环逻察，寻覆奏派员赴归绥二城密侦情形，随时飞禀，复于张家口上下两堡添派旗丁，逐日梭巡，并督饬各旗总管等整顿操防，加意训练，疏入报闻。闰五月，奏言："张家口上下两堡五方杂处，四路要冲，土著汉回已属良莠不齐，外来游民尤恐奸宄难免。惟其地方属万全县，归直省管辖，编查保甲缉捕盗匪，一切事宜，向系呈报该管上司。今欲与之联络而事权不属，窃恐呼应不灵，可否敕下直隶督臣，严饬该管道府设法严密稽察，联为一气。"寻谕曰："该处距省垣窎远，如有应行与口外地方筹备联络之处，著由阿克敦布即行饬知以期便捷。"

九月，条陈剿除马贼机宜：一、派官兵分别驻扎以备缓急；一、责成地方官雇觅眼线；一、整顿卡伦以通消息；一、缉捕宜严明赏罚；一、禁赌场以净根株。五年三月，入觐，调正黄旗汉军都统。十月，署正白旗蒙古都统。六年，赐紫禁城骑马。

七年，阿克敦布八十寿辰，赏"干城介祉"匾额一方，及文绮如意等件。八年四月，上以阿克敦布年届八旬，加恩毋庸进武职班。七月，充崇文门正监督。九年，署镶白旗蒙古都统。十三年，卒。遗疏入，谕曰："阿克敦布由司员升授侍郎、都统办理诸事勤劳，今闻病逝，朕意怜悯，加恩照都统，例从优赐恤，任内一切处分悉予开复,应得恤典,该衙门察例具奏。"寻赐祭葬,予谥勤恪。子,荣恩,户部员外郎。

——《清国史》大臣画一列传后编卷五七

文 盛

　　文盛,刘佳氏,汉军镶黄旗人。由印务笔帖式于道光十二年升骁骑校。十八年,升公中佐领。二十三年,迁副参领。二十六年,升参领管印务。咸丰六年,校刊翻译《大学衍义》,文盛以捐资出力,赏副将衔。七年,军政保荐卓异,谕交军机处记名。八年,授正黄旗汉军副都统。九年,署正白旗蒙古副都统。十年,调正白旗满洲副都统,兼署正白旗护军统领。同治二年八月,授库伦办事大臣。时乌鲁木齐逆回猖獗,待援孔急,命速派兵五百名会剿。

　　五年七月,奏陈俄罗斯构乱情形,敕与署乌里雅苏台将军麟兴等派兵防范。七年,擢察哈尔都统,以回匪窜扰绥远城,蒙古兵弱,难资堵截,谕令选派马队相机攻剿,力保岩疆。十一月,回匪东犯,命酌拨马队数百名随同宁夏副都统金顺剿贼。九年四月,回匪由甘州草地窜扰库克额尔济军台,逼近乌城,文盛遵旨檄总管达尔济带队进剿,达尔济违抗,文盛劾论褫革顶翎。嗣因乌城失陷,北路戒严,神机营选派马步各队驰往张家口分驻扼扎,命文盛酌夺情形,妥为调度。十年,以转运军粮豫筹驼帐,沿途派员护送,上嘉其妥协。十二年十月,以病请开缺回旗,允之。光绪十年四月,卒。

——《清国史》大臣画一列传后编卷一四〇

额勒和布

额勒和布，觉尔察氏，满洲镶蓝旗人。咸丰二年，翻译进士，改翰林院庶吉士。三年，散馆，以主事用，签分户部。四年，补主事，记名军机章京。五年，户部奏奖捐铜局承办司员，额勒和布得旨以应升之缺升用。六年，补员外郎。十年，迁翰林院侍讲。十一年，转补侍读。同治元年，充日讲起居注官。五月，升翰林院侍讲学士。十二月，升内阁学士，兼礼部侍郎衔。二年六月，擢理藩院右侍郎。八月，署工部右侍郎，管钱法堂事务。十二月，充国史馆副总裁。

三年六月，署镶黄旗汉军副都统。七月，兼正白旗蒙古副都统。会热河土默特贝勒旗老头会聚众肆掠，势甚炽。额勒和布奉命往查，廉得实，请将贝勒议处，其佐领章京德瓦拉布窄等降革有差，事遂定。十月，调补正黄旗满洲副都统。

四年五月，调补镶白旗满洲副都统。九月，补授盛京户部侍郎，兼管奉天府尹。奉天马贼煽动，命直隶总督刘长佑领军驰抵三屯营防剿热河之平、建、朝、赤及奉天各地方。额勒和布筹备军饷，无误戎机，功最多。十二月，管理奉天牛马税务监督，协理盛京内务府事务。是月，贼酋周荣纠股回窜法库边门，扰及昌图，所在告警。额勒和布檄统领扎明阿先率所部马队驰赴开原，相机迎击，而令步队炮手继进，以扼回窜，贼遂溃散。旋因开原监犯越狱戕官，未能预筹防范，诏降二级留任。五年，科尔沁亲王伯彦讷谟祜以奉天应编查保甲，严禁赌博，裁撤团会，收缴军械，修筑堡寨，定期会哨，添设员弁，创立学校，条列入奏。诏额勒和布以次兴办，边圉大治。六年正月，请酌抽盐厘为练兵经费。八月，请将添设海防同知驻扎营口，沿海一带统归管辖，以专责成。均下所司议行。时关内饥，三口通商大臣崇厚请拨库款筹办救荒。额勒和布奏言："奉天库储存不裕，若待请款始行采买，诚恐缓不济急。先自倡捐粟米三百五十石，以应急需。"得旨下部优叙。

七年，疏请重开凤凰城磺矿以济军火，从之。旋管理宗室觉罗学务。四月，署盛京将军印钥。八月，朝鲜国王以鸭绿江北、凤凰城外游民盖房垦田，咨请严行禁止。先是，侍郎延煦往勘，曾酌覈章程，有推展边界及严定边禁各条。至是益为酌中定制，示以界限，游民乃无复有任意侵越者。以昌图所属幅员辽阔，设遇命案，恒苦耽延。请嗣后无论三百里内外，印官公出，即由分防官往验，以免留滞。其整饬吏治，则以锦州府、辽阳州两地当山海要冲，为边关之锁钥，必须得人，乃资统驭。请嗣后员缺，留为本省量才升补，著为令。其推广文教，则请昌图、岫岩添设拔贡定额。上皆韪之。十年，迁察哈尔都统。十一年，新疆用兵，乌鲁木齐都统景廉设粮台于察哈尔，额勒和布为之派员经纪，转运督催，应时接济，军用赖以不匮。并调蒙古马队、八旗官兵赴乌鲁木齐及杜嘎尔营、乌里雅苏台随地防剿，杜贼北窜。

十三年，擢乌里雅苏台将军。光绪二年四月，回匪大股攻扑布伦托海，民厂被围，额勒和布派兵协力捕剿，贼势稍却，而山径纷歧，兼夺戈壁，防不胜防。五月，另股突由布伦托海窜踞沙札盖等处，意图伺隙复逞，使官军不及兼顾。额勒和布亟督各营侦探截剿，杀贼三百余名，余匪骇逃。三年二月，因病乞休，奉旨予假调理。六月，再请开缺，许之。六月，病痊。九月，复补镶白旗汉军都统。十二月，补进内大臣班。七年三月，署镶黄旗蒙古都统。四月，充派赴朝鲜国正使。闰七月，调补热河都统。九年二月，补理藩院尚书。六月，调户部尚书，授正白旗汉军都统。时直隶水患，已有旨赏米六万余石赈恤。额勒和布以灾区甚广，复请酌提藩库银数万两以拯饥民，从之。十月，赐紫禁城骑马，管理正白旗汉军新旧营房、城内官房事务，补总管内务府大臣。十二月，充经筵讲官。十年三月，命在军机大臣上行走。四月，充正白旗汉军专操大臣。五月，以户部尚书协办大学士。奏开滇越边界矿物。又请将同治十一年以后、光绪八年以前直省积欠钱漕，悉行蠲免，并奏定直省考核州县蠲缓章程五条。六月，国子监司业潘衍桐奏请特开艺学一科，额勒和布极言艺学开科，诸多流弊，事不果行。

时法人侵我越南，攻谅山，陷台北鸡笼口岸，诏议和战大计。额勒和布奏言："倘法人慑于兵威，迫于公议，悔过输诚，似不妨示以大度，仍予转圜。如竟怙恶不悛，肆行要挟，惟有一意主战。第兵端一开，筹饷维艰，宜减腹地勇营，裁冗费闲员，省例外支销，杜侵蚀中饱，方足以裕饷源而作士气。"八月，调补正红旗满洲都统，命稽察钦奉上谕事件处，充国史馆正总裁。九月，管理正红旗满洲新旧营房事务，命补大学士，管理户部事务。十月，奉懿旨，赏戴花翎。旋授体仁阁大学士。十二月，充文渊阁领阁事。

十一年十一月，调管兵部事务。十二月，懿旨赏穿带膆貂褂，转武英殿大学士。十二年三月，赏穿黄马褂。十月，充玉牒馆督催及会典馆正总裁。十三年二月，补授内大臣。七月，充崇文门正监督。十月，充阅兵大臣。十四年，充方略馆总裁。皇上大婚礼成，赏加太子太保衔。累下部优叙。十六年四月，充翻译会试正考官。七月，署正红旗蒙古都统。十七年正月，奉旨："大学士额勒和布翊赞枢廷，公忠其矢，襄理庶务，深合机宜。著交该衙门从优议叙。"十一月，命在西苑门内骑马。十八年十二月，以二十年恭逢慈禧端佑康颐昭豫庄诚寿恭钦献皇太后六旬万寿，奉旨著额勒和布总办庆典。二十年，奉懿旨，赏戴双眼花翎，并赏用紫缰。

二十一年，充翻译会试正考官。历充各省驻防翻译乡试阅卷大臣、翻译会试阅卷大臣各一次，翻译会试复试阅卷大臣三次，各省驻防翻译举人复试阅卷大臣六次，阅看翻译、庶吉士散馆试卷大臣二次，考试蒙古司业阅卷大臣一次，考试宗室应封阅卷大臣二次，考试满洲中书阅卷大臣一次，考试帖写笔帖式、翻译官、满洲助教阅卷大臣一次，朝考阅卷大臣一次。叠蒙懿旨，赏《劝善要言》书及御书匾额、"福""寿"字、文绮等件。

二十二年，疾作，累请开缺，优诏允其致仕。二十六年六月，卒。遗疏入，谕曰："致仕大学士额勒和布，练达老成，持躬端谨。由翰林洊擢卿贰，参预机务，晋赞纶扉。服官垂四十年，谨慎小心，克称厥职。嗣因久病，屡次奏请开缺，准其致仕。方冀克享遐龄，长承恩眷。兹闻溘逝，悼惜殊深！加恩赏给陀罗经被，派贝勒载滢带领侍卫十员，即日前往奠醊。照大学士例赐恤，入祀贤良祠。任内一切处分，悉予开复。应得恤典，该衙门察例具奏。伊子理藩院郎中伯麒，著俟服阕后以四品京堂候补，用示笃念耆臣至意。"寻赐祭葬，予谥文恭。

子，伯麒，候补四品京堂。

孙，世斌，一品荫生。

——《清史列传》卷五七

春　福

春福，富察氏，满洲镶黄旗人。祖喜伦，三等承恩公。道光十七年，春福袭。二十三年，赏头等侍卫，在大门上行走。咸丰六年，充侍卫什长。十年，晋侍卫班领。十一年充绩办事章京。

同治六年，军政保荐卓异，敕交军机处记名，遇有京外副都统缺出，请旨简放。寻署镶黄旗汉军副都统。七年授山东青州副都统。青州满营自军兴屡经出征，军械损失。因歉绌，未能添制。春福抵任后，捐廉制造天门炮三十二位，大小抬枪、鸟枪四百五十杆以备操防。

十三年，山东巡抚文彬奏请奖励赏戴花翎。青州绅民于满城捐建科尔沁亲王僧格林沁专祠。春福疏上其咸丰十年追剿捻匪功绩，并地方百姓讴思之诚，请颁赐扁额，并由地方官春秋致祭，以彰忠尽而顺舆情。从之。光绪三年四月，擢察哈尔都统。八月，授乌里雅苏台将军，寻以覆奏遣犯刘鸿恩并未由台潜逃不实，交部议处，坐降三级留任。五年，命回京当差。十一年，卒。

子，志钧袭爵。

——《清国史》新办国史大臣传

穆图善

穆图善，那哈塔氏。满洲镶黄旗人，黑龙江驻防。道光二十六年，由前锋补骁骑校。咸丰三年，升委参领，管带马队从征河南逆匪，转战直隶连镇、山东高唐、山西曲沃等处所向有功。五年调赴湖北剿贼，德安胜之，赏戴蓝翎。六年随大军克复汉阳府城，赏戴花翎。七年，晋防御。八年，升佐领。九年，由楚入皖，大军攻克安庆之石碑伪城。穆图善在事有功，得旨升补协领。十年，太湖围师四集，合击贼于小池驿。寻下太湖潜山。穆图善战功称最，赏副都统衔。

十一年，伪英王陈玉成率悍党回袭安庆，伪璋王等向桐庐疾趋以应陈逆。穆图善驻守挂车河老营，贼分股扑挂车河。穆图善令副将石清吉等三路接战，历三时许，贼奔溃。陈逆又纠悍党分路进扰官军，乘贼远来，筑垒未定，奋力迎击，斩馘余万，遂克桐城，并复宿松、黄梅、蕲川、广济等邑。赏西林巴图鲁名号。

同治元年三月，攻陈玉成于庐州，陈逆负固多年，深沟高垒，恃水为险。穆图善先破城外贼垒，沿河立营，昼夜环攻，贼悉锐出拒。官军大败之，府城遂复。捷入，命交军机处记名，遇有副都统缺出，请旨简放。七月，发捻各率大股分途西窜，欲合汉中回逆，肆扰秦豫两省。上命将军多隆阿督办陕西军务，取道邓州，先清武关入陕之路，穆图善从之。由商州驰驻西安时，贼已陷紫荆关。穆图善遂还军商州，出涉岭。伪启王梁成富率逆党麕至。穆图善督军力战，直薄紫荆关，斩关而入，贼不支，溃走。八月，授西安左翼副都统。闰八月，捻首姜凌泰率党袭商州，不克，旋犯武关，又设伏捉马沟将，以昏夜劫多隆阿营。穆图善侦知，暗率兵截伏贼，败之。多隆阿偃旗息鼓以待武关之贼，俟贼近，与穆图善内外夹击。贼溃走，自相残踏，坠崖死者无数，擒姜凌泰，西窜捻匪歼除殆尽。捷闻，赏都统衔。九月，发逆乘多隆阿等军剿捻，楚境兵单，欲合四川贼石达开党，上窥荆襄，下伺武汉。伪曾王赖汶洸、伪端王蓝咸春窜枣阳，陈得才、梁成富窜安陆。多隆阿与穆图善等拔队急行奋力追击大破之。贼尽出天河口向界碑走，襄河之防遂固。

二年，复乘胜入陕攻高陵。穆图善督兵捣穴。首先登陴，面受枪伤，誓军血战，立复其城，赏穿黄马褂。

三年二月进规盩厔。多隆阿潜穴城东地道，破其月城，贼抵死抢筑。穆图善派兵四面还击，遂下之，擒伪贤王蓝朝元。时多隆阿被枪伤，疏请以穆图善接办军务，多隆阿寻卒于军。上命穆图善署钦差大臣统其众。四月擢荆州将军。五月逆首赖汶洸、张总愚分股东窜，一由罗山趋光山，一由黄陂逼汉口，号称十万。穆图善饬将弁，分援楚豫，时粤匪自紫荆关败创，游弋郧西境。闻陕防空虚，勾结悍贼犯西安。穆图善调兵自潼关直捣店子头老巢，擒伪统领甘润，斩伪都统蔡信于阵，贼奔溃，沿途追击。贼渡黑水峪河，窜焦家巷。穆图善会合诸军并力围攻，屡战屡捷。贼势蹙不复振。八月，新疆逆回倡乱，连陷库车、喀喇沙尔，乌鲁木齐满汉城关内逆回闻声响应。穆图善奉命督办甘肃军务，渡河而西，营于渠口堡，与西安将军都兴阿先定规复宁夏之议。十一月，穆图善移营逼贼巢，贼出众来扑，官军力战却之。谍知贼于圩南接济不绝，饬副都统杜嘎尔率马队分股掩袭。夺赢马数百头，挥军过濠，攻破清水堡大小各圩。师次距宁夏城二十里之金贵堡。十二月，攻近城纳家牖贼圩，败西路援贼，城贼乘官军方攻圩，出抄我后，急分兵迎战，以杜嘎尔马队截击之，贼返西走。

四年正月，侦贼于元日椎牛置酒，不及备攻，夺城南炮台，连毁数寨。时伊犁赴援巴燕岱之兵，中途溃散。新疆遍地皆贼，古城待援尤急，叠奉严旨催，令率所部出嘉峪关，抵哈密，亟筹进兵之策。穆图善历陈："贼众兵单，官军如入虎穴，利在远战，惟贼环城坚垒，抵死固守，且日以马队截我转运，近与都兴阿竭力分防，尚时有顾此失彼之虑。若遽将一军调拨，则众寡悬殊，满城平罗等处必逾形危殆。当此固原未复河狄巩秦一带不能刻期扫荡，全省几至不可收拾。设南勇一闻出关，纷纷潜逃，是内地之军心先涣必致贻误大局。自来用兵关外，非携饷裹粮不敢轻进，甘省已自顾不遑，呼吁邻饷人缓不济，急况平番告警。甘凉驿路中梗无径可通，即勉强绕越，亦必节节阻滞，与其有出关之阻滞而无善策，蜀若合力规复宁灵。先清北路，第先新疆数百万生灵倒悬未解，何忍坐视？应以四川调防西宁之总兵鹤龄改援，哈密与都兴阿前调总兵德祥数营一并兼程前进，以救目前之急。"疏入，上韪其议。

二月，靖远南山贼窜过金积堡，焚叶升等上八堡，踞小坝修堰。穆图善虑贼乘春涨，决渠水灌营，分兵扼宁夏城东，及城东南贼，连夜跨护城河堤筑垒断我汲道，官军立毁之，会固原败贼由元城镇西窜下马关。穆图善遣副将赵有胜防定边、副都统西蒙克西克防花马池。三月，贼趋平罗、宝丰，窥磴口，欲绝宁夏，围师饷道城贼复出扑金积堡营。穆图善留军御之，亲率杜嘎尔等驰解平罗城围，又击贼宝丰，斩贼酋马生颜。花马池、定边防军亦同时获捷，贼势蹙迫。闰五月，调补宁夏将军，贼被围日久，分党潜袭，满城牵缀官军。穆图善督亲军战却之，悉平城东贼，还军郡城。又分军东至花马池、定边一带，西至满城，分防数百里，贼计愈穷。十二月。奉旨督办甘肃军务。宁夏贼叠战不胜，欲夺路他窜，又以官军防备甚严，不敢出。各路援贼皆绝，因纳炮械，缚贼渠以降，遂复宁夏。

五年，贼围庆阳。穆图善遣军击走之，解城围。六年三月，署陕甘总督。值岁大饥，商贩不通。穆图善飞商阿拉善旗亲王贡僧珠尔默特拨驼招贩，月得市粮数百石输回平粜，标兵首乱者诛之，粮员侵蚀者劾之，民心始定。五月，剿米拉沟松树庄贼巢平之。九月，疏陈甘省兵多粮缺、毫无储蓄，请由四川借给仓粮四万石，自白水江运甘，藉资饱腾。又言江浙数省月协甘饷十五万，由楚转解汉中接运，嗣西安粮台林寿图因庆泾营饷无措，奏准于汉中酌提致协饷。留陕西愈多，济甘愈少，饥军哗噪，职是之由。请自后委员赴楚领解，由汉中径达秦安。其庆泾各军统归秦安分瞻，庶免镠辂。皆奉俞允。时甘省回众与汉团仇怨日深，藉端构衅。十月，河州东乡逆回先出大股袭省城。焦家湾河干镇各路之贼约期同至。穆善图遣将缒城出与援兵衎力夹击。阅五昼夜，城围始解。

七年正月，分军渡洮河而西剿东乡回穴，擒毙多名，夺获羸马器械无算，遂复渭源。三月，进攻狄道，狄道陷已六年，官军百战不能拔。穆图善出省督师，仅裹半月之食至即布长围轮流仰攻，贼败，不能息。又豫留间道，俟贼出，挽运突起伏兵要击之，故藉冠粮以赡饥军，卒平狄道，并击退陕回大股伏莽始清。

八年，以陕西大局平定，与巡抚刘典会奏请先补行陕西。壬戌年甲子，两科乡试，甘肃之毗连陕疆者亦准赴试，并留额俟甘肃全境安谧特请一科。上允之。

九年正月，陕回窜永丰堡。穆图善派队击之，歼其众。四月，回逆再陷渭源，复陷狄道，肆扰秦巩。穆图善派军分防巩昌、宁远、礼县，并击破牟佛谛贼垒，连复渭源、狄道两城。八月，兰州防军噪饷，变几不测。穆图善斩管带亲军中营副将张全魁徇于军，乱遂止。十一月，卸署总督，仍驻邠乾一带督办兰州防务。

十年五月，河狄回逆麕聚西柳沟，出扰村堡。穆图善绕道击之，斩馘千余。贼遁走。十月，穆图善与左宗棠各军渡洮河，先破高家集，分两路并进，连毁黑山头、邓家湾、三甲集贼堡。贼见官军尽夺要隘，退扼太子寺大东乡各土寨。官军逼近立营，聚而歼之。十二年十月，捷入，赏云骑尉世职。十三年二月，入觐,赐紫禁城骑马。旋命回任。

光绪元年四月,命来京陛见,署正白旗汉军都统。五月,吉林马贼由松花江窜巴彦苏苏,焚烧衙署,东扑呼兰,复诱挖金开荒等匪出山抢掳。六月,调署吉林将军。七月,呼兰贼窜黑山。八月,贼由三姓窜宁古塔之桦林树,经官军先后殄灭。东山金匪复啸众十余万,乌斯浑卡伦外亦聚马贼数百,谋掠阿勒楚喀。穆图善派军防堵,因便截剿,贼无可掠食,其党渐散。

十一月,疏言:"吉林风气偬弱,近来马贼及徒步之棒子手横行村路,虽数百户屯市亦闻而畏避,任其饱掠。兵至远扬入山,而山中金匪十余万,三姓长春厅亡命赌徒久住城市,与金匪暗通声气,时欲窃发三姓、宁古塔。珲春边外延袤千里,外患交乘,统筹全局,非练马步队万二千不敷守御,计通省制兵七千七百余,以二千豫备供差外,拟挑选西丹练马队七千、步队五千,分驻操防。三姓、宁古塔各驻马队一千、步队一千,由三姓、宁古塔至省以阿勒楚喀为通中总路,亦拨兵扼扎,余皆驻于省城及各边隘,随时调派稽查荒佃、捕拿金匪。冬春围猎、训练操演,不数年即成劲旅,实为边防要策。"上命户部等会议,以饷需无措格不行。

二年,以滥保永不叙用之已革职道员舒之翰留于吉林差委,坐革职。三年四月,授青州副都统。八月,升察哈尔都统。十月,复赐紫禁城骑马。五年六月,授福州将军。十年七月,法夷争地越南,又分兵船滋扰闽粤,以图牵制我军。上命大学士左宗棠为钦差大臣,以穆图善暨漕运总督,杨昌濬帮办军务。穆图善以长门为入省门户,亲驻长门,昼夜修防。时值各国重修条约,法夷于北洋议款不成,折而南走,潜驶兵船入泊马尾,先据腹地。穆图善援万国公法阻之,不肯退。法夷又开炮击我兵船、轰我船厂。我军奋怒击毙法酋孤拔,败其陆军。法夷恐长门绝其归路,即由内攻出,会其接济兵船亦至。官军腹背受敌。穆图善誓师设伏四面抵御,奋自然炮,击沉法船一只,竭力指挥,阅四昼夜不稍懈。法夷见外援已败，急欲出口将各船排列，长门对峙之金牌复毁。我炮台二座防兵尽溃，惟穆图善所部队伍屹立不动。法夷登岸搠战，我伏兵尽起，转败为功，夺获敌炮二、划船一，焚毁舢板船二，又击沉乌波船一，余船逃窜。穆图善驰报接仗情形，请旨治罪。上以穆图善力战杀敌功过相抵，免议。法夷寻就抚。十月，以闽海关积年协解甘肃、新疆军饷功，赏头品顶戴。

十一年七月，命来京陛见。十月，上授穆图善为钦差大臣，会同东三省将军办理练兵事宜。十二月，赏还勇号。十二年五月，至盛京与将军庆裕会商练兵章程，赴吉林、黑龙江竟日挑练。

十三年七月，卒。遗疏入，谕曰："福州将军穆图善老成练达，秉性忠诚，咸丰、同治年间出师安徽、江南、湖北、陕西、甘肃等省，历著勋勤，荐升将军，克称厥职。前年特授钦差大臣办理东三省练兵事宜，驰驱周历，况瘁不辞，规画精详，渐臻成效，方冀克享遐龄长资倚畀，遽闻溘逝，轸惜殊深。穆图善著照将军军营病故，例赐恤加恩，予谥前经得有云骑尉世职，著改为骑都尉世职，任内一切处分悉予开复，应得恤典，该衙门察例具奏。赏银一千两治丧，由盛京户部给发。灵柩回旗时，沿途地方官妥为照料，伊孙那福著俟百日孝满后，由该旗带领引见，伊子恩保、承保均著俟及岁时，由该旗带领引见。"

十一月，庆裕奏："穆图善前后领兵近三十年，转战九省，大小五百八十余战，存心谦抑，口不言功，与诸臣共事虚衷商榷，虑以下人，故能迅奏肤功，蔚为重望。初，多隆阿之奏请帮办也，一时统将不下十数员，独以穆图善厚重威严堪膺付托厥后，荡平陕境，卒复主帅之仇。甘肃久沦兵燹，户口流杂，各省协济，百呼罔应。穆图善内抚叛众，外御凶锋，筹备饷需，激励将士，西征之局日有起色，寇氛稍靖，驻节省城，凡募制兵惩游勇，筑碉堡，修河桥，立社仓，利转运，给牛种，教耕桑，诸实政皆次第举行。及卸署总督，移驻邠乾择地固防，俨成重镇，而左宗棠亦得以一意进兵。新疆之平定,穆图善实有力也。马江之战,法夷愈长骄心,图台湾,攻镇海,飞驶如电,惟不敢再越长门一步。以穆图善捍御之力也。卒之日,百姓巷哭失声。谨就见闻胪列,恳恩宣付史馆,并于立功省分及黑龙江地方建立专祠。"允之。寻赐祭葬,予谥果勇。十六年,安徽巡抚沈秉成以穆图善在皖屡立战功,请于安徽省城建立专祠。十九年,陕甘总督杨昌濬复以穆图善在甘厥功最多,省城专祠落成,奏请列入祀典。均允之。

孙那福袭世职。

——《清国史》大臣画一列传后编卷一三四

景 丰

景丰,□□□氏,满洲镶黄旗人。□世祖□□以□□授骑都尉,加一云骑尉世职。景丰于道光十四年袭世职。二十八年,补整仪尉。二十九年,授郡主额驸。三十年,补治仪正。咸丰元年,升云麾使。三年,充协理堂务章京。四年,补冠军使。六年,充总理堂务章京。同治六年,军政卓异。七年,署正蓝旗蒙古副都统,旋奉旨补授密云副都统。

九年十月,以古北口拿获形迹可疑人犯奏闻。谕曰:"景丰奏拿获抢劫凶犯请交部审办一折,据称本月十二日值班弁兵在古北口地方拿获形迹可疑人犯贾会秋一名,讯系伙劫客商、砍毙事主凶犯。该犯恃无刑讯,现复任意翻供,请解部覆审"等语。贾会秋著即解交刑部严行审办,按律定拟具奏。其逸犯李迎山、胡永田、陈老三著热河都统饬属严拿务获究办,以靖地方。

光绪三年二月,景丰之妻郡主随任在署,因病身故。奏请在任持服一月。诏如所请。十一月,谕曰:"景丰奏兵丁与巡役互相械斗,请交部审办,并将不能约束及禀报不符之防守御等官分别严议一折。本月初五日,古北口旗营兵丁因巡役误查私盐起衅互相械斗，致枪伤闲散二名、巡役五名，实属目无法纪。所有主使之委领催都伦泰及听从聚众之清安，并马甲明文、庆喜、常山、保祥、百安，闲散吉拉敏、庆春、凌凌、全善增全均著解交刑部审办，至防守尉色克通阿既不能约束于前，而前后禀词复多不合，实属庸懦无能，着先行交部严加议处。该管之防御骁骑校等官，不能约束兵丁，均著查取职名，交部议处。其盐商任家福纵令巡役至旗营滋扰致启衅端，并着李鸿章饬令该县将任家福及滋事之人一并查拿，解交刑部归案讯办。"

五年闰三月，谕曰："景丰奏请将疏脱人犯之弁兵及签差不慎之防守御分别惩处一折，直隶玉田县防守尉富升额接解人犯，签差不慎以至中途脱逃，又不即时呈报，任意迟延，著交部议处。委骁骑校凌吉、马甲永年、桂芬、万德、倭什、混保著一并解交刑部讯明有无贿纵情弊，按律治罪。逃犯束茂武著步军统领衙门顺天府五城直隶总督一律严缉，务获究办。"六月，简授察哈尔都统。八月，到京召见二次。十一月，得旨擢荆州将军。

七年，卒。谕曰："荆州将军景丰老成勤慎，由冠军使荐升都统，调任将军，宣力有年，克称厥职。兹闻溘逝，轸恤殊深，著加恩照将军例赐恤，任内一切处分悉予开复，应得恤典，该衙门查例具奏，并准其入城治丧。伊子福勒洪额著，赏给主事以示优眷。"寻赐恤如例。

——《清国史》新办国史大臣传

谦　禧

宗室谦禧，正红旗人。咸丰五年捐输米石，赏二等侍卫。同治元年，随正白旗汉军副都统遮克敦布攻克沙国寺逆匪，升头等侍卫。二年，剿办马贼于景州等处出力，赏加副都统衔。十二月，袭封辅国将军。三年六月，命发往督办甘肃军务，西安将军都兴阿军营差委。四年，贼窜扰黄河两岸，官军分投剿办，大捷，阵斩逆首孙义保等，余党歼除殆尽。谦禧在事出力，得旨以副都统记名简放。

五年，复因围攻宁夏收复宁灵，节次破卡，功赏头品顶戴。六年，河东东乡回匪盘踞陈马二庄，随官军奋击破之，洮河迤东贼匪一律肃清。七年，署宁夏副都统。八年，以洮河战绩赏奇成额巴图鲁名号。十年，补宁夏副都统。十二年六月，以办理出力，下部议叙。旋丁母忧，解任回京。十三年正月，百日服满敕回任。十二月，奉上谕克蒙额奏副都统谦禧在宁夏数年，筹办城防督队剿贼备尝辛苦，该副都统不敢仰邀议叙，请将伊子灵熙奖励。宁夏副都统谦禧之子灵熙著赏给三等侍卫。

光绪三年六月，入觐，请假一月料理葬亲。假满回任。七年，授察哈尔都统。八年，疏陈整顿情形，略言："察哈尔地方辽阔，见在开垦官荒人烟辐辏，山深野旷，易于藏奸。时有马贼出没，抢劫之案层见叠出，当派弁兵分布梭巡，认真补获，尽法处治以靖地方。张家口为京门屏蔽边陲关键。素称五方杂处地，无城垣。外来无业游民易于混迹，拟将记名副将、左翼满洲协领玉璞派委统巡，协同地方文武官弁兵役在于口内上下两堡，以及张家口附近一带地方认真巡查，实力搜捕，使匪徒无容身之薮，则盗氛不期息而自息矣。"

又言："天生万物，各有所用，而用之无不各有其道。耕牛战马原为耕田乘骑之需。张家口为售马总汇之区，近闻南路被灾，来口购买者寥寥，竟有宰杀图利，公然无忌者。虽经惩治而地方辽阔，恐难遍及，请饬下直隶、山西严饬惩办。"嗣又疏陈押荒事宜，略言："丰镇、宁远两厅所属地界毗连察哈尔右翼四旗，游牧地方辽阔，未经会勘，开垦地亩甚广，难免亦有私行垦种及民蒙互争刁难情事。惟勘查地亩，画分界限为紧要。应严饬所属旗蒙各员会同山西抚臣派员详查勘办，确切指定，不得藉端需索，意为出入。庶几民、蒙永久相安。"均报闻。十一月，诏开缺来京，另候简用。九年，命署理青州副都统。十年，授热河都统。时克什克腾旗之鱼泡子逆匪杨长清等聚党多名在围场及蒙古地方肆扰。前都统继格选派旗、绿员弁并调古北口练军严密堵拿。谦禧饬各路练军及各旗所派蒙兵协力剿捕。两月之间，贼匪悉数歼除，地方安谧。

十二年七月，热河附近一带大雨成灾，旱河、武列河两水交汇，巨浪冲击，群垣几成泽国，兵民转从流离。谦禧设法安置，先行捐廉，分别抚恤。十一月承德府知府嵩林为御史谢祖源所劾。上以谦禧前曾保荐嵩林，诏责其保举不实，下部议处。寻议降调，有旨加恩，改为革职留任。热河所属府厅州县及蒙古各旗幅员辽阔，山岔分歧，素为马贼土匪出没之区。谦禧饬地方文武及各营练军、蒙古员弁认真搜捕，随时蒇除。自十一年至十三年共获盗犯一百三十八名。谦禧前在军营转战直隶、山东、陕西等省共打仗五十四次，手杀贼二十六名。在热河任最久，凡修筑堤岸，稽察仓储，无不认真办理。

十六年，卒。遗疏入，谕曰："热河都统谦禧由侍卫袭封辅国将军。同治年间，在直隶、山东等省剿匪出力，嗣赴陕甘军营带兵剿贼，克服宁夏等处，卓著战功，荐擢察哈尔都统、热河都统宣力有年，克勤厥职，兹闻溘逝，悼惜殊深，加恩照都统例赐恤，任内一切处分悉予开复，应得恤典，该衙门察例具奏，赏银一千两，由热河道库给发。灵柩回旗时，沿途地方官妥为照料，准其入城治丧。伊孙文瀛著赏给员外郎，文灏著赏给主事，用示笃念荩臣至意。"寻赐祭葬。

——《清国史》大臣画一列传后编卷一四〇

绍 祺

绍祺,马佳氏,满洲镶黄旗人。祖昇寅,礼部尚书,自有传。父宝琳,直隶保定府知府,先知定州,有政绩,士民得请于朝,建专祠。绍祺,咸丰六年进士,改翰林院庶吉士。九年,散馆授编修。十月,升詹事府左春坊左中允。旋迁国子监司业。

同治二年,充会试同考官。三年,授詹事府右春坊右庶子,充日讲起居注官。五年,转左春坊左庶子,升翰林院侍读学士。寻转侍读学士。六年,授詹事府少詹事。九年,擢詹事,充顺天乡试监临。十年,升内阁学士兼礼部侍郎衔,充文渊阁直阁事。十一年,署正白旗蒙古副都统,补镶红旗蒙古副都统。十二年,署刑部右侍郎。十三年,实授。

光绪元年,兼正红旗护军统领。三年,除泰宁镇总兵,兼总管内务府大臣。奏置义园于半壁店,给孤贫殡葬岁荒募捐,设局收抚弃孩。五年,以弟安徽布政使绍诚捐输移奖,赏戴花翎。九年,擢察哈尔都统。

十年五月,直隶多伦诺尔厅克什克腾旗游民宋敬愚聚匪焚掠。绍祺以厅属为张家口北路门户,先选马队防堵,旋奉谕派兵会剿,檄各牧群总管截击,败贼于巴彦托罗盖,蹑剿至依克多云,再败贼于察察哩郭勒达苏尔海,全股溃散,购线缉获宋逆及其亲党,治如律。以游民聚集盗源未清,请敕下直隶总督饬地方文武官悉心体察驱逐抚恤相辅而行。先是,归化城副都统奎英被劾,命绍祺就近查覆。六月,以奎英失察。上闻,并陈土默特蒙古向赖游牧养赡,山西编立客民户籍报地升科,蒙古不无失牧之忧。得旨:"奎英交部议处,土默特界址不得令客民任意指报。"

十二月,以土默特、达拉特两旗争地,山西巡抚奎斌劾将军克蒙额未悉情形,副都统奎英迹涉偏袒,命绍祺驰往查勘。十一年正月,绍祺先赴归化城调查新旧案卷,随履河干勘断,覆奏略云："例载游牧以河为界，而河道迁移无照旧漕、新漕。明文，乾隆四十九年，黄河北徙土默特之地，涸于河南达拉特。咨请民房归北，而地入南，是以见行黄河为界。五十一年，钦奉上谕：'以黄河旧流为界'。此后则不应论见行之河矣。然达拉特属鄂尔多斯七旗之一，地界既无专图，所呈七旗全图，黄河只一道。今勘河岔数道，历年既久经流，支流无从剖判，两造各执一词。克蒙额、奎英均断以河北地归土默特，河南地归达拉特，臣初阅参折，亦觉达拉特地涸于河北而断归土默特，显有偏袒。及检萨拉齐厅案卷，有官粮地亩，系国初土默特所献征租济绥远城兵米。乾隆年间黄河北移，官粮地亦有冲废。绥远城将军以兵米攸关，奏请封禁土默特私垦山沟地拨补，是官粮地在土默特界内无疑。今达拉特所指旧漕之干河，在官粮地北焉。有土默特界北又有达拉特地，臣亲指详辨，达拉特理曲词穷，已经具结。至土默特指见流黄河为旧漕，亦无确据。克蒙额等断归土默特之地虽多，而当年涸于河南者实属不少，不得谓之偏袒。臣拟丈量干濠以南、见流黄河以北，援乾隆五十一年成案，刨濠立碣。迤北之地六成归土默特，迤南之地四成归达拉特。缘当年拨补粮地曾奉旨：'冲废地亩如涸出，仍给土默特作为牧场'。今官粮地已涸出，在干濠南，故迤北以六成，为断也。"疏入，如所请行。五月，以口外马贼劫案层出，自改复旧制，官兵杀贼身死，有擅杀之罪，贼得杀兵而兵不敢杀贼，是以贼多逃逸。疏请俟后遇有伙劫拒捕之匪，仍照新章准格杀勿论，重犯审实即就地正法。从之。

时伊犁底定，上以各大臣力顾大局，下部议叙，绍祺与焉。库伦办事大臣桂祥被劾办事乖谬、藉端勒捐。绍祺奉命确察具奏。寻覆陈桂祥尚无赃私，惟信用劣员，任其科敛，毫无觉察，且捐有成数迟不以闻，办理不善咎无可辞。得旨："桂祥交部严加议处，所委各员分别治罪，其捐存砖茶赏还商民。"绍祺之赴库伦也，察悉自沙拉哈达至毕里克库二十五台皆无帮台官兵，台站几断。劾蒙古各旗迟误推诿，请旨勒限到台报允。

十二年，诏授理藩院尚书。十三年二月，兼署礼部尚书。十月，兼署刑部尚书。十四年三月，授正蓝旗蒙古都统，补进内大臣班。九月，复兼署礼部尚书。因皇帝大婚典礼，皇太后签改祭告日期，缮写错误，懿旨下部议，镌四级调用。特恩改为革职留任。旋赐紫禁城骑马。绍祺自任詹事以来，充庶吉士、散馆、拔贡朝考、举人覆试、翻译、贡士覆试、翻译中书、阅卷大臣各一次，翻译举人覆试阅卷大臣一次，武乡试监射大臣一次，先后恩赏方略、"福"字、如意、珍玩、袍褂料、荷囊等件。十一月，卒。遗疏入，谕曰："理藩院尚书绍祺，练达勤慎，学问优长，由翰林洊陟卿贰，外任都统，旋授尚书，宣力有年，克称厥职。闻溘逝，轸恤殊深！加恩赏给陀罗经被，派奉恩辅国公载泽带领侍卫十员即日前往奠醊，照尚书例赐恤，并著赏银五百两，由广储司给发经理丧事。任内一切处分悉予开复，应得恤典，该衙门察例具奏。伊子候选员外郎，世培俟服阕后以员外郎即选，用示笃念荩臣至意。"寻赐祭葬。子，世培即选员外郎，世楣候选笔帖式。

——《清国史》大臣画一列传后编卷九九

托伦布

托伦布，汉军镶黄旗人，齐齐哈尔驻防，后隶满洲镶黄旗。道光二十九年，出戍天津。咸丰二年，随参领西陵阿往江南剿贼。三年，败贼于浦口。四年，随科尔沁亲王僧格林沁剿捻匪于直隶，攻克阜城，赏戴蓝翎。九年，赏乾清门四等侍卫。十一年，剿山东窜匪，迁二等侍卫。

同治元年，击贼鱼台县，败之。后入河南境破金家楼贼巢，擢头等侍卫。旋追贼于山东满家洞，连战皆捷，赏给绷僧额巴图鲁名号。二年正月，破涡河南岸窜捻。二月，攻毁雉河集捻巢，擒斩逆首张洛刑于阵。十月，捻犯蒙城会官军击破之。四年正月，擢镶黄旗汉军副都统。四月，僧格林沁在曹州阵亡，随征诸将多获谴，托伦布以先有战功，奉旨从宽免议。六月，发捻股匪窜聚河南境。上命率马队驰赴吴昌寿军营听候调遣。五年四月，接统副都统高福所部马队。

十一月，黑龙江、吉林马贼蜂起。托伦布移军而东，擒治铁岭李家台各处贼目。由是，匪皆敛迹。八年正月，剿洮河东西悍贼，平其巢，赏换花翎。八月，署正蓝旗汉军副都统。十年九月，命往伊犁将军荣全军营帮办营务。十一年八月，署科布多参赞大臣。十月，上谕："甘肃回匪于八月间分窜出关，意图掠食，此次所扰地方皆在乌城西南、东南十数台一带，计欲所扰地方来闻肆扰。著托伦布等豫筹备御，调拨官兵，择要扼守。"十二年九月，上谕："陕回窜扰巴里坤、哈密，并分踞三塘湖，近接科城属境，且扎哈沁八台转递各路军火、饷需，尤为紧要。见经托伦布等派苏那穆策麟等统带黑龙江马队，前往扎哈沁属伯多滚察罕淖尔一带驻扎防勤，即著饬令派出员弁认真探防，遇贼即击，毋任扰及台路，所有科城防守事宜显著，托伦布等就见有兵力妥为布置，以杜窥伺。"旋有别股回匪窜扰科境，托伦布会同帮办大臣锡伦击走之。

十三年四月，授科布多参赞大臣。五月，拨驻科之察哈尔兵五百及马匹、火器输布伦托海以济伊犁前敌。六月，上谕："贼踪飘忽靡常，科城与塔城交界地方仍驻托伦布等勤加侦探，应如何相机堵御，以期联络声势之处，务当严密布置，妥筹办理。"九月，乌梁海土尔扈特属境屡有骑贼游弋布勒罕河为行旅害。托伦布密派蒙古队缉擒其渠。十月，破回匪千余人于科布多之扎哈沁博东齐地方。

光绪二年，乌鲁木齐回匪由布伦托海窜扰扎盖等处，托伦布复遣别将击败之。适伤疾举发，疏请开缺。三年，病痊，以副都统候补留神机营差委，仍在乾请门行走。四年，补虎枪营管领。旋授正红旗蒙古副都统。五年正月，署正蓝旗蒙古副都统。二月，署镶白旗满洲副都统。八月，署镶蓝旗汉军副都统。六年十一月，管理新旧管房事务。十二月，授镶蓝旗护军都统领，并管理健锐营事务。七年四月，神机营王大臣以托伦布敢战耐劳、质朴勇往，令与王德榜等同督办团练。九年，充左翼监督。十年闰五月，调补镶白旗满洲副都统，拟授右翼前锋统领。六月，因短欠额内盈余银两，议处。特恩宽免处分，挑御前侍卫。十月，赐紫禁城内骑马。十一年，复因病奏请开缺。特旨赏食全俸。十二年，授察哈尔都统。十五年十一月，诏开缺来京。十二月，赏头等侍卫。十六年，授正蓝旗蒙古副都统。

　　二十四年，卒。谕曰："前任正蓝旗蒙古副都统托伦布由侍卫荐升副都统。咸丰年间随同僧格林沁转战直隶、山东、安徽等省，著有战功。前因病其开缺，赏食全俸。兹闻溘逝，轸惜殊深！加恩著照副都统例赐恤，任内一切处分悉予开复，应得恤典，该衙门查例具奏。"寻赐祭葬。

——《清国史》新办国史大臣传卷二四七